한국융연구원 연구총서 2

Studies from C.G.Jung Institute of Korea on Analytical Psychology 2:

Analytical Psychology and Buddhism

분석심리학과 불교

서동혁, 이문성 공저

학지사

한국융연구원 연구총서 제2권 발간에 부쳐

C. G. 융과 동양사상의 만남

    C. G. 융과 동양과의 만남은 아주 어린 시기에 시작되었다. 그가 아직 글을 읽을 줄 몰랐던 유년기에 그는 어머니에게 그림책을 읽어 달라고 졸랐는데 그 가운데 특히 인도의 신들인 브라흐마, 비슈누, 시바 신들에 관심이 많았다고 한다. 그 무렵 그는 꿈에서 지하궁전의 남근상을 보고 큰 충격을 받았었는데, 어린 융은 인도 신들의 그림에서 자기의 꿈과 동질성을 느꼈다고 한다. 1938년 63세에 인도에 초청을 받아 갔을 때, 그는 산치의 사원에서 말할 수 없는 일체감을 느꼈다고 했다. 중국학자 리하르트 빌헬름과의 만남에서 그가 느낀 엄청난 감동을 보더라도 융의 동양과의 만남에는 어떤 운명적인 것이 있었다. 그 만남은 '정신의 전일성'이라는 핵심 체험을 중심으로 이루어졌다. 융은 이것을 자기Selbst, Self라고 불렀는데, 그것을 불교의 불성佛性과 일심一心, 노자의 도道와 같은 것이라 보았다. 그러나 그러한 통찰에 이르기까지는 오랜 탐구의 시간이 필요했다.

대학 시절 학생회 활동을 통해서 그는 플라톤, 칸트, 니체 등 서양철학사상을 광범위하게 섭렵하였다. 특히 불교사상의 영향을 받은 쇼펜하우어의 《의지와 이념으로서의 세계》에 심취하였다. 《융과 동양사상-동양과의 대화》의 저자 클라크J. J. Clark가 말하기를, 19세기의 마지막 10년은 합리주의와 유물주의에 대한 반동으로 영성의 부흥이 일어나 동양사상이 물밀듯 유럽과 미국을 휩쓸던 시대였고 막스 뮐러의 《동양의 성전》, 올덴베르크, 도이센 같은 인도학자들의 저술 등 학문적인 연구 성과와 더불어 동양사상 전반, 특히 불교사상이 유럽과 미국의 교양인들의 의식 속에 깊숙이 침투하기 시작한 시대였다고 한다. 이 시기는 융이 청년기를 보낸 시기였던 만큼 기독교와 그노시스, 중세 자연철학 등 유럽 전통사상을 알고 있었을 뿐 아니라 동양사상의 여러 측면에 다양하게 접했을 것으로 짐작된다.

실제로 1912년 처음 발간된 《리비도의 변환과 상징》이라는, 융이 프로이트와 결별하게 된 결정적인 저서에는 주역, 인도의 고전, 리그 베다, 바가바드 깃다가 인용되어 있고 1921년 출간된 《심리학적 유형》에는 자신의 심리학적 대극관의 역사적 선례로서 노자의 《도덕경》과 브라마니즘에 관한 것을 비교적 자세히 소개하고 있다. 1913년 융은 프로이트의 정신분석학파를 떠난 뒤 여러 해에 걸쳐 치열하게 자신의 무의식에서 올라오는 심상들과 대면하면서 인간 무의식에 대한 자신의 학설을 만들어 갔는데, 이 시기의 환상과 그에 대한 논평을 보면 동양사상, 특히 노자의 대극합일사상과 비슷한 말을 발견할 수 있다. 그러나 이것은 융이 노자의 영향을 받았다기보다는 그간의 철학적 통찰이 동양사상의 핵심에 접근해 가고 있었음을 보여 준다고 할 수 있다.

융에게서 동과 서의 결정적인 만남이 이루어진 것은 1923년 중국학자 리하르트 빌헬름과의 만남이었고, 그것은 빌헬름이 번역한 중국 도교경전 《태을금화종지》를 심리학적으로 해석하는 작업이었다. 융은 빌헬름의 중국 고전 번역을 매우 신뢰하였는데, 특히 그는 임상에서 주역을 볼 때는 빌헬름의 주역 번역본을 이용하였다. 융은 빌헬름이 전해 준 중국 도교철학과 수도법에서 그의 핵심적인 심리학적 가설인 원형학설과 대극합일의 자기원형설, 전일의 경지에 이르는 자기실현의 상징을 발견하였고, 자신의 학설의 보편타당성에 확신을 갖게 되었다. 서양의 사상적 배경에서 그 개인의 체험과 많은 그의 피분석자들의 무의식의 경험을 통하여 얻은 통찰이 서양문화권에만 국한된 것이 아니고 동양의 전통문화권에 살아 있다는 사실을 발견한 것이다. 그가 스스로 동그라미 그리기의 실험을 통하여, 또한 피분석자의 꿈에 흔히 나타난 4각과 원이 결합된 이미지에서 그것이 정신의 핵심을 나타낸다는 사실을 예감한 뒤 티베트 불교 만다라의 의미와 동일하다는 통찰을 얻은 것과 같은 맥락이다.

1930년대에 융은 동양종교사상에 대한 연구와 논평을 더욱 활발히 발표하였다. 《티베트 사서에 대한 심리학적 논평1935》, 《요가와 서구인1936》, 에반스 벤츠의 《티베트 대해탈서에 관한 심리학적 논평1939》에서는 '동서양 사유의 차이점'에 대해서 상당한 지면을 할애했고, 일본인 선사, 스즈키 다이세츠의 《선불교 입문1939》의 서문에서는 화두 선에서의 깨달음을 심리학적으로 설명하고자 시도하였다. 융의 동양사상에 관한 관심은 여기 그치지 않고 만년까지 지속되었는데 1943년에는 《동양적 명상의 심리학》을, 1944년에는 그와 친분이 두터웠던 인도학자 하인리히 침머의 《자기에 이르는 길, 인도 성자 슈리 라마나 마하라시》의 서문으로 《인도의 성자》를 발표했고, 1950년에는 빌헬름의 독일어본 역경의 영역본 서문을 썼다. 동양사상을 대하는 그의 자세의 특징은, 첫째로 경험론자답게 동양사상의 이론보다 실천, 즉 수행법에 더 관심을 보인다는 사실이고, 둘째로 서구의 사상과 비교하여 차이점과 공통점을 살펴보면서 동양사상의 핵심을 아주 명료하게 밝혀낸다는 것, 셋째로, 언제나 동양의 지혜를 존중하고 높이 평가하면서도 그와 같은 것을 서양의 전통 속에서 발견해야 함을 강조하며 동양적 명상에 대한 서양인의 경박한 모방을 비판하는 데 있다.

　　한국의 분석심리학자들은 그동안 한국 문화와 전통사상 속에서 융의 가설의 타당성을 검증하는 작업에 몰두해 왔다. 전통사상은 융의 분석심리학적 시각을 통하여 현대사회에 걸맞게 새롭게 그

의미를 드러냈다. 동시에 융이 미처 보지 못한 우리 문화의 고유성 또한 부각됨으로써 분석심리학적 가설 자체의 확충에 이바지하였다고 볼 수 있다. 여기에 실리는 두 개의 논문 또한 그러한 목적 아래 실시된 오랜 연구의 값진 결실이다. 한국융연구원의 교육 분석가이며 융학파의 국제적 분석가인 서동혁, 이문성 두 저자와 함께 두 번째 연구총서의 출간을 자축한다. 또한 이 연구총서의 기획과 간행을 맡은 연구원의 이도희 간행위원장과 심성연구 편집인 김성민 교수에게 감사드린다. 어려운 여건에서도 한국융연구원 연구총서 발간을 꾸준히 지원해 주시는 학지사 김진환 사장님과 편집부 여러분의 노고에 감사드린다.

2015년 1월
한국융연구원장 이부영

서 문 1

　나는 내향적인 사람이다. 어렸을 때 외부의 세계가 낯설고 두려
웠던 기억이 난다. 고등학교 시절까지 성실하고 평범한 학생이었다.

　1975년 대학에 들어가 무언가를 찾고 있었고 신입생을 위한 동
아리 소개 시간에 불교학생회 선배들이 들어와 불교를 소개하는
자리에서 불교를 처음 만났다. 부모님은 무신론자인 합리주의자여
서 집안에 종교는 없었다. 나는 불교에 끌렸고 열심히 교리강좌를
듣고 방학마다 1주일간 해인사, 송광사, 통도사 등 큰절에서 하는
수련대회에 참석하여 일주일의 수행으로도 깨달음에 이를 수 있다
는 헛된 희망을 가지고 열심히 참선을 하였다. 일주일의 수련대회
가 끝나고 아픈 무릎을 끌고 나오며 이번에도 깨달음을 경험하지
못함을 아쉬워하며 열심히 수행하리라 결심하고는 1달 정도는 집
에서도 규칙적으로 참선을 하다가 흐지부지되곤 하였다. 그 후 지
금까지 불교는 내 정신적 성장의 토대가 되었다.

　의과대학 본과에 올라가 축제 기간 특강 시간에 이부영 교수님
의 분석심리학 강의가 있었다. 무언가 심오한 세계가 있는 듯하여
분석심리학과 정신과학에 끌렸다. 정신과학 실습 때도 정신과학에
소질이 있는 듯했다. 그러나 정신과 폐쇄병실 분위기와 환자들의

만성화된 모습은 내 마음을 흔들어 놓았다. 정신과학을 할까 말까 하다가 이런저런 이유로 정신과를 전공하게 되고 전공의 시절부터 분석심리학적 분석을 받기 시작했고 대학원 박사논문 지도를 이부영 교수님께 받으며 이 논문을 쓰게 되었다. 그 후로 융학파 정신분석가가 되었고, 분석심리학은 정신과 의사로서 내가 인간을 이해하는 토대가 되었다.

그래서 1997년에 완성한 이 논문은 1975년부터 시작된 나의 내면세계에 대한 탐구를 이끌어온 두 축인 불교와 분석심리학에 대한 비교 고찰이다. 광대한 불교의 세계에서 심리학적 관찰이 뛰어난 유식불교를 분석심리학적 비교 연구 대상으로 택하게 되었다.

불교는 이고득락離苦得樂을 목표로 하는, 즉 고통에서 벗어나서 행복하게 사는 것을 목표로 하는 심리학이라 할 수 있다. 나는 불교를 심오하고 어려운 종교가 아니라 실용적인 행복심리학으로 보고 싶다. 기본 가르침인 사성제, 삼법인, 팔정도의 내용을 보아도 인간은 왜 고통스러운지를 설명하고 어떻게 하면 행복할 수 있는지를 설명하는 것이다. 융도 인간이 의식의 발달 과정에서 자아의식의 일방성에 의하여 의식과 무의식의 갈등 관계가 생기고 그것에 따른 부작용이 심리적인 병을 일으킨다고 보았고, 무의식은 치유의 능력을 가지고 있고 치유를 위하여 이미 작동하고 있다는 것을 알려주었다. 두 사상의 공통점은 인간은 의식의 발달을 위하여 '자아'라는 이분적 분별의 중심이 되는 심리 기능이 필요하고 자아에 의하여 의식의 확대를 얻었지만 그 대가로 집착이 생기고 현실이 왜

곡되어 고통이 발생하게 되었다는 진단이다.

인간은 자아 초월에 대한 욕구를 본능적으로 가지고 있다. 인류의 역사상 종교는 늘 있어 왔고 문화에서 상위의 위치를 가진다. 어느 문화에서나 종교적 유물이 가장 가치 있고 오래간다. 종교의 공통되는 목표는 자아를 넘어선 무엇에 대한 갈구다. 즉, 종교는 의식의 발달에 의해 생긴 문제에 대한 무의식적인 보상이라고 볼 수 있다.

나 역시 자아의식의 의도를 넘어선 무의식의 끌림에 따라 불교를 만나고 분석심리학을 만나서 매료되어 공부하고 이해하며 나 자신과 인간에 대한 이해가 깊어지고 성장하며 살아왔다.

16년 전에 쓴 논문이지만 볼 때마다 새롭다. 내가 썼다는 표현은 부적절하고, 부처님과 융으로 시작하여 존경스러운 수많은 선지식의 유산인 글을 여기저기서 모아서 나열한 것이다. 어떠한 사상도 새롭게 시작되는 것이 아니다. 나름대로 역사적 토대가 있다. 멀리는 석가모니 부처님이 큰 스승이고 현대 분석심리학의 융이 큰 스승이며, 가까이는 이부영 교수님에게 분석심리학을 배우고 유식불교에 대해서는 유식학 전공자인 이동우 박사에게서 많은 도움을 받았다. 이 논문이 누군가의 삶에 도움이 되는 통찰을 준다면 그동안의 노력이 의미가 있다고 생각된다.

아직 이해하지 못하는 정신세계가 있으니 좋고, 자아 초월적인 통찰이 자유로움을 더해 주어 감사하다. 이것이 내적 성찰을 지속하게 해 주는 원동력이고 내향적인 사람의 삶의 의미이기도 하다.

인간의 정신은 끊임없이 앎의 세계를 넓혀 나가고 있다. 그러한 탐구는 외적으로는 물질세계, 내적으로는 정신세계를 대상으로 한다. 빅뱅 가설이 사실이라면 139억 년으로 추정되는 까마득한 그때의 빅뱅 이후 전개되고 있는 이 세계가 만들어 내는 물질과 정신세계를 탐구하며 우리가 알게 되는 불가사의한 것들은 자아의 분별 의식이 담아내기에는 엄청난 것이다. 그렇기에 우리의 지적 탐구는 지속될 수밖에 없다. 그런 앎의 여정은 이분적인 분별에 의한 자아의식의 분별지가 만들어 낸 경이로운 성과다.

모든 앎은 의식의 작용이고 의식은 분별지다. 의식의 분별은 대상을 인식하는 이분법적인 방법이다. 대상을 파악하는 방식에 의한 분별지를 우리는 실재라고 착각한다. 이것이 유식불교가 말하는 일체유식의 의미일 것이다. 나와 대상으로 나누는 분별을 시작으로 하여 생기는 우리의 정신적 경험은 알고 보면 모두 식의 작용이다.

분별이 분별임을 알 때 분별지를 부정하지 않고 분별을 통하여 분별을 넘어서며 분별에 속지 않고 분별을 활용하는 경험을 할 수 있다. 나와 대상으로 나누는 분별이 허구라는 것을 증득하면서 생기는 변화는 무엇일까? 그것이 진여 열반의 세계이며 안락의 세계라는 것이 부처님의 가르침이다.

분석심리학적 상징에 대한 이해를 통하여 경험하는 자아 초월적인 경험도 '나'라는 것이 하나의 콤플렉스인 심적 요소라는 것이며, '나'는 삶의 개성화 과정에서 중요한 역할을 하지만 '나'를 포함한 이 모든 것이 자기실현이라는 삶의 목적에 필요한 심리적 구성물이라는 것이다. 자아는 생존에 필요한 적응을 하고 의식을 발달시켜 결국 자기를 만나기 위한 유용한 심리적 기능이라고 볼 수 있다. 융은 이러한 심오한 통찰을 서양심리학적 언어로 우리에게 보여 주었다.

그동안 앎의 여정에 동반해 주신 많은 분께 감사드린다. 특히 이 논문을 쓰는 데 직접적인 도움을 주신 유식불교 전공자인 이동우 박사와 분석심리학 스승이신 이부영 교수님께 감사드린다. 우리 모두의 앎에 앞서는 모든 선지식에 감사하며 인간의 지성사에는 의식의 발달을 이룬 우주의 역사가 있고 그러한 역사 속에서 우리는 운명적으로 지성의 확장을 이루고 있다. 이 과정이 우주의 자기실현이 아닌가 하는 생각을 해 본다.

나의 현실적 삶의 토대이며 도움을 주는 부모님과 아내, 딸들에게 감사의 마음을 전하고, 출판에 도움을 주신 학지사 여러분에게도 감사드린다.

서동혁 씀

이 글은 저자의 불교에 대한 관심에서, 그리고 간화선 수행과 융학파의 정신분석가가 되기 위한 수련 과정에서의 체험이 어우러져서 나온 글이다. 저자는 카를 구스타프 융의 분석심리학보다는 불교를 먼저 만났다. 불교에 대한 이해는 나중에 접하게 된 분석심리학을 이해하는 데 큰 도움이 되었다. 그러나 나중에는 거꾸로 분석심리학에 대한 이해가 불교에 대한 이해를 보다 심화시켜 주었다.

분석가 수련 과정에서 가장 중요한 과정은 교육 분석이다. 교육분석이란 자신이 알지 못했던 자신의 깊은 마음을 자신의 꿈을 통하여 이해함으로써 지금까지 자아의식을 중심으로 살아왔던 삶에서 벗어나 자기self가 중심인 삶을 살아가도록 하는 과정이다. 저자는 이러한 분석가 수련 과정에서 저자 자신의 마음을 직접 체험함으로써 자기에 대한 이해의 폭을 조금씩 넓혀 갈 수 있었다. 분석심리학의 자기는 선불교의 자성自性 또는 자심自心에 해당되는 말이다. 분석심리학의 자기는 분석심리학에 대한 이론적인 공부만으로는 결코 이해할 수 없고 자신의 무의식을 직접 체험함으로써 이해할 수 있다. 이는 불립문자不立文字 직지인심直指人心 견성성불見性成佛을 내세우는 선불교에서 자성自性을 보는 것과 맥을 같이한다.

재가신자인 저자의 간화선 수행은 선방 수좌 스님들의 수행에 비길 수가 없다. 그러므로 간화선 수행을 하는 선방 수좌 스님들이 한국융연구원 분석가 수련 과정을 이수한다면 저자보다 훨씬 더 분석심리학을 깊게 이해할 수 있을 것이다. 또한 수좌 스님들이 분석가 수련 과정을 이수한 후에 분석가로서 활동하게 된다면 이는 한국 선불교의 간화선 전통이 분석심리학을 통해서 현대화를 이루는 것이 될 것이며, 많은 중생이 깨달음을 얻는 데도 큰 도움이 될 것이다. 이 글이 이렇게 되는 출발점이 될 수 있기를 간절히 바라는 마음이다.

이문성 씀

차 례

세친의《유식삼십송》에
관한 분석심리학적 연구

-서동혁-

서 론

문제 제기 및 연구 방향

불교의 연기적 세계관과 인간관은 현상을 개별적으로 분리하여 관찰, 사유하던 서구의 학문 전통에 전체적이고 유기적인 새로운 관점을 제공하였다. 그에 따라 불교에 관한 연구는 물리학, 철학, 정신의학, 심리학 등 여러 분야에서 이루어져 왔다.

물리학의 경우 원자물리학의 세계관과 불교의 세계관의 비교를 통하여 원자물리학에서 물질의 궁극적 구성 요소의 고정불변성이 부정되고 전체적 상호작용 장場 속에서의 사건으로 이해된다는 점에서 불교의 연기적 세계관과 일치한다는 사실이 논의되었다.[1]

철학에서는 칸트Kant,[2] 윌리엄 제임스William James,[3] 화이트헤드 Whitehead,[4] 후설Husserl[5]의 사상 등이 비교연구의 대상이 되었다. 칸

---

1) 김용정(1987) : "양자장 이론과 불교의 중도의 논리", 《불교와 제 과학》(동국대학교 개교 80주년 기념논총), pp97-118.
2) 김종욱(1990) : "용수와 칸트에 있어서 자유의 문제", 《불교사상과 서양철학》, 민족 사, 서울, pp278-314.
3) Shaw M(1987) : William James and Yogacara philosophy: A comparative inquiry. Philosophy East and West, 37(3) : pp223-224.
4) Inada KK(1959) : Vjnanavada and Whitehedian Philosophy. 《印度學佛教學研究》, 7 : pp83-96.
5) Larrabee MJ(1981) : The one and many: Yogacara Buddhism and Husserl.

트와 중관불교의 용수 사상과의 비교에서는 '인식 한계의 통찰에 따른 실재론'의 비판과 '실천이성과 공에 바탕을 둔 자유와 실천'이라는 주제에 대한 두 사상의 공통점과 차이점이 논의되었다. 윌리엄 제임스와 유식불교의 비교에서는 인식론적 관념론이라는 공통 토대를 가진 두 사상의 개념인 다원적 우주와 의타기성, 순수경험과 원성실성의 비교를 통해 두 사상의 공통점이 논의되고 있다. 화이트헤드의 유기체 철학과 유식불교와의 비교에서도 인식 주체의 중요성, 화이트헤드의 주관적 형태와 유식의 종자, 모든 현상의 근원이면서도 초월적인 영역에 대한 통찰 등에 대한 공통점이 주로 논의되었다. 후설과 유식불교의 비교에서 후설의 '흐름'과 유식의 아라야식의 비교를 통하여 하나이면서 동시에 모든 현상의 근원이 되는 모순적인 특성에 대한 이해를 시도하고 있다.

불교는 사고四苦[6]로 표현되는 인간 고통의 해결을 목표로 하였고 사성제四聖諦, 즉 괴로움이라는 사실苦과 괴로움의 원인集과 괴로움의 종식滅과 괴로움을 끊는 방법道을 말하고 있다. 《전유경箭喻經》[7]의 내용과 같이 붓다는 현상의 근원에 대한 사변적인 탐구를 거부하였고 삶에서 부딪히는 실제 고통의 해결을 촉구하였다는 점

Philosophy East and West, 31(1) : pp3-15.

6) 생, 로, 병, 사의 인생에서 피할 수 없는 가장 기본적인 고통.

7) 중아함 전유경. 대정장 1. pp804-805. 세상이 영원한가 아닌가 등의 실천적인 것과 무관한 형이상학적인 질문에 붓다는 그러한 사변적인 것을 논하는 것은 독으로 죽어 가는 사람을 옆에 두고 화살이 무엇으로 만들어졌나를 논하다 그 사람은 죽게 두는 것과 같다 하며 대답을 거부함.

에서 그의 관심은 형이상학적인 논쟁보다는 수행을 통한 고통에서의 해방에 있다는 것을 알 수 있고, 이러한 측면에서 불교를 실용적 치료 체계로 볼 수 있다.

고통으로부터의 해방은 세계관과 인간관에서 주체主體적 변화를 통하여 이루어진다는 점에서 불교적 치료 체계의 이해에는 불교적 인간관과 세계관에 대한 이해가 선행되어야 한다. '불교적 심성관心性觀과 심상관心相觀은 무엇이며 치료적 의미는 무엇인가?'는 정신의학적 · 심리학적으로 흥미로운 연구 과제로, 이미 많은 연구가 존재한다. [8]

분석심리학은 무의식에서 표출되는 정신현상인 꿈과 환상 등의 상징 이해와 자아 초월적 체험을 통하여 자아 중심적인 의식의 태도를 지양하고 전체 정신의 중심인 '자기'를 발견하여 자기를 중심으로 한 삶을 지향하기를 요구하며, 정신적 증상이란 자아의식의 일방성에 의하여 생기는 자기소외와 무의식과의 단절에서 오는 것이라는 견해를 가지고 있다. 자아 중심적인 삶에서 벗어나 '자기'를 중심으로 한 삶으로의 변화를 개성화 과정이라 하는데, '자기'라는

---

8) 불교와 정신치료의 비교 연구는 너무 많아서 모두 열거할 수가 없다. 서양에서는 Fromm(1960), Watts(1961) 등이 선불교와 정신치료의 비교연구를 하였고 저자가 본 1990년 이후에 발표된 논문 중에서 흥미로운 것들은 De Martino(1991), Loy(1992), Tro(1993), Bowman(1994), Haartman(1994), Epstein(1995), Leone(1995), Suler(1995) 등이다. 국내에서도 한기수(1965), 윤호균(1970), 문홍세(1977), 신옥희(1983), 정창용(1984) 등의 논문이 있다. 이들의 연구는 불교와 정신치료 개념의 비교, 치료적 변화 과정에 대한 비교를 다루고 있고 불교의 기본 개념과 선불교에 대하여 주로 논의하고 있으며 유식불교를 다룬 것은 드물다.

개념은 불교의 불성, 도교의 도의 개념과 유사하여 동양의 전통 사상과 공통점을 가지고 있고, 융도 동양사상에 대한 많은 저술을 남기고 있다. [9]

연구자는 불교와 분석심리학이 정신의학적인 관점에서 공통점이 무엇이고 상이점이 무엇인가에 대하여 많은 관심을 가져 왔고, 이미 분석심리학적 관점에서의 불교에 대한 연구가 미유키Miyuki, [10] 이부영, [11] 이죽내[12] 등에 의하여 다수 이루어졌다.

---

9) Jung의 Collective Works 중 동양사상에 대한 연구는 다음과 같다.
   Psychological Commentary on The Tibetan Book of the Great Liberation. C. W. 11, pp475-508.
   Psychological Commentary on The Tibetan Book of the Dead. C. W. 11, pp509-526.
   Yoga and the West. C. W.11, pp529-537.
   Foreword to Suzuki's Introduction to Zen Buddhism. C. W.11, pp538-575.
   The Psychology of Eastern Medication. C. W. 11, pp558-575.
   Foreword to the I Ching. C. W. 11, pp589-608.
   Commentary on The Secret of the Golden Flower. C. W. 13, pp1-56.
10) Miyuki M(1980) : A Jungian approach to the Pure Land practice of Nien-Fo. J Analy Psycho, 25 : pp265-274.
   Miyuki M(1982) : Self-Realization in the Ten Oxherding picture. Quadrant, spring : pp25-46.
11) 이부영(1984) : "원효의 신화와 진실-분석심리학적 시론을 위하여", 《불교연구 3》, 한국불교연구원, pp97-115.
   이부영(1986) : "불교와 분석심리학-자기실현을 중심으로-", 《불교와 제 과학》(동국대학교 개교 80주년 기념논총), pp261-286.
   이부영(1994) : "'일심'의 분석심리학적 조명-원효 대승기신론 소, 별기를 중심으로"-구연 논문.
12) 이죽내(1979) : "공안의 분석심리학적 소고", 《신경정신의학》, 18 : pp171-178.
   이죽내(1981) : "선과 분석심리학적 정신치료에 있어서 기본 전제와 태도의 대비", 《도와 인간 과학》, 삼일당, pp67-77.
   이죽내(1983) : "선불교와 분석심리학에 있어서 정신의 전체성", 《신경정신의학》, 22 : pp212-217.
   이죽내(1993) : "원효가 본 지관에 대한 분석심리학적 고찰", 《심성연구》, 8 : pp11-27.

불교의 다양한 사상 중에서 심층심리학의 내용을 가장 구체적으로 드러내고 있는 것이 유식사상이다. 유식의 '식'은 마음, 분별의 뜻으로 유식이란 '오직 마음이다.' 또는 '모든 것이 마음의 분별작용이다.'라는 뜻으로 원시불교와 부파불교, 대승불교의 중관사상에서는 마음을 안, 이, 비, 설, 신의 다섯 가지 감각과 의식의 6식 구조로 파악하고 있으나 유식사상에서는 6식에 심층심리인 마나스식과 아라야식을 더한 8식 구조가 성립되었다. 유식사상은 경전에서는 서기 1세기에서 3세기 것으로 추정되는 《해심밀경》에서 구체적으로 나타나고, 그 후기 경전으로 추측되는 《능가경》이 있으며, 서기 3~5세기경에 인도에서 미륵, 무착, 세친 등 유식의 대표적인 사상가들이 출현하면서 교학적으로 확립되었다. 미륵의 《유가사지론》, 《중변분별론》, 무착의 《섭대승론》, 세친의 《유식삼십송》과 《유식이십론》이 대표적인 저술이며, 그중 《유식삼십송》은 내용은 간결하나 의미가 심오하여 그의 주석서인 《성유식론》과 함께 중국에서 '법상종'이라는 종파 성립의 사상적 근간이 되었다.

서양에서는 19세기 후반부터 구체적으로 논의된 심층심리학이 불교에서는 이미 5세기 이전에 정밀하게 서술되었다는 것은 놀라운 사실로, 이것은 '유가사'라고 불리는 수행자들의 정신현상에 대한 치밀한 관찰과 사유를 바탕으로 하여 이루어졌다. 분석심리학을 포함한 서양의 심층심리학도 정신현상의 관찰을 바탕으로 한 학설이라는 점에서 방법론이 비슷하다. 그러므로 동서양의 다른 문화에서 다른 시대에 형성된 유식사상과 분석심리학의 비교연구는 인간 정신에 대한 이해를 심화시키기 위해 유용한 작업이라고 할 수 있다.

지금까지 유식사상과 관련된 분석심리학적 연구에서 이죽내는 불교유식학과 분석심리학의 대비를 통하여 유식에서는 정신작용의 착각성을 벗어나 있는 그대로眞如를 깨닫는 것을 목적으로 하나, 분석심리학은 투사된 심리적 상의 상징적 의미 파악에 목적을 두고 있다 하고, 분석심리학에서 자아가 의식의 내용을 이루는 동시에 의식이 의식일 수 있는 조건이듯이 유식에서도 의식은 마나스식에 의존하고 있음을 지적하였다.

또한 아라야식의 신훈종자新熏種子와 본유종자本有種子를 분석심리학의 개인적 무의식과 집단적 무의식에 대비하였다.[13] 그는 또한 《대승기신론》에서의 아라야식의 생멸문生滅門, 진여문眞如門을 심상心相과 심성心性의 비일비이非一非異 관계와 관련지어 논의하며 분석심리학의 무의식성과 자기의 개념과도 대비하여 이해의 폭을 넓혔다.[14] 그의 논문들은 정신의 본질과 현상의 관계에서 현상 속에 드러나는 본질의 통찰과 체험이라는 측면에서 유식학과 분석심리학이 동일하며 분석심리학이 유식학과 비교 이해가 가능한 체계임을

13) 이죽내(1982) : "불교유식학과 분석심리학에 있어서 정신 개념의 일 대비(1)", 《경북의대잡지》, 23 : pp178-183.
14) 이죽내, 김현준(1994) : "원효가 본 아라야식의 분석심리학적 고찰", 《신경정신의학》, 33 : pp342-351.

보여 주었고, 유식학과 분석심리학의 개념을 비교 이해하고 심성과 심상의 관계에 대하여 통일된 관점을 갖도록 기여하였다.

최훈동과 이부영은 불교 유식사상과 분석정신치료 이론이 기본적으로 목표는 같지만, 접근과 표현이 상이하다는 점을 지적했다. 또 마나스식을 자아와 대비하기보다 아집으로 인해 그릇되게 믿고 있는 '나'라는 집착 상태로 보았고 아라야식과 집단적 무의식을 대비하였다.[15] 이부영은 분석심리학의 '자기'와 불교의 진여 그리고 아라야식과 집단적 무의식을 비교 고찰하였고 원효의 《대승기신론소》의 '일심' 사상을 분석심리학적으로 고찰하였다.[16]

연구자는 유식불교의 심리학적 이해가 총체적으로 이루어져야 한다고 본다. 하지만 지금까지의 연구는 유식불교의 복잡한 용어들을 개념적으로 이해하는 데 치우쳐 있는 것으로 보인다. 팔왕八王 100심소, 오위五位 백법百法 등의 개념을 통하여 유식불교를 접근하다 보면 전체를 보지 못할 위험이 있다. 정신현상이란 서로 떨어진 실체가 모여 이루어진 집합체가 아니라 전체와의 관계 속에서의 유기적 작용이며 인간의 분석적인 마음이 현상을 분석하여 실체화하는 것이다. 실체적 구성 요소가 존재한다고 보는 태도는 불교의 근본적인 연기관과 배치되는 것으로, 유식학의 정신관 역시 연기적 정신관임을 잊지 말아야 한다.

---

15) 최훈동, 이부영(1986) : "불교의 유식사상과 분석심리치료 이론의 비교시론", 《신경정신의학》, 25 : pp101-113.
16) 각주 12)의 2번째, 3번째 논문.

그러므로 이 글은 개념 이해의 심화 작업과 함께 유식의 각 식들의 작용을 유기적 관계 속에서 이해한 후 전체적인 관점에서 유식불교와 분석심리학을 비교하고자 한다. 이러한 접근은 지금까지 분석적으로 개념을 이해하고 비교해 온 타 연구 작업과 상호 보완적인 위치에서 두 사상의 이해 증진에 기여할 것이다.

자료와 연구 방법

이 글에서는 세친의 《유식삼십송》을 연구 대상으로 한다. 연구 대상 문헌은 《대정신수 대장경》 제31권의 당 현장 한역 《유식삼십논송》, 《불교 연구》1983 2권의 이지수 국역 30송, 《Seven Works of Vasubandhu》1984의 Stefan Anacker 영역의 《The Thirty Verses》이다. 《대정신수 대장경》은 대정 연간1912~1925에 일본에서 간행된 《고려대장경》을 모본으로 만든 세계 최대의 대장경이다. 《신수대장경》의 양은 《고려대장경》의 2배쯤 되고, 내용은 《고려대장경》을 비롯하여 인도의 산스크리트어, 빨리어 경전과 중국의 한역 경전을 비교 검토하여 재편집한 것이 특색이며, 한역 경전 중에서 연구 텍스트로 가장 많이 활용된다. 이지수의 국역은 산스크리트어를 국역한 것으로는 유일하게 입수 가능한 것이었다. 이지수는 동국대학교 인도철학과 교수로 불교 문헌의 산스크리트어 본 국역자로서 신뢰할 수 있다고 판단하였다. 《Seven Works of Vasubandhu》는 Religion of Asia Series 제4권에 해당하는 책으로, 학계에서 인정받는 책으로 판단되고 저자도 세친 연구의 전문가이므로 이 책을 텍스트로 선택하였다.

《유식삼십송》의 내용은 유식상, 유식성, 유식위가 중심 내용으로 유식무경唯識無境의 입장에서 제1송에서 제19송까지 식전변識轉變에 의하여 일어나는 정신현상인 유식상唯識相에 대하여 심층 의식인 제8식, 자아의식인 제7식, 감각과 표층 의식인 전6식으로 나누어 차례로 특성과 작용을 서술하고 작용 뒤에 숨겨져 있는 종자에 대하여 서술하고 있다.

제20송에서 제25송까지 유식상을 일어나게 하는 원리로서의 유식성唯識性이 삼성, 삼무성으로 서술되어 있다.

제26송에서 제30송까지는 전식득지轉識得智의 과정, 즉 식의 변환에 의하여 유식무경의 진실한 통찰에 이르고 주객 대립적 인식 구조를 초월하게 되는 변화 과정을 서술한 유식위唯識位에 관한 내용이다.

《유식삼십송》은 산스크리트어 원전이 존재하고 한역, 국역國譯, 영역英譯이 있다. 한역에 대한 국역과 영역이 있어 원전原典의 해석解釋에 대한 다양한 검토가 가능하며, 원문의 의미를 이해하기 위한 주석서로 당나라의 현장법사가 서술한 《성유식론》이 있어 축약된 원문 내용에 대한 깊이 있는 검토와 이해가 가능하여 연구 대상 문헌으로 적합하다고 판단하였다.

연구자가 산스크리트어를 독해하는 것이 불가능하므로 독해가 가능하고 참고 문헌에서 대상 자료로 가장 많이 사용되는 현장 한역 《유식삼십송》을 기본 연구 대상으로 하였고, 원전의 뜻을 최대한 살리기 위하여 국역 이지수1983, 영역 아낙커Anacker, 1984와 한역을 대조 검토하였다.

세 가지 번역을 비교할 때 전체 내용에서 차이는 없으나 각 송의 경계를 어떻게 하는가에서 제3송에서 제14송까지 현장의 한역과 이지수의 국역, 아낙커Anacker의 영역에 차이가 있고, 차이가 있는 경우 이지수의 국역과 아낙커의 영역이 거의 일치하였다. 이는 번역 시 사용한 산스크리트어 원전이 다를 수도 있고 현장이 번역 시 변경하였을 수도 있으나 내용에 큰 차이는 없다. 번역의 차이점이 내용 이해에서 차이를 보이는 경우 비교 검토하여 원문의 뜻이 무엇인지를 가능한 한 살펴볼 것이다. 《유식삼십송》의 내용을 이해하기 위하여 이 글의 기본 참고 문헌 중 유식불교 경론으로 《해심밀경》, 《유가사지론》, 《성유식론》을 참고하였고, 유식불교 연구서로는 김동화1972, 오형근1983, 고기직도1993, 횡산굉일1989, 방윤1993, 삼지충덕1993, 태전구기1992, 아낙커S. Anacker, 1984 등의 유식불교 연구서를 참고하였다. [17)]

---

17) 《해심밀경》: 현장역 대정장 16권, pp688-711.
  이운허 역(1973):《해심밀경》, 한글대장경 12권, 동국역경원.
  《유가사지론》: 현장역 대정장 30권, pp279-882.
  이운허 역(1976): 유가사지론, 한글대장경 128-131권, 동국역경원.
  《성유식론》: 현장역 대정장 31권, pp1-59.
  Wei Tat : Cheng Wei-Shin Lun(成唯識論)-The Doctrine of Mere-Consciousness. Hong Kong, The Cheng Wei-Shin Lun Publication Committee 1973.
  김묘주 옮김(1973): 성유식론 외, 한글대장경, 동국역경원.
  김동화(1973): 唯識哲學, 보련각.
  오형근(1983): 唯識思想硏究, 불교사상사.
  高崎直道 외 8인(1993): 唯識思想, 이만 譯, 경서원.

분석심리학의 참고 문헌은 융C. G. Jung의 전집[18]을 기본 문헌으로 삼았다.

연구 방법은 문헌 해석학적인 방법으로 삼십 개의 게송을 차례로 번역하고 해설하여 하나의 게송마다 내용과 의미를 밝히고, 그것이 분석심리학적으로 어떻게 이해될 수 있는지를 살펴본 후 두 사상을 전체적인 유기적 관점에서 비교하고자 한다. 분석심리학적 이해란 정신의 구조와 작용에 대한 《유식삼십송》의 내용을 분석심리학적 가설에 따른 입장에서 비교하여 유사점과 상이점을 드러내어 두 사상 체계의 이해를 확장시키는 것으로, 이는 정신현상이라는 미지의 상징을 통하여 정신의 본성에 대한 통찰에 이르기 위한 확충 작업에 해당한다고 할 수 있다.

문헌 해석학적 방법의 연구에서는 연구자의 이해 능력의 한계가 하나의 제한점으로 작용할 수밖에 없음을 밝혀 둔다.

横山紘一(1989) : 唯識哲學, 묘주 譯, 경서원.
方倫(1993) : 유식학 강의, 김철수 譯, 불광출판사.
三枝充悳(1993) : 세친의 삶과 사상, 송인숙 譯, 불교시대사.
太田久起(1992) : 불교의 심층심리, 정병조 譯, 현음사.
Anacker S(1984) : Seven Works of Vasubandhu, Delhi, Motilal Banarsidass.
18) Jung CG : Collective Works vol 6, 7, 8, 9(1), 9(2), 10, 11, 13, 16, 17 Hull RFC translated, London and Henley, Routledge & Kegan Paul.

세친의 《유식삼십송》의 불교사적 위치

유식사상 성립의 역사적 배경

석가 붓다Buddha에 의해 창시된 불교에서 유식사상이 나타나기까지 700~800년의 시간이 필요하였다. 그 기간의 불교를 원시불교, 부파불교, 대승불교로 나누어 볼 수 있다.

원시불교

원시불교는 인도에서 B.C. 4~5세기에 생존하였던 것으로 추정되는 붓다의 가르침이 구전되는 형태를 띠고 있고 《아함경》을 통하여 그 사상을 알 수 있다.

원시불교 사상은 사제설, 연기설, 삼법인, 중도설, 삼과의 인식론적 존재론으로 이야기될 수 있다. 사제설四諦說이란 생로병사로 대표되는 인생의 고통은 피할 수 없어 인생은 고라는 인식인 고제苦諦를 출발로 하여, 고의 원인은 번뇌, 특히 갈애에 기인한다는 집제集諦, 갈애를 멸하고 고를 멸한 해탈이 이상적 상태라는 멸제滅諦, 고의 소멸로 인도하는 수행법인 팔정도八正道, 도제道諦로 이루어져 있다.

연기설緣起說은 서로 의존하여 생긴다는 뜻으로, 상의상관相依相關

에 의해 존재가 성립하여 타자와의 관계에 의해 주체가 성립함을 말하는 것이다. 이는 '이것이 있을 때 저것이 있으며 이것이 생김으로써 저것이 생긴다. 이것이 없을 때 저것이 없으며, 이것이 멸함으로써 저것도 소멸한다.'고 표현되며 '타에 의존한다.'는 것이 자기가 존재하는 근거가 되는 자타불이自他不二의 세계다. 수많은 연이 모여 새로운 법法이 생기며 생기게 하는 연과 생긴 법 사이에는 관계가 있고 이 관계는 시간적으로는 영원한 과거로부터 관여되고 공간으로는 전 우주와 관계되어 모든 법을 관통하는 '법계'가 성립된다. [1]

연기의 모습을 잘 나타내는 것으로 제행무상諸行無常, 제법무아諸法無我, 열반적정涅槃寂靜의 삼법인三法印을 들 수 있다. 모든 존재는 끊임없이 변해 가며 모든 법은 분리된 개별성을 주장할 수 없고, 이러한 연기의 법계를 올바로 깨닫는 것이 열반의 조용하고 평화로운 세계임을 의미한다.

연기의 관점에서 생로병사의 근원을 탐구한 것이 십이연기다. 십이연기는 무명無明, 행行, 식識, 명색名色, 육입六入, 촉觸, 수受, 애愛, 취取, 유有, 생生, 노사老死의 십이지분으로 이루어져 있다. 생이 있는 연은 유인데, 유란 윤회적 생존을 뜻한다. 유의 연은 취인데 집착을 의미한다. 취는 애가 연이 되며 애는 갈애와 욕구를 의미한다. 애의 연은 수로 받아들임을 의미하고 수의 연은 촉으로서 촉은 인

---

1) 平川 彰(1994) :《인도불교의 역사》상권, 이호근 역, 민족사, 서울, p70.

식의 주관과 객관이 접촉하는 것으로 근, 경, 식이 화합하는 것을 뜻한다. 촉의 연은 육입인데 안, 이, 비, 설, 신, 의의 여섯 가지 인식 영역을 말한다. 육입은 명색을 연으로 하는데, 명은 마음을 말하고 색은 몸을 말한다. 명색의 연은 식인데 인식작용을 말하며 식을 연으로 하여 명색이 있는 것이다. 식의 연은 행인데 행은 무엇을 만들어 내는 형성력을 의미한다. 행의 연은 무명이다. 무명은 올바른 지혜가 없는 것으로 무명에 기초한 행은 식과 명색을 증장시키어 그 후의 연기의 근원이 된다. [2]

십이연기는 정신활동의 관찰을 통하여 이루어졌고 후의 유식사상과 밀접한 관계가 있다.

중도설中道說은 수행의 측면에서 쾌락주의와 고행주의의 극단을 떠난 고락중도와 현상을 지속한다고 보거나 단절이라고 보는 단상의 견해와 현상을 유라고 보거나 무라고 보는 유무의 견해는 고정적인 사고방식이며 독단이라고 보는 단상중도와 유무중도가 사상적으로 대표적인 것이다. 이와 같이 중도적으로 현상을 관찰하는 중도관이 팔정도의 시작인 정견正見이며, 이는 또한 연기 실상을 관하는 것이기도 하다. [3]

연기설과 중도설은 관계가 밀접하며, 연기를 관하는 것이 곧 중도관이다. 연기의 관점에서 세계를 볼 때 단상, 유무, 생멸, 일이의

---

2) 平川 彰(1994) : 앞의 책, p74.
3) 平川 彰(1994) : 앞의 책, p63.

대립적인 대상의 파악은 사라진다. 이것이 올바른 현상의 파악이
며, 올바른 현상의 파악 속에서 대립과 갈등은 사라진다.

삼과三科란 오온五蘊, 십이처十二處, 십팔계十八界를 말한다. 오온은
색, 수, 상, 행, 식을 말하며 십이처는 안, 이, 비, 설, 신, 의의 내입
처內入處인 육근과 색, 성, 향, 미, 촉, 법의 외입처外入處인 육경으로
구별되는 인식구조로, 존재는 인식을 바탕으로 구성된 관념이라
보는 것이다. 십팔계는 십이처에 육근과 육경을 연으로 하여 생긴
안식, 이식, 비식, 설식, 신식, 의식의 육식을 합한 것이다.[4] 무명의
상태에서 십이처를 욕탐으로 주관과 객관으로 취하면 객관에 대한
주관의 인식인 육식이 발생한다. 육식이 발생함에 따라 내입처는
주관을 구성하고 외입처는 객관을 구성하는 것으로 분별되어 육식
을 포함하여 십팔계로 나뉜다. 계는 중생이 분별하여 그들이 구성
한 세계라는 의미가 있다. 십팔계를 연하여 촉이 발생하는데 접촉,
느낌의 의미로 십팔계에 연하여 의식에 생긴 '외부에 사물이 존재한
다는 느낌'을 말한다. 외부에 무엇인가가 존재한다고 생각하는 것
은 동일한 인식이 반복된다고 느낄 때다. 십팔계는 육촉으로 인하
여 이루어지는 존재를 구성하고 인식하는 방식이라면 존재를 규정
하는 새로운 방식으로 육계가 있다. 육계는 지地, 수水, 화火, 풍風,
공空, 식識이다. 육계에서 지, 수, 화, 풍 사대는 색色의 질료가 되
고, 촉에서 발생한 수受, 상想, 사思는 오온의 수受, 상想, 행行의 질

---

4) 이중표(1991) : 《아함의 중도체계》, 불광출판사, 서울. p136.

료가 되며, 식계識界는 식의 질료가 되어 색, 수, 상, 행, 식의 오온
이 집적되어 오온을 대상으로 '나'라는 생각을 이어간다고 한다. [5]

부파불교

붓다 입멸 후 100년 정도가 지나서 원시교단은 계율 해석의 차
이로 기인하여 계율을 융통성 있게 지키고 예외를 인정하려는 진보
적인 승려들과 끝까지 계율을 지켜야 한다는 보수적 승려들 사이의
대립이 생겨났다. 이에 따라 대중부와 상좌부로 갈라지고 여러 부
파가 나뉘게 되어 그 후 약 100년 사이에 대중부에서 8부가 갈려
나오고 불멸 후 200년에서 300년 사이에 상좌부에서 10부가 갈려
나와 총 20부파가 존재하게 되었다 한다. 인도 지역이 광범위하고
역사적인 연대기가 명확치 않아 전래 문헌들의 내용에도 다소간 차
이가 있으나, 여러 부파가 존재한 것은 확실하며 그들 중에서 대중
부와 상좌부에서 갈려 나온 설일체유부, 정량부, 경량부 등이 우세
한 부파였다 한다. [6]

부파불교의 문헌을 아비다르마Abhidharma라 하는데, 아비다르마
란 '법法의 연구'라는 의미이며, '대법對法'이라고 번역한다. 즉, 교법
을 연구하여 실재나 진리를 발견하는 것을 말한다. 불타의 교설을
모은 문헌을 '경'이라 하고 아비다르마의 문헌을 '논'이라 하는데 논

---

5) 이중표(1991) : 앞의 책, p162.
6) 平川 彰(1994) : 앞의 책, p145.

이 확립된 것은 부파 교단이 성립된 이후의 일로, 논의 내용은 부파마다 다르다.[7] 부파불교는 인도의 넓은 지역에서 다양하게 전개되었으므로 통일된 사상을 가지고 있지 않다. 그러므로 그중 대표적이며 가장 세력이 컸던 설일체유부의 사상을 간단히 보고자 한다.

아비다르마의 법의 연구 특징은 분별이라는 것이다. 문제를 분석적으로 다방면에서 고찰하여 포괄적으로 이해하려고 하였다. 설일체유부의 교설을 체계적으로 서술한 구사론에서는 모든 존재하는 법의 형태를 오위 칠십오법으로 정리하여 설명하고 있다.

오위五位란 11의 색법色法, 1의 심법心法, 46의 심소유법心所有法, 14의 불상응법不相應法, 11의 무위법無爲法으로 이루어져 있으며, 각각의 위에 속한 법의 수를 더하면 75가 된다.

색이란 변괴 또는 질의 뜻을 가진 말로 물질이 변화하여 파괴되고 물질이 세력이 있어서 서로 걸리는 것을 말한다.[8] 색법에는 안근, 이근, 비근, 설근, 신근의 오근과 색, 성, 향, 미, 촉의 오경과 무표색無表色이 있다. 각각의 근根, 경境에 대하여 세밀한 분석을 하고 있으며, 무표색이란 표업表業과 무표업無表業의 구별에서 기인하는 것으로 신업身業과 어업語業과 같이 형색과 음성을 통하여 드러나는 경우 표업이라 하고, 표업은 찰나에 멸하나 무표업은 업의 힘이 멸하지 않고 존속해 가는 것이다. 표업이 형색이나 음성이라는

---

7) 平川 彰(1994) : 앞의 책, p73 .
8) 梶川乾堂(1994) :《俱舍論大綱》, 전명성 譯, 불광출판사, 서울, p21.

물질적인 존재이므로 그로부터 생긴 무표업도 물질적 존재라고 하여 무표색이라 부르기도 한다.[9]

심법의 주체는 심왕心王이라 한다. 심心이 경에 작용을 일으키는 상태는 총상을 인지하고 모든 심소를 통괄한다 하여 심왕에는 심, 의, 식의 세 가지 뜻이 있다. 심心에는 집기의 의미가 있고 의意는 사량 혹은 의지依支의 뜻으로 사유고찰하고 다른 심심소를 발생하는 소의지所依地의 뜻이다. 식이란 요별了別의 뜻으로 소연所緣을 식별하는 능력이 있다는 뜻으로 안식, 이식, 비식, 설식, 신식, 의식을 말한다-'集起故名心, 思量故名意, 了別故名識'.[10]

심왕의 작용에는 삼종이 있어 현재를 직각直覺하는 자성분별自性分別과 과거를 추상하는 수념분별隨念分別, 과거, 현재, 미래에 걸쳐 널리 대상을 직각하고 이면까지 생각하는 계도분별計度分別이 있다.

심소心所는 심과 상응하여 심과 동시에 존재하며 심에 종속하는 작용을 말한다. 46종을 크게 나누면 대지법大地法 10, 대선지법大善地法 10, 대번뇌지법大煩惱地法 6, 대불선지법大不善地法 2, 소번뇌지법小煩惱地法 10, 부정지법不定地法 8이다. 대지법은 선, 악, 무기가 일어날 때 반드시 함께 일어나는 정신작용으로 수, 상, 사, 촉, 욕, 혜, 염, 작의, 승해, 삼마지受, 想, 思, 觸, 欲, 慧, 念, 作意, 勝解, 三摩地를 말한다. 대선지법은 선심에 따라 일어나는 정신작용으로 신, 불방일,

---

9) 平川 彰(1994) : 앞의 책, p213.
10) 梶川乾堂(1994) : 앞의 책, p41.

경안, 사, 참, 괴, 무탐, 무진, 불해, 근信, 不放逸, 輕安, 捨, 慚, 愧, 無貪, 無
瞋, 不害, 勤이다. 대번뇌지법은 일체의 번뇌에 상응하여 일어나는 정
신작용으로 치, 방일, 해태, 불신, 혼침, 도거癡, 放逸, 懈怠, 不信, 昏沈, 掉
擧다. 소번뇌지법은 악과 상응하여 특별한 성질이 있는 마음의 작
용으로 분, 부, 견, 질, 뇌, 해, 한, 함, 광, 교念, 覆, 慳, 嫉, 惱, 害, 恨, 諂,
誑, 憍를 말하며, 부정지법은 각각의 특성이 있어 앞의 다섯 가지 분
류 중 어느 것에도 속하지 않으므로 부정지라 한다. 부정지는 여
덟 가지가 있는데 심, 사, 수면, 악작, 탐, 진, 만, 의尋, 伺, 睡眠, 惡作,
貪, 瞋, 慢, 疑다. [11]

심과 심소는 서로 상응하는 것으로 반드시 함께 일어나나 행온
중에 마음과 상응하지 않는 행이 있는데 이것을 불상응법不相應法
이라 한다. 이는 색도 아니고 심소도 아닌 존재로 14종이 있는데,
득, 비득, 중동분, 무상과, 무상정, 멸진정, 명근, 생, 주, 이, 멸, 명
신, 구신, 문신得, 非得, 衆同分, 無想果, 無想定, 滅盡定, 命根, 生, 住, 異, 滅, 名身,
句身, 文身이다. 명근이란 수명을 실체적으로 본 것이다. 무상정은 마
음의 상의 단계까지 소멸해 버린 것이고, 멸진정은 마음의 수의 단
계까지 멸해 버린 무의식의 상태이므로 불상응법인 것이다. 무상
과는 무상정에 들어간 사람이 사후에 태어나는 세계다. 중동분이
란 생물에 차별이 생기게 하는 원리로, 소에는 우동분牛同分이 있고
말에는 마동분馬同分이 있어 그 힘에 의해 소일 수도 있고 말일 수

---

11) 梶川乾堂(1994) : 앞의 책, pp44-51.

도 있다 한다. 범부는 번뇌를 일으키지 않아도 번뇌와 연결되어 있으며 번뇌와 묶여 있는 것을 득이라 한다. 아라한은 번뇌를 여의고 있기 때문에 세속심을 일으키더라도 번뇌가 없다. 번뇌를 끊으면 번뇌에 관해서는 비득非得을 얻는 것이 된다. 명신은 단어, 구신은 단문 혹은 구, 문신은 단음單音을 말한다. 이것들은 관념으로서의 실재다. 세간은 제행무상이지만 거기에는 제행을 무상하게끔 하는 힘이 있다. 즉, 찰나멸의 제법을 한 찰나에 생, 주, 이, 멸하게끔 하는 것이 없으면 안 된다고 보고 생, 주, 이, 멸이라는 불상응법을 설정하였다.[12]

무위법은 생멸변천함이 없이 상주하는 실체를 말한다. 허공무위虛空無爲와 택멸무위擇滅無爲, 비택멸무위非擇滅無爲의 세 가지가 있다. 허공무위란 만물의 존재 여부에 관계없이 모든 곳에 존재하면서도 상호 간에 장애를 받지 않는 상주부동의 체다. 택멸무위란 깨달음의 지혜의 힘으로 번뇌가 끊어지고 번뇌가 영구히 생기지 않게 된 것을 말하고, 비택멸무위란 생기의 연이 없어져서 영구히 불생이 됨을 말한다.[13]

설일체유부는 부파의 이름에서 나타나듯 모든 현상에 대하여 분류하고 이해하려고 노력하였다. 모든 존재를 오위 칠십오법 속에서 종합적으로 설명하여 법의 연구에서 뛰어난 업적을 남기었으

---

12) 平川 彰(1994) : 앞의 책, pp191-192.
13) 梶川乾堂(1994) : 앞의 책, pp67-69.

나 제법의 찰나생 찰나멸을 말하고 있음에도 법의 실체화로 흘러
아공법유我空法有의 교설이라는 비판을 받았다.

대승불교

'대승'이란 큰 수레라는 의미이며 '소승'은 작은 수레라는 뜻으로
대승교도가 부파불교를 경멸하여 이렇게 불렀던 것이다. 대승교도
가 소승이라고 불렀던 상대가 부파불교 전체였는지 혹은 일부였는
지는 분명치 않다. 《대지도론》 등에 의거하여 보면 거기서 비판되
고 있는 것은 설일체유부였던 것 같고 대중부나 상좌부까지도 소
승에 포함되어 있었는지 아닌지는 분명치 않다. 의정義淨의 《남해
기귀내법전南海寄歸內法傳》에서는 대승과 소승에는 이렇다 할 구별이
없다고 한다. 일상적인 의식주 생활에서 출가자는 모두 율장의 계
율에 따라 삼의일발三依一鉢의 생활을 하고 사제를 닦으나, 보살을
예배하고 대승경을 읽는 자가 대승이며 그렇지 않은 자가 소승이
라 하였다. 대승이라 하여도 중관과 유식의 두 파라 하였다. 의정
은 중인도의 날란다사에 거주하였고, 7세기의 날란다사의 불교는
대 · 소승의 구별이 분명치 않았던 듯하다. [14]

대승불교와 부파불교의 교리적 차이는 적지 않지만 대 · 소승이
라고 대립적으로 불리는 근본적인 이유는 자리와 이타의 차이다.
대승불교는 남을 구제함으로써 자신도 구제된다는 자리이타원만自

---

14) 쿠川 彰(1994) : 앞의 책, p277.

利利他圓滿의 사상으로 일체 중생의 구제를 위하여 노력하는 보살행을 강조한다. 이와 달리 유부나 상좌부의 교리에서는 번뇌를 끊고 자기 자신의 해탈을 얻는 것이 수행의 목적이 되고 있다. 더구나 해탈을 얻으면 이루어질 것은 종결되었다 하며 열반에 드는 것만이 추구된다. 남을 구제하는 것은 수행의 완성에서 필요조건이 아니다. 이것은 부파불교가 연기의 해석에서 상의하는 법을 고정적·고립적으로 이해하는 것과 관계가 있다.

대승불교가 어디서부터 시작되었는지 분명히 알 수는 없으나 부파불교의 교리와 관계가 많다. 사상적으로 대중부와 공통점이 많은데 《이부종륜론》에 있는 대중부의 사상에서 '제불세존은 모두 출세니라, 일체여래에게는 유루법이 없다.' '여래의 색신은 변제가 없다. 여래의 위력도 변제가 없다. 제불의 수량도 변제가 없다. 불은 유정을 교화하여 정신을 생기게 하며 염족심이 없다.' '보살은 유정을 이익하게 하겠다고 바라기 때문에 스스로 원하여 악취에 태어난다.' 등의 불타론과 보살론은 대승불교와 유사하고 유식의 교리는 유부의 교리와 유사점이 많다. 그 외에 부처님을 찬탄하고 그의 전생담을 포함하여 삶의 과정에서 어떤 수행을 거쳤나를 보여 준 불전문학과 재가자 중심의 교단이 성립될 수 있는 사회적 토대가 된 불탑신앙이 대승불교의 출현과 관계가 깊은 것으로 추정된다.[15]

---

15) 平川 彰(1994) : 앞의 책, p280-282.

초기 대승사상　현재 알 수 있는 최고의 대승경전은 《육바라밀경》, 《보살장경》, 《삼품경》, 《도지대경》 등이 있다 한다. 처음 성립 시기는 대략 B.C. 1세기경으로 생각되고 있다. 그 후에 《반야경》, 《화엄경》, 《법화경》 등의 대표적인 경전들과 《정토경전》이 A.D. 2세기경에 걸쳐 나타난 것으로 추정되고 있다. 《반야경》은 공과 반야바라밀을 설하며 《화엄경》은 유심사상과 화엄법계의 이치에 대한 웅대한 묘사와 함께 선재동자의 보살행을 보여 주고 《법화경》은 일불승과 구원성불을 말하고 있다. 《정토경전》은 극락세계의 찬미와 아미타불의 서원 속의 대자비를 보여 준다.

《대승경전》에 나타나는 이상적인 수행자는 중생을 구원하고 불타가 되겠다는 서원을 세우고 육바라밀을 행하는 보살이며 일체법이 본래 불성을 가지고 있다는 사상을 통하여 모든 중생의 성불 가능성을 말하고 있다. 반야는 지혜를 말하는데, 이는 공의 지혜, 집착이 없는 지혜, 전체를 직관하는 지혜를 말한다. 반야는 선정을 통한 삼매의 상태에서 얻어지며 다양한 삼매가 설해지고 있다. 보살의 수행 단계를 자세히 나누어 10지의 단계가 말해진다. [16]

용수의 중관사상　용수는 약 A.D. 150~250년경에 남인도에서 생존한 것으로 추정되는 대승불교의 보살로, 대이론가이며 《대지도론》과 《중론》이 대표적인 저서이며, 공空사상이 중심이 된다.

---

16) 平川 彰(1994) : 앞의 책, p297.

그는 석존의 근본사상을 연기로 이해하며 팔불중도八不中道를 통하여 연기의 의미를 밝히고 있다. 팔불중도란 생과 멸, 상과 단, 일과 이, 내와 거의 네 가지 대표적인 대립적 견해를 부정하고 이를 통하여 실체 및 실재적 사고를 부정하고 유부의 '자성'도 철저히 부정한다. 무자성에서 모든 사물이 무한히 상호 의존하는 연기 실상이 가능하며, 이것이 공사상이다. 용수는 언어의 상대성과 한계성으로 언어를 부정하면서도 언어에 의지할 수밖에 없는 모순을 인식하고 있다. 제법은 공이지만 동시에 현상은 천차만별로 현현하고 있으며 나와 너의 상대적 세계도 성립하고 있음을 초월적 승의제勝義蹄와 현상적 세속제世俗蹄를 통하여 설명하고 있다. 승의제로의 공의 세계와 현상적 세속제인 분별된 연기의 세계는 모순됨이 없이 어우러진다.

중론에서 '연기인 것을 우리는 공성이라 한다. 연기는 가명이며 그것이 바로 중도다.' '세속제에 의하지 않고는 승의는 설해지지 않으며 승의에 따르지 않고는 열반을 얻지 못한다.'라고 말하고 있다. [17] 중관사상은 유부의 사상이 아공법유로 흘러가는 것에 대하여 공사상을 통하여 중도를 천명하였으나 부정을 통한 파사현정破邪顯正으로 현상에 대한 설명은 부족하다.

중기 대승사상 용수 이후에 약 A.D. 400년경까지 많은 대승

---

17) 高埼直道 외 8인(1993) :《唯識思想》, 이만 譯, 경서원, 서울, pp275-276.

경전이 나타난 것으로 보인다. 용수의 저작에는 여래장사상이나 유식사상이 뚜렷하게 나타나지 않는다. 여래장사상 경전으로는 《여래장경》, 《승만경》, 《열반경》이 있고, 유식사상의 경전으로는 《해심밀경》과 《대승아비달마경》이 있다. 여래장사상은 마음의 성을, 유식 계통은 마음의 상을 추구한 것이다.[18)]

《여래장경》은 중생의 번뇌 속에 있으면서도 그것에 의해 더럽혀지는 일이 없는 여래장이 실재함을 아홉 가지 비유를 통하여 보이려 한다. 《승만경》은 재가신도인 승만 부인이 삼승이 일승에 귀일한다는 것과 중생이 번뇌에 싸여 있지만 본성은 청정무구하여 여래의 성품을 갖추고 있다는 것을 말하는 내용이다.[19)] 《열반경》은 일체 중생이 불성을 가지고 있고 선근을 완전히 끊은 일천제라도 성불할 수 있으며 불성에는 상주, 안락, 아, 청정의 네 가지 덕이 있다 하였다.[20)]

《해심밀경》은 승의제 진여가 명언의 상을 떠나고 차별의 상을 떠난 일미의 상임을 이야기하며 아타나식과 아라야식, 일체종자식을 설하고 변계소집성, 의타기성, 원성실성과 상무성, 생무성, 승의무성의 삼성과 삼무성을 설하고 있다.[21)] 《대승아비달마경》에는 제법은 아라야식을 의지처로 하여 존재하고 아라야식에 숨겨지지만

---

18) 平川 彰(1994) : 앞의 책, 하권, p61.
19) 정승석 편(1991) :《佛典解說事典》, 민족사, 서울, p210, p239.
20) 平川 彰(1994) : 앞의 책, 하권, p67.
21) 정승석 편(1991) : 앞의 책, p351.

동시에 아라야식도 제법에 의해 숨겨진다. 제법과 아라야식은 서로 인이 되기도 하고 과가 되기도 한다고 설하고 있다.[22]

역사적으로 볼 때 부파불교의 설일체유부의 교설이 법유法有 쪽으로 기울게 된 것에 대한 반작용으로 용수가 공을 통하여 중도를 선양하였는데, 중관사상이 공에 치우치게 되자 두 사상을 종합하고 발전하여 나타난 사상이 유식사상이라 할 수 있다. 부파불교 시대부터 부파에는 교학의 조직자로 아비달마논사가 있고 선관의 수행을 주로 하는 유가사들이 있었다 한다. 유식사상은 유가사들이 선수행 과정에서 얻은 모든 영상은 식이 변하여 나타난 것이라는 통찰을 바탕으로 유부의 교설과 공사상을 종합한 것이다.

유식사상에서의 세친의 위치

《해심밀경》과 《대승아비달마경》의 사상을 이어받아 조직된 학파를 유식학파라 하는데, 유식학파는 미륵, 무착, 세친의 3대 논사에 의하여 사상이 확립되었다. 유식학파의 중심 이론은 아라야식 연기설, 삼성삼무성설, 영상문影像門 유식설 세 가지로 요약할 수 있다.[23]

22) 平川 彰(1994) : 앞의 책, 하권, p79.
23) 高琦直道 외 8인(1993) : 앞의 책, pp118-121.

미 륵

유식학파의 개조인 미륵논사는 실재 여부를 알 수 없는 인물이다. 진제 역의 《세친전기》에 의하면 무착은 간다라 지방 푸루샤푸라 출신으로 처음에는 설일체유부로 출가하여 소승의 공관을 수행했으나, 이에 만족하지 않고 도솔천으로 올라가 미륵보살의 가르침을 받고 대승의 공관을 깨달았다고 한다. 그 후 가끔 도솔천으로 올라가 대승경을 배워 그것을 사람들에게 설했지만 사람들이 믿지 않아 미륵보살의 하강을 청했다. 미륵보살이 밤에 내려와 《유가사지론》 본지품을 설했다 한다.[24] 그 외에도 미륵의 저작으로 《대승장엄경론》, 《중변분별론》, 《법법성분별론》이 있다 하나[25] 미륵이란 인물의 실재 여부가 논란의 대상이 되는 상황에서 미륵이 실제 저자이냐 아니냐를 논하는 것은 무의미한 것으로 보인다. 현재로서는 이 논서들을 유식사상이 담겨 있는 무착 이전 시대의 문헌으로 생각하는 것이 타당하다.

이 문헌 중 가장 대표적인 것이 《유가사지론》이다. '유가사지'란 요가행자인 유가사의 실천 단계라는 뜻이며, 《유가사지론》은 열반에 이르기까지의 실천 단계를 17단계로 나누어 상세하게 밝힌 논서이고, 《십칠지론》이라고도 한다. 보살이 수습의 정도에 따라서 거치는 10지의 단계가 《십지경》에 설해지고 있지만 《유가사지

---

24) 三枝充悳(1993) : 《세친의 삶과 사상》, 송인숙 역, 불교시대사, 서울, pp24-32.
25) 服部正明(1993) : 《인식과 초월》, 이만 譯, 민족사, 서울, p164.

론》은 보살뿐만 아니라 독각과 성문 내지는 일반인의 경험까지도 포함하여 실천 체계를 조직한 방대한 논서다. 17지에 대하여 고찰한 본지분에 부가된 섭결택분 이하의 네 부분에는 아라야식을 위시하여 유식 체계의 중요한 교리가 《해심밀경》을 근거로 해서 서술되어 있다. 이 논서는 현장의 한역이 남아 있고 100권에 이르는 분량이다. [26)]

무 착

무착은 앞서 말한 세친 전기에서 서술된 약 4~5세기의 사람으로, 미륵의 논서들을 유식설로써 통일하려 하였다. 그의 저작 가운데 가장 중요한 것은 《섭대승론》인데, 이것은 《해심밀경》이나 《대승아비달마경》에 기초하여 유식설을 체계화한 것이다. 그는 아라야식에 능장, 소장, 집장의 성격이 있음을 밝히고 아라야식이 생사의 주체임을 이론적으로 증명하고 있다. 인식에는 변계소집성, 의타기성, 원성실성의 삼자성이 있음을 해명하고 그것으로써 일체유식을 증명하였다. 유식의 이치에 증입하기 위한 수행으로서 6바라밀의 수행, 증오證悟의 단계로서 십지, 실천으로서 계, 정, 혜 삼학, 깨달음의 세계인 무주처열반無住處涅槃, 무주처열반에서의 전의轉依의 상相, 깨달은 불타의 모습으로서 자성신自性身, 수용신受用身, 변화신變化身을 말하고 있다. 그의 불타관은 자성신에 이신理身, 자수용

26) 정승석 편(1991) : 앞의 책. p257.

지自受用智를 포함시키고 수용신에 타수용지他受用智를 추가하는 개응합진開應合眞의 삼신설인데, 이것은 《해심밀경》 권 5에서 설해지는 법신, 해탈신, 화신의 삼신설을 발전시킨 것이다.[27] 《섭대승론》에는 《유가론》과 《해심밀경》에는 나타나 있지 않는 식, 현현, 유식무경의 개념이 나타난다. 《섭대승론》에서는 아라야식과 삼성설이 긴밀한 관계에서 논해져 있고[28] 의타기성의 염정이분을 밝히고 있으며[29] 대승 일반에 대한 설명을 유식설의 입장에서 행하였다.

세 친

세친은 무착의 친동생이라 알려진 4~5세기경의 사람으로 설일체유부로 출가하여 경량부 교리를 배우고 무착의 감화를 받아 대승으로 전향하였다 한다. 세친은 많은 저서를 남기었는데 유식과 관계되는 논서들을 중심으로 살펴보면 사상적으로 구사론과 유식사상의 중간에 위치하는 《대승성업론》, 《대승오온론》, 《석궤론》이 있다 한다. 또한 미륵의 《대승장엄경론송》, 《중변분별론송》, 《금강반야경론송》, 《법법성분별론》과 무착의 《섭대승론》, 《현양성교론송》, 《육문수습정론》에 주석을 달았다 한다. 그의 유식 관계 저서로 가장 중요한 것은 《유식이십론》과 《유식삼십송》이다.

《유식이십론》은 외계에 사물이 실재한다고 보는 다른 학파의

---

27) 平川 彰(1994) : 앞의 책, 하권, pp92-94.
28) 高崎直道 외 8인(1993) : 앞의 책, pp97-99.
29) 高崎直道 외 8인(1993) : 앞의 책, p141.

비판에 대하여 일일이 반론함으로써 '일체는 오직 식뿐이다.'라는 유식학파의 근본 명제를 입증한 책이다. 22송으로 되어 있으며 세친 자신이 주석을 달아 '논'이라 한다.[30] 《유식삼십송》에서는 식전변을 중심으로 아라야식, 마나스식, 전6식 등 8식에 의해 우리가 경험하는 세계가 식의 현현임을 아라야식 연기로 설명하였다. 또한 삼성삼무성의 유식설, 유식의 실천 수행과 전의를 설명하고 이들을 30송으로 정교하게 정리했다.[31] 식전변설은 세친에 의해 구체화된 개념으로 우리의 마음은 유동적이고 활동적이며 외계의 다양성과 내외에 있다고 생각하는 모든 존재는 마음의 변화, 마음의 활동에 의하여 만들어진 식의 전변이라는 의미다. 전변에는 변화하는 것, 찰나에 생멸하면서 상속하는 것, 인과가 결정되어 있는 것 등의 의미가 있다.[32] 세친에 이르러 유식학파에서 인식작용의 주체인 식이 논의의 중심이 되어 그때까지의 학설을 유식으로 종합 정리하였다. 세친 이후의 유식학파는 기존 학설에 대한 논쟁은 있었으나 독창적인 발전은 없어 세친은 유식학파 발전의 정점에 위치한다.

《유식삼십송》의 불교사적 의의

세친의 《유식삼십송》은 유식학파에서 중요한 저서다. 《유식삼십송》은 그때까지의 유식설에 새로운 이론을 도입하여 짧은 내용

30) 三枝充悳(1993) : 앞의 책, pp113-117.
31) 平川 彰(1994) : 앞의 책, 하권, p103.
32) 高埼直道 외 8인(1993) : 앞의 책, pp156-164.

속에 축약한 세친 후기의 저작으로 자신의 주석을 남기지 않았다. 세친의 사후 많은 주석가가 나타나서《유식삼십송》을 주석하여 그들의 입장의 차이에 따라 유식학파 내의 분파가 이루어졌다.

현장은 대표적인 주석자로 호법과 안혜를 포함하여 친승, 화변, 덕혜, 난타, 정월, 승우, 최승자, 지월의 10대 논사를 들고 있고, 그 외에도 여러 사람이 주석을 남기고 있다.

분파는 대략 셋으로 나뉘었다 하는데 그들 중 현재 알 수 있는 것은 화변과 호법이 속해 있는 유상유식파有相唯識派와 친승, 덕혜, 안혜에 의해 대표되는 무상유식파無相唯識派다. 유상유식의 입장은 식의 존재를 인정하고 식전변識轉變으로의 현상을 세밀히 분석하여 본성에 이르고자 하였고, 무상유식은 인식 대상과 식이 모두 존재하지 않는다는 입장을 견지하였다. [33]

현장은 7세기의 당唐나라 승려로 인도에 건너가 호법의 제자인 계현에게 10인의 주석을 배우고 돌아와 호법설을 중심으로 다른 논사의 주석을 가미하여《성유식론》10권을 만들었고, 그의 제자 규기는《성유식론술기》와《성유식론추요》를 서술하여 '법상종'이라는 종파가 당나라 때 융성하게 되었다. 신라에는 경덕왕 때 전해져 법주사와 동화사에서 크게 성하였다 한다.《성유식론》에 대한 주석서로 신라 승려인 원측이 소 20권을 저술하였다 하나 전해지지 않으며, 태현의《성유식론고적기》는 전해지고 있다. [34] 일

---

33) 三枝充悳(1993) : 앞의 책, pp243-253.

본에는 나라시대에 법상종이 전해져 주로 《성유식론》을 기초로
한 교리 연구가 유행하였고 에도시대에는 많은 학자가 배출되었
다 한다.[35]

《유식삼십송》과 그의 주석서들은 유식학 연구에 가장 중요한
문헌으로 여겨지며 활용되고 있고, 《구사론》과 함께 불교 연구의
기초 문헌으로 중시된다.

34) 정승석 편(1991) : 앞의 책, pp201-202.
35) 服部正明(1993) : 앞의 책, p25.

분석심리학 개관

분석심리학의 형성 배경

분석심리학은 스위스의 정신과 의사인 칼 융Carl Gustav Jung (1875~1961)에 의하여 제창된 심층심리학설이다. 분석심리학설은 유달리 날카로운 직관과 우수한 사고력을 갖춘 융의 인격과 이를 바탕으로 하여 인간 심성을 철저하게 탐구한 결과 얻은 많은 경험 자료의 성찰을 통하여 이루어졌다.[1]

융의 자서전에는 그가 내면적으로 겪었던 환상, 꿈, 불안이 기록되어 있고, 그가 유년기에 꾼 꿈은 뒤에 개진될 그의 종교심성론과 심리학적 신상관神像觀을 예시하고 있다. 소년 시절의 마술적 환상과 놀이는 중년에 이르러 연구하게 된 중세의 연금술과 관계가 있다. 인도 종교에 대한 남다른 호기심은 말년에 동양과 서양의 종교를 통합할 수 있는 사상을 낳게 하였다. 그는 청소년기에 쇼펜하우어와 괴테의 저서에서 많은 영향을 받았다 하며 자신 내부의 제2의 인격을 인식하는 사건을 기술하고 있다. 당시의 기독교 신앙과의 갈등은 기독교 종파를 넘어선 보편적 종교 심성으로 그의 시

---

1) 이부영(1979) :《분석심리학》, 일조각, 서울, pp1-9.

야를 확대하게 하였다. [2]

융은 바젤대학에서 의학을 공부하였는데 대학 시절 심리학, 철학, 신비학 등에 관심이 많았다. 고대 그리스 철학서를 읽고 칸트와 니체 등에 심취하였다 한다. 어머니 쪽의 사촌인 헬레네 프라이스베르크를 영매로 한 강신술 모임을 주최하여 그 경험을 바탕으로 〈소위 심령 현상의 병리와 심리에 대하여〉라는 학위논문을 1902년에 발표하였다. 1900년 정신과 의사가 되기로 결심하고는 부르크횔츨리Burghölzli라는 이름으로 알려진 취리히 대학 정신과병원의 주임교수 오이겐 블로일러Eugen Bleuler,1857~1939 밑에 들어가 사사하였고, 1902년 겨울 프랑스 파리에 가서 최면술의 심리기전과 신경증의 심인론에 관한 새로운 학설을 제창한 피에로 자네Pierre Janet의 지도 아래 정신병리학 이론을 연구하고 돌아왔으며, 1903년부터는 단어연상검사 연구를 통하여 무의식적 콤플렉스의 존재를 발견하였다. [3]

융이 프로이트Freud의 학설을 접한 것은 1900년 프로이트의《꿈의 해석》에 관한 논문을 세미나에 소개하면서부터다. 융은 처음에는 프로이트의 글을 잘 이해하지 못하다가 후에 연상검사 결과와 프로이트 이론이 관계가 있음을 깨닫고 1906년 자신의 연구논문

2) Jaffe A(1989) :《C. G. 융의 회상, 꿈 그리고 사상》, 이부영 譯, 집문당, 서울, pp20-135.
3) Ellenberger HF(1970) : The Discovery of the Unconscious, New York, Basic Books, INC., Publishers, pp665-668.

을 프로이트에게 보내며 서신으로 의견 교환을 하였다. 1907년 빈에서 만난 후 프로이트의 인간 심리의 무의식에 대한 과학적인 태도에 감명을 받아 서로 가깝게 지냈고, 1913년 견해 차이로 결별할 때까지 정신분석학회에서 중심 역할을 하였다. 프로이트는 자신의 성욕설을 융이 받아들이기를 원하였고, 융은 '리비도의 변환과 제 상징'에서 정신분열증 환자의 증상을 통해 드러나는 상징의 의미를 신화와 종교적 표상을 통해 구명하여 기본 입장의 차이를 드러내게 되었다.[4]

프로이트와 결별한 후 1913년에서 1919년까지 그는 사회적 지위나 활동에서 물러나 내면의 무의식 세계를 탐구하는 데 몰두한다. 그는 자신의 꿈과 환상을 관찰하며 기록하고 무의식의 충동에 따라 그림을 그리고 돌을 쌓기도 하였다. 이 과정에서 그는 많은 원형상을 경험하고 그 의미를 이해하였으며, 이 내적 경험이 원형론을 비롯한 분석심리학설의 근간을 형성하게 된다.

1920년에 〈심리학적 유형〉을 발표하였고, 그 후 그의 체험을 언어화하고 사상사 속에서 위치를 찾기 위하여 서양의 신지학과 연금술을 연구하였다. 또한 독일인 중국학 학자 리하르트 빌헬름Richard Wilhelm과 함께 동양의 연금술인 도교 경전 《태을금화종지》에 대해 연구하고 주역, 불교, 요가에 대한 논설을 썼다. 미국과 아프리카를 방문하여 그곳 원주민을 만나서 그들의 사고, 종교, 신화

---

4) 이부영(1979) : 앞의 책, pp3-4.

를 통하여 집단적 무의식의 원형설에 대하여 이해를 심화시켰다.

1948년에는 C. G. Jung Institute를 스위스 취리히에 설립하고 후진을 양성하였다. 만년에는 물질과 정신의 상호 관계에서 보이는 비인과적 동시성에 관한 연구와 '욥의 회답' 등의 종교적 문제에 대해 저술을 하였고, 1961년 85세의 나이로 사망하였다.

타 사상과의 관계를 살펴보면 서양 철학가들 중 플라톤Platon에서 쇼펜하우어Schopenhauer에 이르기까지 융의 학설과 비슷한 내용을 볼 수 있다. 융은 대학에서 익힌 철학적 소양으로 자신의 관점에 대한 철학적 검토가 가능하였을 것이다. 이는 인간 심성에 대한 경험을 쌓고 그것을 바탕으로 가설을 세운 것으로 형이상학적인 철학은 아니다.

분석심리학은 정신적 현실에 대해 경험이라는 주관적 접근 방법으로 심리적 사실의 발견을 추구하는 경험심리학으로, 논리적 사고의 결과도 아니고 최고의 진리임을 주장하는 신앙 고백도 아니며 실험 통계적 고찰의 결과도 아니다.[5] 융도 밝혔듯이 무의식의 철학자로 분류되는 현대적 무의식 개념의 선구자로 전체적인 접근을 통하여 무의식의 창조적 과정을 인식하였고, 경험론적인 태도를 견지한 카루스C. G. Carus, 1789~1869는 융이 무의식의 개념을 이해하는 데 도움을 주었고,[6] 합리적 이성보다 비합리적 감성을 중시하는 독일

---

5) 이부영(1979) : 앞의 책, p11.
6) Hillman J(1992) : An Introductory Note: C.G. Carus-C.G. Jung, Carl Gustav Jung(Critical Assessment) vol.1, London and New York, Routledge, pp93-99.

분석심리학 개관   55

낭만주의 철학은 융의 무의식과 인간 심성론을 뒷받침해 주었을 것이다.[7]

심리학의 경우 신경증 이론에서는 자네Janet가 자주 인용되며, 프로이트와 아들러Adler의 인과론과 목적론적 태도는 융이 이를 근거로 자신의 통합적인 태도를 형성하는 데 발판이 되었다. 특히 프로이트의 경험론적 자세와 방법은 훗날 융이 독자적 학설을 구축하는 데 모체가 되었다. 그의 학설 형성 과정은 정신과 의사로서의 경험과 관찰을 토대로 한 것이고 그의 학설의 목적은 고통받는 환자를 치유하기 위한 것이었다. 이 점이 그의 학설과 유사한 여타 사상이나 학설과 다른 점이다.

융의 학문적 태도와 기본 학설

학문적 태도

융의 심리학은 대부분의 의료심리학의 여러 학파, 즉 정신분석, 실존분석 등과 함께 경험심리학에 속한다. 정신적 현실에 대한 경험이라는 주관적 방법으로 심리적 사실의 발견을 추구하였고 학설의 옳고 그름보다는 정신치료에서의 효용성을 중시하는 실용주의적 태도를 가지고 있다.

경험이란 주체를 통하여 이루어지는 만큼 주관적이며 독단에 빠

---

7) Ellenberg HF(1970) : 앞의 책, p727.

지기 쉽다. 우리 자신이 인간 심리의 주체이면서 동시에 객체일 수밖에 없는 조건에서 누구에게나 인정되는 보편타당한 가설을 이끌어 내기 위해서 가능한 한 선입견을 제거하고 사실을 사실대로 관조하는 현상학적 접근의 필요성을 제기하였고, 자기의 학설은 심리적 사실의 충실한 기술로 자연과학적 심리학임을 강조하였다.

또한 정신의 전체성을 파악하고자 하였다. 정신의 전체성이란 의식뿐 아니라 무의식을 포함한 전체를 말하며 인과론적으로 파악할 수 있는 부분뿐 아니라 목적론적 의미를 포함하는 전체적인 접근을 필요로 한다. 그는 과학적 탐구에 주로 사용되는 '왜?'라는 물음과 함께 '무슨 목적으로?'라는 물음으로 정신현상의 의미를 묻는다.

그의 심리학을 '심혼이 있는 심리학Psychologie mit der Seele'이라 하였다. '심혼'이란 그 자체로 존재하며 자율적으로 기능을 발휘하는 절대적 타자, 우리의 주체 속에 있는 하나의 객체적 정신을 말하며 분석심리학은 그러한 존재를 인식하는 심리학이라는 것이다.[8]

"정신적인 것은 우리의 유일한 직접적인 경험이다. 정신이야말로 가장 진실한 실체다. 왜냐하면 그것은 오직 유일한 직접적인 것이기 때문이다."라고 융은 말했다. 그의 학설은 이러한 정신적 현실에 대해 경험이라는 주관적 접근 방법으로 심리적 사실의 발견을 추구하는 학문이며, 그 학설은 절대적 진리이기보다 하나의 가설이다. 다만, 이 가설은 형이상학적인 것이 아니라 인간 심리에의 작용

---

8) 이부영(1979) : 앞의 책, pp12-13.

이라는 실제적 영향에 따라 신뢰성이 평가될 수 있는 것이며, 융의 입장에서 인간 심리에 대한 최선의 표현과 설명이다. [9)]

기본 학설

비교연구의 전제로 필요한 범위 안에서 분석심리학의 기본 학설을 소개하겠다.

마음의 구조

▶콤플렉스　융은 단어연상검사를 통하여 마음속에 존재하는 '콤플렉스'를 발견하였다. 콤플렉스란 '감정적으로 강조된 심리적 내용' 또는 '그 내용을 중심으로 한 심적 요소의 어떤 일정한 군집'을 말한다. 콤플렉스는 핵 요소를 중심으로 형성되는데, 이 핵 요소는 정감이 강하다. 핵 요소는 인과적으로 환경과 결부되어 있는 체험에 의하여 정해진 조건과 소인적인 성질을 띤 개체의 성격에 내재하는 조건의 두 요소로 구성되어 있고, 심리적 내용물 가운데서 핵 요소의 정감에 맞는 내용이 핵 요소를 중심으로 배열됨으로써 콤플렉스가 형성된다. 분석심리학에서 말하는 콤플렉스는 병적인 것이나 열등감을 지칭하는 것이 아니라 정상적인 정신의 구성물이다. [10)] 그것은 의식을 구성할 뿐 아니라 무의식의 내용을 구성하며,

---

9) 이부영(1979) : 앞의 책, pp14-15.
10) 이부영(1979) : 앞의 책, p33.

자아 또한 많은 콤플렉스 가운데 하나다. 정신구조는 콤플렉스가 연결되어 구성되므로 감정적 충격이 강할 경우 유리되어 정신적 해리가 생길 수 있다. 콤플렉스는 서로가 지닌 정신적 에너지의 차이로 정신활동을 활성화하는 데 이바지한다. 콤플렉스가 의식에 장해를 일으키는 것은 그것이 의식에서 떨어져 나가 무의식에 억압될 경우다. 그러나 원형이라고 불리는 집단적 자율적 콤플렉스는 선험적으로 존재하는 무의식의 심층을 구성하고 있다.

콤플렉스의 의식화와 집단적 콤플렉스의 관조는 분석심리학에서 인격 성숙의 중요한 과제다.

▶ **의식과 무의식**　의식은 자아를 통하여 연상되는 정신적인 내용이다. 자아는 의식의 중심으로 의식의 내용을 이루는 동시에 의식이 의식일 수 있는 조건이기도 하다. 의식되어 있다는 것은 어떤 심리 내용이 자아 콤플렉스와 관계를 맺는 한 가능하기 때문이다. 의식이란 단속적인 현상이다. 매일 밤 우리는 무의식 속에 잠기며 나머지 시간에도 정신활동이 무의식의 영향하에 자동적으로 이루어지는 시간이 많다. 보통 우리는 인생의 시간에서 절반 이상을 무의식적 상태에서 지난다. 의식은 무의식에 대하여 좁은 것이다. 그것은 오직 주어진 순간에 몇 가지 내용을 동시에 파악할 수 있을 뿐이다. 모든 다른 것은 그 순간 무의식적이다.[11]

---

11) 이부영(1979) : 앞의 책, pp44-45.

의식은 무의식적 상황에서 생겨난다. 자기 신체와 자기 존재에 대한 인식을 통하여 자아가 형성되며 자아를 중심으로 의식이 활동하여 일련의 기억을 형성하게 된다.

의식에 면하고 있는 무의식이 항상 변하여 어떤 때는 의식이 되었다가 어떤 때는 무의식이 되는 것처럼 의식 자체도 상대적이어서 여러 가지 강도의 차이를 나타낸다. 즉, '내가 한다.'와 '내가 하는 것이 무엇인지를 나는 안다.' 사이에는 큰 차이가 있다. 하나는 맹목적인 행동이고 하나는 의식된 행동 또는 그 행동에 대한 의식성을 말한다. 무의식성이 우세한 의식이 있고 의식성이 우세한 의식이 있다. [12)]

사람의 마음속에 무의식적인 것이 있다는 생각은 라이프니츠 Leibniz로부터 철학적으로 도입되어 여러 사람이 언급하였으나 과학의 대상으로 연구를 시작한 사람은 프로이트다. 무의식이란 융에 의하면 우리가 가지고 있으면서 아직 모르고 있는 정신의 모든 것이다. 융은 무의식은 태어나서 지금까지의 경험 중 잊혀지거나 의식에서 억압되어 형성된 '개인적 무의식'과 태어날 때 이미 가지고 나오며 모든 사람에게 보편적인 내용으로 구성된 '집단적 무의식'으로 이루어져 있다고 보았다. 집단적 무의식은 여러 원형으로 이루어져 있는데, 원형이란 시간과 공간을 넘어서 지리적 차이, 문화나 인종의 차이와 관련 없이 언제 어디서나 존재하는 인간의 가장 보편적

---

12) 이부영(1979) : 앞의 책, p49.

이며 원초적인 행동 유형을 일으키는 인지할 수 없는 하나의 조건
이다. 우리는 꿈이나 신화, 민담을 통해 표현되는 무의식의 원형상
을 통하여 원형의 존재와 특성을 짐작할 수 있다.

무의식은 의식에 대하여 보상 작용을 한다. 의식의 부족한 것을
채우고 의식의 일방성을 지양한다. 무의식의 보상 기능은 정신으로
하여금 전체가 되게 하는 목적을 지니고 있고, 무의식은 이런 조화
와 조절의 기능을 자율적으로 수행하는 능력을 가지고 있다. [13)

▶ **외적 인격과 내적 인격**　의식의 중심인 자아는 외부 세계와 내
부 세계와 관계를 갖게 된다. 외부 세계와의 관계에서 외부 집단
의 요구에 적응하는 과정에서 형성되는 일정한 사회적 역할과 규범
등 집단적 행동 양식의 틀을 페르소나persona 또는 외적 인격이라 한
다. 또한 자아로 하여금 내면의 무의식계와 관계를 매개하는 내적
인격이 무의식의 원형으로 존재하는데, 남성과 여성에서 각기 다른
특성을 나타내며 남성의 경우에는 아니마, 여성의 경우에는 아니무
스라 하였다.

페르소나란 고대 그리스의 연극에서 배우들이 쓰던 가면을 지칭
하던 단어로 사회적 역할을 의미한다. 청소년기에 페르소나를 형성
해 가는 것은 인격 발전의 중요한 과정이다. 그러나 페르소나는 진
정한 자신의 개성은 아니다. 페르소나와 자신을 동일시하다 보면

---

13) 이부영 편(1995) :《의학개론》, 서울대학교 출판부, p180.

내부 세계와의 단절로 인한 정신적 해리가 나타날 수 있다. 페르소나는 사회생활에서 중요한 것이지만 자아가 곧 페르소나인 것은 아니다. 이를 구별할 수 있는 마음의 지혜가 필요하다.

아니마란 인류가 아득한 옛날부터 체험해 온 모든 여성적 체험의 침전으로, 느낌, 감정, 예시적 능력이다. 아니무스란 정신성, 지성 등의 남성적 특성이다. 아니마와 아니무스는 이승과 저승을 잇는 영혼의 인도자와 같은 존재로 의식의 '나'를 미지의 무의식 세계로 이끈다. 아니마와 아니무스의 기능을 적극적으로 받아들이는 것은 자아의 중요한 과제다. [14] 아니마와 아니무스는 투사 체험을 관찰하거나 내적인 관조를 통하여 기능을 분화시키며 이러한 작업을 통해 자아는 전체 정신에 가까이 갈 수 있다. [15]

▶ **자기와 자기실현**　자아의식은 전체 정신의 작은 부분이다. 인생의 전반기는 자아를 강화하는 시기이나 분석심리학에서는 인생의 후반기에 전체 정신의 중심인 자기를 실현시켜야 함을 강조하고 있다. 자기란 여러 원형 가운데 가장 중심이 되는 원형으로, 의식과 무의식의 대극을 하나로 포괄하며 전일의 경지를 가능케 하는 무의식의 조절자다. 융은 자기원형이 무의식에서 상으로 나타날 때 흔히 원과 사위四位의 상징으로 표현됨을 관찰하였고 만다라 상도 자

---

14) 이부영 편(1995) : 앞의 책, p189.
15) 이부영(1979) : 앞의 책, pp80-83.

기의 상징임을 알게 되었다. 고등종교에서 최고의 존재, 그리스도, 불타 그리고 노자의 '도' 혹은 금강석, 장미 등은 자기원형의 상징이다.[16] 그런 상이 각자의 무의식에 존재하고 있어 자기실현의 원동력으로 작용하고 있다.

자기실현은 무의식의 의식화 과정으로, 자기인식을 통하여 자기자신 속의 미지의 속성과 가능성을 깨달아 가는 과정이다. 자기실현에는 자아의 결단과 용기와 인내심이 필요하며, 이것이 있음으로해서 비로소 무의식과 의식의 합일이 가능해진다. 자기실현은 그사람 자신의 전체가 된다는 뜻에서 개성화라 하기도 한다. 자기실현을 하기 위해서는 우선 자아와 페르소나를 구별하고 자아를 무의식의 암시적인 힘에서 벗어나게 하여야 한다. 인류의 오랜 정신유산인 신화와 원시 종족의 풍습, 종교, 연금술 등에는 자기실현의 원형이 상징적으로 표현되어 있다.[17]

심리학적 유형론   심리학적 유형론은 융이 1920년에 발표한 학설로 사람은 선천적으로 여러 가지 심리적 경향성을 갖는다는 학설인데, 프로이트와 헤어진 후 그와의 관계나 논쟁의 원인을 생각하게 된 것이 계기가 되었다 한다. 이 이론은 내향 및 외향의 일반적 태도와 사고, 감정, 감각, 직관의 네 가지 정신 기능에 따르는

---

16) 이부영 편(1995) : 앞의 책, p195.
17) 이부영(1979) : 앞의 책, p110.

심리학적 유형을 분류하고 있다.

▶ **일반적 태도 유형: 내향형과 외향형** 　내향적 태도란 객체보다 주체에 입각하여 판단하고 행동하며 객체보다 주체에 더 관심을 갖는 태도다. 반대로 그 사람이 판단하고 행동하는 데 결정적인 역할을 하는 것이 주체보다 객체에 있고 관심 또한 객체에 더 많이 향해 있을 때 외향적 태도라 한다. 사람들에게 두 가지 태도가 혼재되어 있으나 대개는 한 가지 태도가 더 우세하여 외향형과 내향형으로 나뉜다.

외향형의 경우 무의식에 내향적 경향이 억제되어 미분화 상태에 있으면 무의식은 자기중심적이고 독선적인 경향을 가지게 되며, 그것이 내향형 사람에게 투사되면 내향형은 자기 말만 옳다 하고 객관성이 없다고 비난하거나 스스로 무의식의 열등한 내향적 경향에 사로잡혀 공평무사한 본래의 외향적 태도와는 다른 사적인 편견이나 정에 사로잡히는 경우가 있다.

내향형의 경우 무의식에 외향적 경향이 억제되고 미분화되면 무의식의 외향적 경향은 유치해지고 과장되게 된다. 이것이 외향형에 투사되면 내향형은 외향형을 공연히 허세를 부리고 시류에 따르고 자기 생각은 없는 사람이라고 비난한다. 또는 스스로 무의식의 외향적 경향에 동화되어 자기가 비난해 온 피상적인 외부 지향적 행동을 하게 된다.[18]

▶**정신의 네 가지 기능과 기능 유형** 융은 정신 기능을 판단 기능에 근거를 둔 합리적 기능인 사고, 감정 기능과 직접적인 인식 기능으로 비합리적 기능인 감각, 직관 기능의 네 가지 기능으로 나누었다. 사고와 감정, 감각과 직관은 서로 대극의 기능으로 사고 기능이 잘 발달되어 있는 사람은 감정 기능이 가장 미숙하고 열등하며, 감각 기능이 잘 발달되어 있는 사람은 직관 기능이 미숙하고 열등하고 역 또한 성립한다. 사람들은 대개 의식에서 우월한 기능을 주로 쓰게 되고 열등한 기능의 사용을 피하게 된다.

우월한 기능이 무엇이냐에 따라 사고형, 감정형, 감각형, 직관형으로 나뉘고, 여기에 내향형과 외향형의 태도 유형을 더하면 여덟 가지 유형으로 나뉜다. 제2의 우월 기능이 무엇이냐에 따라 더 자세히 나눌 수도 있다.

융의 유형론은 고정적인 결정론적 유형론이 아닌 태도와 기능들의 대극 관계 속에서 동적으로 변화하는 유형론으로 전체 정신의 실현을 위해서는 무의식의 미분화된 기능의 의식화를 통한 분화가 필요하고, 또한 그것이 가능함을 보여 주며, 타고난 유형의 차이에 의하여 생기는 타인과의 견해 차이와 갈등의 원인을 이해할 수 있도록 해 준다.

정신병리론과 정신치료 융은 정신병리 현상을 건강한 사람

---

18) 이부영 편(1995) : 앞의 책, pp196-197.

의 심리적 바탕에서 보고자 하였다. 그는 노이로제 환자의 심리가 건강한 사람의 심리와 근본적으로 다르지 않다고 생각하였다. 분석심리학적 입장에서 병이란 자기 자신에 대한 무의식성을 의미한다. 융은 노이로제는 의미를 발견하지 못한 마음의 고통이라 하였다.[19] 증상의 뒤에는 그럴 만한 '뜻'이 있고 그 의미를 발견하고 이를 깨닫도록 하는 것이 치료의 핵심이다.

'노이로제는 내적인 해리, 자기로부터의 소외와 단절 현상이다. 이러한 단절을 강화시키는 모든 것은 병을 만든다. 이것을 완화시키는 모든 것은 그를 건강하게 한다.'[20] 자아가 자기와 멀리 떨어질수록 인격의 해리를 일으킬 위험은 커진다. 자아의식은 특성상 일방적이다. 자아는 외계와 자신을 나누고 구별 지으며 자신의 영역을 확보해 나간다. 이러한 과정은 전체 정신인 자기로부터 자아가 멀어지게 한다. 그러므로 노이로제의 고통은 자기 자신을 되찾고 인격의 해리를 지양하여 하나인 자신으로 통일되게 하는 목적을 가지고 있다.

심리학적 유형론의 측면에서 볼 때 우월 기능에 대한 일방적 집착은 열등 기능의 무의식으로의 억압을 낳고, 그 반작용으로 의식에 대한 과보상이 일어나면 외향형의 경우는 신체 감각 이상에 대한 과도한 민감성, 내향형은 심신의 피로, 비합리적 유형은 공포

---

19) Jung CG(1969) : Psychotherapist or the Clergy, C. W. 11, p330.
20) Jung CG(1969) : 앞의 책, pp340-341.

증상 등을 보인다.[21]

소외된 자기를 찾고 이를 실현시키는 열쇠는 환자의 마음속에 있는 것이며 치료자의 의식에 있는 것이 아니다. 무엇이 소외되었으며 무엇이 실천에 옮겨져야 하는가는 개개인의 무의식을 통해서 알 수 있을 뿐이다. 왜냐하면 개인은 모두 그 개인이 해야 할 과업이 다른 것이며 노이로제란 바로 이 과업을 무시하거나 그것을 소홀히 한 데서 생겼다고 보아야 하기 때문이다.[22]

융은 정신분열증의 원인을 복합적인 정신 신체적 요인에 귀인시키면서도 심리적으로 이해 가능하고 정신치료로 최소한 부분적으로 치료 가능하다는 확신을 가지고 있었다.

분석심리학은 정신치료의 목적을 증상만을 제거하는 데 두지 않고 증상이 가지는 목적적인 의미를 발견함으로써 의식의 일방성을 지양하고 의식과 무의식을 통합하여 전체정신을 실현하는 데 목적을 두고 있다. 치료 방법이나 기술보다는 치료자의 자세가 중요하다. 치료자는 항상 피치료자의 전체정신이 무엇을 말하고 있는가를 무의식의 통찰을 통하여 진지하게 살펴보아야 한다.

피치료자의 의식 상황에 대하여 무의식이 어떤 반응을 보이는가를 알기 위하여 꿈은 중요한 자료다. 분석심리학에서는 꿈이 전체정신의 중심인 자기의 의도를 표현하고 있고 꿈의 해석을 통하여

---

21) 이부영 편(1995) : 앞의 책, p207.
22) 이부영(1979) : 앞의 책, p202.

정신의 중심인 조절자, 즉 자기의 의도를 알 수 있다고 생각한다. 꿈의 해석은 외부의 상황과 자아와의 관계를 이해하기 위한 객관 단계의 해석과 꿈에 나타나는 상들을 피치료자의 내부 세계, 즉 무의식의 심상으로 간주하고 이를 확충amplification의 방법을 통하여 상징적으로 이해함으로써 전체정신의 실현에 이르게 하는 주관 단계의 해석이 있다. 주관 단계의 해석은 분석심리학의 특징적인 해석으로, 원형적 상징을 이해하기 위해서는 인류의 정신적 유산인 신화, 민담, 비교종교 자료의 연구 등이 필요하다.[23] 또한 무의식적 내용을 표현하고 이해하기 위하여 회화 분석, 적극적 명상, 모래상자놀이 등이 분석심리학에서 활용되고 있다.

분석심리학에서 정신치료의 목적은 개개인의 전체정신을 실현하는 것으로 집단정신과 구별하는 의미에서 개성화 과정이라 한다. 여기에서 개성이란 각 개인의 전체 정신이 충분히 실현된 상태를 의미한다.

융의 동양사상 연구

융의 자서전에 의하면 융은 1920년대경부터 동양사상을 접하고 있었음을 알 수 있다. 융은 1920년경 여름 휴가 동안 별장이 있는 볼링겐Bollingen에서 몇 시간씩 나무 밑에서 주역을 보며 실제로 궤를 뽑아 보곤 하였다 하고, 주역 독어 번역본의 서문을 쓰기

---

23) 이부영(1979) : 앞의 책, pp190-191.

도 하였다. 1920년대 초 독일의 다름슈타트Darmstadt 시의 카이절링Keyserling 백작 집에서 개최된 '지혜의 학파'라는 모임에서 중국 학학자인 빌헬름R. Wilhelm을 알게 된 후 그에게 취리히Zurich 심리학 클럽에서 주역을 강의하도록 하였다. 또한 그와 함께 1929년 도교 경전인《태을금화종지》의 번역과 심리학적 논평을 발간하였다. 그는 심리학적 해석의 서문에서 빌헬름을 통하여《태을금화종지》를 접함으로써 15년간의 집단적 무의식 연구 과정에서 얻은 결과에 대하여 인류의 사상사에서 비교할 수 있는 다른 체계가 없음으로 해서 겪던 어려움을 해결할 수 있었다고 밝히고 있다.[24] 또한 도道란 삶에서 단절된 의식이 다시 삶과의 일치에 이르는 것이라고 이해하였고, 주관과 객관의 신비적 융합에 이른 의식 상태에 대한 심리학적 해석을 하고 있다.

1930년대 후반에는 각종 동양사상에 대한 심리적 주석과 논설을 발표하였는데《티베트 사서》에 대한 심리학적 논평에서는 사자에 대한 이해와 가르침을 분석심리적인 개성화 과정과 비교 고찰하였다.《티베트의 대해탈서》에 대한 논평에서는 무의식의 보상 기능이 초월적 기능이며, 의식이 이를 실현하는 것이 하나의 마음을 실현하는 것이고 대극의 합일임을 말하고 있으며, 상징은 의식의 피안에 이르는 수단이며 인격 변환의 수단이라고 하였다. 1939년 스

---

24) Jung CG(1967) : Commentary on "The Secret of The Golden Flower" C. W. 13, p3.

즈키D. Suzuki의《대해탈》의 서문에서 서양 전통에서 정신치료만이 선의 헌신을 이해할 수 있다 하며 정신치료와 선의 유사점을 논의하였고, 공안에 대한 대답은 본성에서 나오는 것으로 의식과 무의식의 전체에서 나오는 답이며 자아중심성의 해소가 선행되어야 함을 말하고 있다. 1936년 〈요가와 서양인〉이라는 논문에서 융은 유럽인은 역사적 발전을 통하여 심적 근원에서 아득히 멀리 떨어져 있어 그의 정신은 믿음과 지의 분열을 초래하였다고 비판하고 유럽인의 과제는 자연스러운 인간을 찾는 것임을 강조하였다. 1943년《동양명상의 심리학》에서 불교의 삼매에 이르기 위한 명상 과정의 상징 해석을 통하여 심리적 의미를 이해하고자 하고 분석심리학의 적극적 명상과 성 이그나티우스 폰 로욜라의 신비 체험의 비교를 시도하고 있다. [25)]

   융은 동양사상에 관한 관심과 이해를 통하여 문화를 초월하여 자신의 심리적 관찰과 경험의 타당성을 제공받을 보편적인 근거 자료를 얻게 되었다. 그는 서양의 연금술, 신지학에서 자신의 사상의 역사적 토대를 발견하려 하였으며《태을금화종지》등 동양종교사상과의 만남은 그에게 자신과 경험을 공유할 수 있는 경험이 서구

---

25) Jung CG(1969) : Psychological Commentary on the Tibetan Book of the Dead.
    Psychological Commentary on the Tibetan Book of the Great Liberation.
    Foreword to Suzuki's Introduction to Zen Buddhism.
    Yoga and the West.
    The Psychology of Eastern Meditation.
    모두 C. W. 11에 수록되어 있음.

문화 밖에도 존재한다는 확신을 주는 계기가 되었다. 그러나 그는 동서양은 장구한 기간 서로 다른 역사적 전통을 갖고 있었으므로 서구인이 동양의 종교적 명상을 맹목적으로 모방하여서는 안 된다는 것을 반복하여 강조하고 있다. 그는 횡문화적인 비교 작업이 자신을 올바로 이해하기 위한 일임을 보여 주고 있다. 동양의 사상을 형이상학적이거나 신비주의적인 사상으로 보기보다는 인간 심성과의 관련에서 이해하고 해석하려고 노력하였다.

융의 동양사상에 대한 글들은 동양인에게 현대적 언어를 통하여 동양의 사상을 이해할 수 있는 소중한 도움을 주고 있다.

《유식삼십송》의 번역과 주석

　《유식삼십송》의 원문은 산스크리트어로 되어 있으나 연구자가 산스크리트어의 독해가 불가능하므로 독해 가능한 번역본 중 현장의 한역《유식삼십논송》[1]을 기본 연구 대상 문헌으로 하였고 산스크리트어 원문에 대한 이지수 국역,[2] 아낙커Anacker 영역[3]을 한역과 대조 검토하여 현장 역을 중심으로 최대한 뜻을 풀어서 연구자가 이해한 번역을 제시하고자 한다.

　현장 역과 이지수 역, 아낙커 역은 몇 가지 차이를 보인다.

　첫째, 같은 내용의 구句가 다른 게송에 속하게 배열된 경우로 제 3, 4, 5, 6, 7, 8, 11, 12, 13, 14송에서 볼 수 있다. 예를 들면, 현장 역에는 제3송의 제4구인 '상응유사수相應唯捨受'에 해당하는 내용이 이지수 역과 아낙커 역에서는 제4송에 있다. 이것은 아마 현장 한역의 각 게송이 5언 4구로 구성되어 이것을 맞추는 과정에서 내용 배열에 차이가 생긴 것으로 추측된다. 배열의 차이로 내용의

---

1) 唯識三十論頌 : 世親菩薩造, 玄奘譯, 대정장 31권, p60.
2) 이지수(1983) : "世親의 二十頌, 三十頌, 三性論의 梵韓 對譯", 《불교연구》, 2 : pp147~170.
3) Anacker S(1984) : Seven Works of Vasubandhu, Delhi, Motilal Banarsidass, pp186~190.

이해에는 차이가 없으므로 이 경우는 현장 역을 중심으로 번역하였다.

둘째, 유사한 내용이 서로 다른 문장 구성으로 표현된 것들로, 제2, 6, 7, 19, 20, 27, 30송에서 볼 수 있다. 예를 들면, 현장 역 제2송의 제3, 4구인 '초아라야식 이숙일체종初阿賴耶識 異熟一切種'이 이지수 역에서는 '그중에서 이숙이란 아라야라고 부르는 식이며 모든 종자를 가진다.' 아낙커 역에서는 "Among these, 'maturation' is that called 'the store-consciousness' which has all seed"로 되어 있다. 이와 같은 경우에는 연구자가 보기에 의미 이해에 가장 타당한 구성을 따랐다.

셋째, 서로 내용이 다른 경우인데, 현장 역 제3송의 '집수처료執受處了'가 이지수 역에는 '통일하는 작용과 장소에 대한 표상'으로, 아낙커 역에는 'appropriations, states, and perceptions'로 되어 있다. 제28송의 제4구도 마찬가지 경우인데 이 경우는 두 가지 번역이 일치하는 것을 따랐다.

넷째, 다른 번역에는 없는 내용이 현장 역에 나타나는 경우다. 제10송의 제4구, 제24송의 제3, 4구, 제26송의 제1구인데 현장의 추가 설명으로 생각되어 내용 이해에 도움이 된다고 판단되므로 번역을 하였다.

가능한 한 용어를 현대적으로 풀어 번역하였고 풀어서 번역하는 것이 어려운 경우는 간단히 용어의 이해를 위한 주석을 달았다.

〈제1송〉

a)[4] 由假設我法 有種種相轉

彼依識所變 此能變唯三

b)[5] 主觀과 客觀의 用語法이 다양하지만

그들은 모두 識이 轉變된 것이며 그 轉變엔 세 가지가 있다.

c)[6] The metaphors of 'self' and 'events' which develop in so many different ways take place in the transformation of consciousness: and this transformation is of three kinds:

d)[7] 허구로 아[8]와 법[9]을 설정함으로써 그 모습이 다양하게 전개되지만

그들은 식의 변화에 의한 것이며 이 변화에는 오직 세 가지가 있다.

---

4) 현장 역.
5) 이지수 역.
6) Anacker 역.
7) 연구자 역.
8) 我는 범어 atman의 번역. 본래는 呼吸의 뜻. 변하여 生命, 自己, 身體, 他者에 대한 自我, 自我의 本質, 物일반의 本質自性, 온갖 것에 內在하여 個體를 지배하고 통일하는 獨立영원의 主體를 말한다(불교학 대사전, p991).
9) 法은 범어 dharma의 번역. 任持自性, 軌生物解의 두 뜻을 갖는다. 그 자체의 자성을 가지고 改變하지 않고 軌範이 되어서 사람으로 하여금 일정한 사물의 이해를 낳게 하는 근거로 되는 것을 말한다(불교학 대사전, p499).

〈제2송〉

a) 謂異熟思量 及了別境識

　　初阿賴耶識 異熟一切種

b) 異熟과 思惟 작용이라 부르는 것 그리고 對象界의 表象이다.

　　그중에서 異熟이란 아라야라고 부르는 識이며 모든 種子를

　　가진다.

c) Maturation, that called 'always reflecting', and the
　　perception of sense-objects.
　　Among these, 'maturation' is that called 'the store-
　　consciousness' which has all the seeds.

d) 그 세 가지란 이숙[10]과 사량[11]과 대상을 각기 구분하여 인식

　　하는 식을 말한다.

　　여기에서는 가장 먼저 이숙을 말하고 있으며 그것은 아라야藏

　　식을 말하며 다른 이름으로 이숙식, 일체종식이라고도 한다.

〈제3송〉

a) 不可知執受 處了常與觸

　　作意受想思 相應唯捨受

---

10) 異熟은 善 또는 惡의 業因에 의해서 이것과 성질이 다른 無記(非善非惡)인 결과
　　를 산출하는 것, 또 그 결과를 말한다(불교학 대사전, p1254).
11) 思量은 事理를 생각하여 헤아림을 말한다(불교학 대사전, p647).

b) 그것은 확실하게 認識되지 않는 통일하는 작용과 장소에 대
한 表象을

갖고 있으며, 언제나 觸覺, 思惟, 感情, 槪念, 意志가 수반
된다.

c) Its appropriations, states, and perceptions are not
fully conscious,

yet it is always endowed with contacts, mental
attentions, feelings, cognitions, and volitions.

d) 아라야식의 집수[12]와 처[13]와 요별작용은 확실히 알 수 없다.

항상 감관과 대상과 인식작용의 화합觸, 마음을 일으키는 심
작용作意, 감수작용受, 표상작용想, 마음의 동기 지움의 작용思
이 함께한다.

오직 고도 낙도 아니고 애도 희도 아닌 마음에 상응한다.

〈제4송〉

a) 是無覆無記 觸等亦如是

恒轉如暴流 阿羅漢位捨

---

12) 執受의 執은 攝, 持의 뜻이 있고 受는 領, 覺의 뜻이 있어서 경계를 접촉하여 그
    것을 攝持하여 잃어버리지 않고 苦樂 등을 知覺하는 것을 말한다(불교학 대사전,
    p1512).
13) 處는 모든 생명 있는 존재가 살아가는 세계를 말한다.

b) 그의 감정은 平靜이며 가려지지 않고 善惡에 한정되지 않은
   것이다.
   觸覺도 그와 같다. 그것은 마치 물의 瀑流와 같이 流轉한다.

c) Its feelings are equaniminous: it is unobstructed and
   indeterminate.
   The same for its contacts, etc. It develops like the
   currents in a stream.

d) 아라야식은 번뇌에 가려지지 않고 선이니 악이니 명기할 수
   없는 것이며
   동반되는 촉 등의 다섯 가지 작용도 그러하다.
   항상 세찬 물줄기와 같이 전변하며 아라한[14]의 지위에 이르러
   서야 아애집장[15]의 이름을 버린다.

〈제5송〉

a) 次第二能變 是識名末那
   依彼轉緣彼 思量爲性相

b) 그것의 止滅은 아라한의 지위에 있어서다.

---

14) 아라한은 應供, 殺賊, 不生, 應眞, 眞人이라고 번역하며 최고의 깨달음을 얻은
    자로 공양을 받을 만하며 번뇌가 멸하였고 다시는 미혹의 세계에 태어나지 않음
    을 말한다(불교학 대사전, p998).
15) 아라한에 이르러 제8식을 대상으로 '나'라는 생각을 일으키지 않으므로 제8식이
    我愛의 집착의 대상이 되지 않는다는 뜻임.

그것에 의지하여 生起하고, 그것을 對象으로 하는 마나스라고 부르는 識은 思惟를 본성으로 한다.

c) Its de-volvement takes place in a saintly state: Dependent on it there develops a consciousness called 'manas', having it as its object-of-consciousness, and having the nature of always reflecting;

d) 다음은 제2 능변[16]이다. 이 식을 마나스라 하는데 아라야식에 의지하여 유전하고 아라야식을 이 식의 대상으로 하며 사량하는 일이 본성과 작용이다.

〈제6송〉

a) 四煩惱常俱 謂我痴我見
   竝我慢我愛 及餘觸等俱.

b) 그것은 無明 등에 덮여 있고 善惡에 한정되지 않은 네 가지 번뇌와 항상 연합된다.
   네 가지는 我見, 我痴, 我慢, 我愛이다.

c) It is always conjoined with four afflictions, obstructed-but-indeterminate,

---

16) 能變이란 識을 가리키며 변화시키는 주체, 변화시키는 자를 말한다(불교학 대사전, p226).

known as view of self, confusion of self, pride of self, and love of self.

d) 마나스식에는 네 가지 번뇌가 항상 함께하는데, 그것은 내가 있다는 어리석음我癡,

내가 있다는 견해我見, 내가 잘났다는 생각我慢, 나에 대한 애착我愛이다.

아울러 그 밖의 번뇌와 촉 등과도 함께한다.

〈제7송〉

a) 有覆無記攝 隨所生所繫

阿羅漢滅定 出世道無有

b) 태어나는 단계에 따라서 그것의 고유한 양상과 연합되며 그밖의 觸覺 따위와도 연합된다.

그것은 아라한에게는 없으며 마음작용이 멸한 평정한 상태에서나 超世間 修行道에도 존재하지 않는다.

c) And wherever it arises, so do contact and the others. But it doesn't exist in a saintly state, or in the attainment of cessation, or even in a supermundane path.

d) 번뇌에 가려져 있으나 선악은 결정되어 있지 않고 태어나는

곳에 따라 얽매인다.

아라한에게는 없으며 멸정, 출세도의 상태에서도 마나스식이
존재하지 않는다.

〈제8송〉

a) 次第三能變 差別有六種

　　了境爲性相 善不善俱非

b) 이것이 두 번째 轉變이다. 세 번째는 여섯 가지 대상을 인식
하는 것이며

善性이거나 惡性이거나 그 어느 것도 아닌 것이다.

c) This is the second transformation. The third is the
apprehension of sense-objects of six kinds: it is
either beneficial, or unbeneficial, or both.

d) 다음의 제3능변을 보면 여섯 가지 종류가 구별되니 이 여섯
가지는

대상을 요별하는 성질과 작용을 가지며 그것은 선이나 불선
이거나 그 어느 것도 아니다.

〈제9송〉

a) 此心所遍行 別境善煩惱

　　隨煩惱不定 皆三受相應

b) 그것은 모두에 작용하는 心的 요소, 한정된 대상에만 작용하는 心的 요소, 善한 心的 요소와 연합하고, 부차적 오염과 연합하며 세 가지 感受와도 그렇다.

c) It is always connected with sarvatragas, and sometimes with factors that arise specifically, with beneficial events associated with citta, affliction, and secondary afflictions: its feelings are of three kinds.

d) 이러한 여섯 가지 요별 능변식의 마음작용에는 모든 식에서 작용하는 다섯 가지 변행[17]과

특정한 대상에 대해서만 작용하는 다섯 가지 별경,[18] 선 십일과 근본번뇌와 수반되는 번뇌와 사부정이 있다.

모두가 고, 낙, 사[19]의 세 가지 감수와 상응한다.

〈제10송〉

a) 初遍行觸等 次別境謂欲

勝解念定慧 所緣事不同

b) 첫 번째는 觸覺 따위다. 한정된 것은 慾望, 確信, 憶念과

---

17) 遍行은 마음이 일어날 때 언제나 함께 일어나는 작용이다(불교학 대사전, p531).
18) 別境이란 마음에 두루 일어나지 않고 각각 다른 상황에서 일어나는 작용으로, 예를 들어 좋은 상황에서는 欲이 작용하고 결정이 필요할 때 勝解가 작용한다(불교학 대사전, p531).
19) 捨는 平靜, 無關心을 뜻한다(불교학 대사전, p634).

더불어

三昧, 智慧이다. 믿음, 뉘우침, 수치심…….

c) The first are contact, etc.; those arising specifically
are zest, confidence, memory, concentration, and
insight;

d) 첫 번째 변행에는 촉 등의 다섯 가지가 있다.

다음으로 별경은 욕망, 승해,[20] 기억, 흔들림 없는 집중, 식별
이다.

작용하게 되는 대상이 각기 다르다.

〈제11송〉

a) 善謂信愧慚 無貪等三根

勤安不放逸 行捨及不害

b) 無貪 따위의 세 가지와 精進, 輕安, 不放逸과 더불어 平靜,

不殺害心이

善性이다. 汚染이란 貪, 瞋, 痴이며…….

c) The beneficial are faith, inner shame, dread of
blame. The three starting with lack of greed, vigor,

---

20) 勝解는 대상에 대하여 분명히 '이것은 사실과 같다.'라고 이해하고 단정하는 것
을 말한다(불교학 대사전, p909).

tranquility, carefulness, and non-harming; the afflictions are attachment, aversion, and confusion,

d) 선한 마음의 작용은 믿음, 부끄러움, 수치심과 탐내지 않고 화내지 않으며 어리석지 않은 세 가지 선의 뿌리와 정진, 심신이 가볍고 편안함, 게으르지 않음, 마음의 평정과 비폭력을 말한다.

〈제12송〉

a) 煩惱謂貪瞋 癡慢疑惡見

　　隨煩惱謂忿 恨覆惱嫉慳

b) 自慢, 獨斷적 見解, 疑惑, 그리고 憤怒, 怨恨, 僞善, 渴望, 嫉妬, 吝嗇, 虛勢

c) pride, views, and doubts. The secondary afflictions are anger, malice, hypocrisy, maliciousness, envy, selfishness, deceitfulness,

d) 근본 번뇌는 탐욕과 성냄과 어리석음과 거만함과 의심과 잘못된 견해를 말한다.

수반되는 번뇌는 분노, 원한, 잘못을 숨김, 고뇌, 질투, 인색함과 속임

〈제13송〉

a) 誑諂與害憍 無慙及無愧
　　掉擧與惛沈 不信與懈怠

b) 欺瞞, 驕慢, 殺生, 뉘우침 없음, 뻔뻔스러움, 멍청함, 不安定,
　　不信, 懈怠心, 放逸, 失念,

c) guile, mischievous exuberance, desire to harm, lack
　　of shame, lack of dread of blame, mental fogginess,
　　excitedness, lack of faith, sloth, carelessness, loss of
　　mindfulness,

d) 아첨과 해치려는 마음, 교만함, 수치심이 없음, 뻔뻔스러움,
　　들뜸과 무겁게 가라앉은 마음, 불신과 아울러 게으름

〈제14송〉

a) 放逸及失念 散亂不正知
　　不定謂悔眠 尋伺二各二

b) 散亂心, 不正知, 悔恨, 睡眠, 論理的 思考, 깊은 思索이 이차
　　적 오염이다. 悔恨과 睡眠, 論理的 思考와 깊은 思索에는 오
　　염된 것과 아닌 것의 두 가지가 있다.

c) distractedness, lack of recognition, regret, and torpor,
　　initial mental application, and subsequent discursive

thought: the last two pairs are of two kind.

d) 방일 및 기억 못함, 산란, 잘못 이해함 등이다. 부정심소[21]는 회한과 수면, 사물을 개관하는

분별 사유와 깊은 사색 활동인데 두 가지는 각각 염법과 불염법의 두 가지에 다 통한다.

〈제15송〉

a) 依止根本識 五識隨緣現

或俱惑不俱 如濤波依水

b) 관련 조건에 따라 다섯 가지 識이 함께 혹은 그렇지 않고 각각 根本識에서 生起하니 마치 물 위에 파도가 일어나는 것과 같다.

c) In the root-consciousness, the arising of the other five take place according to conditions, either all together or not, just like waves in the water.

d) 근본식에 의지하여 연에 따라 다섯 가지 식이 생겨난다.

이것은 때로는 여러 식이 동시에 함께, 때로는 하나 또는 몇 몇만 일어나는데

5식이 근본식에 의지하는 모습은 마치 파도가 물에 의지하는

---

21) 不定心所는 善, 惡, 無記 모두가 될 수 있는 마음의 작용을 말한다.

것과 같다.

<제16송>

a) 意識常現起 除生無想天

　及無心二定 睡眠與悶絕

b) 意識은 언제나 나타난다. 다만 無想天에 태어난 자, 두 가지

　定心에 든 자, 졸거나 실신한 자는 제외된다.

c) The co-arising of a mental consciousness takes place

　always except in a non-cognitional

　state, or in the two attainments, or in torpor, or

　fainting, or in a state without citta.

d) 무상천에 태어난 경우, 무심의 두 가지 선정, 잠잘 때와 기절

　했을 때를 제외하고

　의식은 항상 일어난다.

<제17송>

a) 是諸識轉變 分別所分別

　由此彼皆無 故一切唯識

b) 이 識轉變이란 心的 구성이며, 그에 의하여 構想된 것은 실재

　하는 것이 아니다. 그런 까닭에 모든 것이 다만 表象뿐이다.

c) This transformation of consciousness is a discrimination, and as it is discriminated, it does not exit, and so everything is perception-only.

d) 식이 변하여 분별과 분별의 대상이 된다.
여기에 의거하여 그것我, 法은 실제로 존재하는 것이 아니고 모든 것은 단지 식일 뿐이다.

〈제18송〉

a) 由一切種識　如是如是變
　　以展轉力故　彼彼分別生

b) 識은 모든 種子를 갖고 있다. 그러그러하게 轉變할 때 상호 간에 전개되며 그에 따라 이러저러한 心的 구성이 일어난다.

c) Consciousness is only all the seeds, and transformation takes place in such and such a way, according to a reciprocal influence, by which such and such a type of discrimination may arise.

d) 모든 종자로 이루어진 식에 의하여 이러이러한 변화가 생기며 상호 간의 작용에 의하여 저러저러한 분별이 생긴다.

〈제19송〉

a) 由諸業習氣 二取習氣俱

　　前異熟旣盡 復生餘異熟

b) 이전의 成熟이 소멸하면, 業의 濕氣가 두 가지 집착과 더불어
　　또 다른 成熟을 낳는 것이다.

c) The residual impression of actions, along with the
　　residual impressions of a 'dual' apprehension, cause
　　another maturation to occur, where the former
　　maturation has been exhausted.

d) 모든 업의 습기와 이취의 습기가 함께하기 때문에
　　전의 이숙이 다했을 때 다시 나머지 이숙을 생기게 하는 것
　　이다.

〈제20송〉

a) 由彼彼遍計 遍計種種物

　　此遍計所執 自性無所有

b) 어떠한 사물이건 분별력에 의해 構想된 것은 어떤 것이나 '妄
　　想된 自性'이며, 따라서 그것은 실재하는 것이 아니다.

c) Whatever range of events is discriminated by
　　whatever discrimination is just the constructed own-

being, and it isn't really to be found.

d) 저 많은 것을 두루 분별하는 심념이 갖가지 대상을 두루 분
별하니

이 변계소집[22]의 자성은 있는 것이 아니다.

〈제21송〉

a) 依他起自性 分別緣所生

圓成實於彼 常遠離前性

b) 그러나 '他에 의존하는 自性'은 妄分別心이며 관련 조건에 의
존하여 일어난다. '완전히 실현된 것'은 依他起性에 있어서
遍計所執性이 항상 不在하는 상태다.

c) The interdependent own-being, on the other hand,
is the discrimination which arises from conditions,
and the fulfilled is its state of being separated always
from the former.

d) 의타기[23]의 타에 의지하는 자성은 망분별의 조건에 따라 생
긴다.

---

22) 망상된 것. 범부의 妄情으로 중생이 있고 諸法이 있다고 집착할 것이 없는 것을
있다고 생각하는 것을 말한다(불교학 대사전, p528).
23) 자기의 원인만으로는 생길 수 없고 반드시 다른 갖가지 緣에 의하여 생기는 것
을 말한다(불교학 대사전, p1239).

의타기에서 변계소집성이 항상 멀리 떠나 있으면 원성실[24]의 갖가지 진실한 본성을 볼 수 있다.

〈제22송〉

a) 故此與依他 非異非不異

如無常等性 非不見此彼

b) 그러므로 그것은 '他에 依存하는 것'과 다르지도 같지도 않다. 그것은 無常性 따위와 같다고 말해진다. 圓成實性이 보이지 않을 때, 依他起性도 보이지 않는다.

c) So it is to be spoken of as neither exactly different nor nondifferent from the interdependent, just like impermanence, etc., for when one isn't seen, the other is.

d) 그러므로 원성실은 의타기와 다른 것도 다르지 않은 것도 아니며

무상, 공, 무아 등이 그런 것과 같다.

원성실을 보지 못하면 의타기도 볼 수 없다.

---

24) 圓滿, 成就, 眞實의 세 가지 의미를 가지고 있는 不生不滅의 無爲眞如를 말한다 (불교학 대사전, p1161).

〈제23송〉

a) 卽依此三性 立彼三無性
故佛密意設 一切法無性

b) 세 가지 自性은 세 가지 無自性을 갖고 있으며 경전에선 암시적으로 언급하여 모든 존재에 實體가 없다고 설했다.

c) The absence of own-being in all events has been taught with a view towards the three different kinds of absence of own-being in the three different kinds of own-being.

d) 이 변계소집, 의타기, 원성실의 삼성에 의지하여 상, 생, 승의라는 삼무성이 세워졌다.
그러므로 부처님이 비밀스러운 뜻으로 모든 법은 자성이 없다고 말씀하였다.

〈제24송〉

a) 初卽相無性 次無自然性
後由遠離前 所執我法性

b) 첫 번째는 그 성질 자체에 의하여 無自性이다. 두 번째도 역시 스스로가 생성하지 못하며 이것이 바로 無自性性이다.

c) The first is without own-being through its character

itself, but the second because of its non-independence, and the third is absence of own-being.

d) 처음의 것인 변계소집성에서는 그 성격 자체가 자성이 없으므로 곧 상무자성이고

다음 것인 의타기성에서는 독립적으로 생기지 못하므로 자성이 없고

나중 것인 원성실성에서는 변계소집성에서 집착된 바인 나와 대상을 멀리 떠났으므로 자성이 없다.

〈제25송〉

a) 此諸法勝義 亦卽是眞如

常如其性故 卽唯識實性

b) 그것은 모든 존재의 궁극적 실재이며 모든 시간에서 如如하므로 또한 眞如이기도 하다. 그것이 바로 '오직 表象뿐'임을 體得한 상태다.

c) It is the ultimate truth of all events, and so it is 'Suchness' too, since it is just so all the time, and it's just perception-only.

d) 이는 모든 법이 함유하고 있는 뛰어나고 오묘한 이치勝義이며 또한 진여이기도 하다.

항상 변함이 없으니 이것이 유식의 참다운 성품이다.

〈제26송〉

a) 乃至未起識 求住唯識性

於二取隨眠 猶未能伏滅

b) 意識이 오직 表象뿐이라는 상태에 定住하지 않는 한, 두 가지 집착의 習慣性은 소멸되지 않는다.

c) As long as consciousness is not situated within perception-only, the residue of a 'dual' apprehension will not come to an end.

d) 유식 진의성을 구하여 거기에 머므르여 하더라도 아직 유식임을 깨우치지 않았을 경우에

주관과 객관으로 나누는 이취의 집착과 습관성은 조복될 수 없고 소멸할 수 없다.

〈제27송〉

a) 現前立少物 謂是唯識性

以有所得故 非實住唯識

b) 설령 '모든 것이 다만 表象뿐'이라고 알지라도, 만일 무엇인가를 目前에 두고 고집한다면 '다만 그것뿐'이라는 것에 定住

하는 것이 아니다.

c) And so even with the consciousness: 'All this is perception only' because this also involves an apprehension. For whatever makes something stop in front of it isn't situated in 'this-only'.

d) 눈앞에 어떤 무엇을 세워 이것이 유식성이라 한다면 얻는 바가 있기 때문에 실제로 유식에 머무는 것이 아니다.

⟨제28송⟩

a) 若時於所緣 智都無所得
   爾時住唯識 離二取相故

b) 대상에 대한 認識조차도 知覺되지 않을 때, '오직 表象뿐'이라는 상태에 定住하게 된다. 인식 대상이 없음에 그것에 대한 인식도 없기 때문이다.

c) When consciousness does not apprehend any object-of-consciousness, it's situated in 'consciousness-only', for with the non-being of an object apprehended, there is no apprehension of it.

d) 어떤 대상적 인식 조건에서 분별에 의한 앎이 없게 되면 이때에 유식에 머무는 것이니 주·객의 분별 인식을 떠났기

때문이다.

〈제29송〉

a) 無得不思議 是出世間智

　　捨二麤重故 便證得轉依

b)그것은 마음이 없는 것이고 知覺도 없으니 그것이 바로 超世間智이다.

　　두 가지 惡을 제거하여 기본의 轉換이 일어난다.

c) It is without citta, without apprehension, and it is supermundane knowledge; It is revolution at the basis, the ending of two kinds of susceptibility to harm.

d)무분별지는 얻을 바도 없고 생각으로 헤아릴 수 없으니 세간을 떠난 지혜다.

　　번뇌장과 소지장의 습기를 끊어 버린 까닭에 곧바로 전의를 증득하게 된다.

〈제30송〉

a) 此卽無漏界 不思議善常

　　安樂解脫身 大牟尼名法

b) 그것은 바로 不思議하고 善하며 永久하고 安樂한 無漏界이다.

그것은 곧 解脫身이고 大聖人의 法身이다.

c) It is the inconceivable, beneficial, constant Ground, not liable to affliction, bliss, and the liberation-body called the Dharma-body of the Sage.

d) 이는 곧 무루[25]의 번뇌가 없는 세계이고 불가사의하고 선이며 한결같으며

안락한 경계이고 해탈신이요 대성인의 법신이라고 이름한다.

---

25) 漏는 누설, 누락의 의미로 번뇌를 말한다. 無漏는 번뇌가 없어지고 증가하지 않음을 말한다(불교학 대사전, p400).

《유식삼십송》과 분석심리학 학설의 비교

4장에서 번역한 《유식삼십송》을 주석서인 《성유식론》을 중심으로 이해하고 분석심리학의 여러 개념 및 이론과 비교하고자 한다.

제1송의 의미

허구로 아와 법을 설정함으로써 그 모습이 다양하게 전개되지만 그들은 식의 변화에 의한 것이며 이 변화에는 오직 세 가지가 있다.

《성유식론》에 의하면 '아ātman는 주재主宰하는 것을 말하고 법 dharma은 자성을 지키고 알게 하는 것軌持을 말한다.[1] 아我나 법法이나 여러 뜻을 가지고 있다. 제1송에서의 법은 자성을 유지하고 본보기軌持로 하여 그 사물에 대한 요해심을 내게 하는 것을 가리킨다고 해석된다.[2] 아는 주체적 존재로서 하나의 영원한 주재자常, 一, 主, 宰이다. 허구라 함은 부처님과 성자들도 아와 법을 설하지만 그

---

1) 成唯識論 : 김묘주 역(1995), 동국역경원, p15.
2) 김묘주 역(1995) : 앞의 책, p13.

것은 다만 세속의 관습에 맞추어 가설적으로 말한 것이고 그 실체가 존재하는 것은 아니라는 말이다.[3]

제1송은 《유식삼십송》의 서론으로 세친의 유식론의 기본을 제시한 부분이다. 제1송은 '유식학에서 오직 식만 있고 밖의 대상이 없다고 하는데 세간과 여러 성스러운 가르침에서 아와 법이 있다고 말하는가?'라는 의문에 대해 답한 것이다. 여기서 말하고자 하는 것은 아와 법의 정의보다는 아, 법에 대해 집착하는 마음을 없애기 위하여 그런 것이 식의 변화로 생긴 것이지 그 자체의 구체적 실체가 아니라는 점이다.

《성유식론》에 "식은 요별을 말한다. 식에는 또한 심소도 포함되는데 심소는 반드시 식과 더불어 상응하기 때문이다."[4]라고 하였다. 식은 'consciousness'라 영역되지만 지각하고 구별하는 정신작용을 말하며 심층 심리학에서 의식과 무의식을 대비할 때의 의식과는 다른 것이다.

산스크리트어의 vijñāna와 vijñapti를 모두 현장 역에서 식으로 번역하고 있다. vijñāna는 인식작용이라는 의미이지만 그것은 자주 작용의 주체와 작용에 대한 결과의 의미까지도 포함하는 것으로, vijñāna는 인식 주체, 인식작용, 인식 결과 및 내용 등의 의미로 폭넓게 사용되고 있다. vijñapti는 인식 주체라는 의미로는 사용되

---

3) 方倫(1993) : 《유식학 강의》, 김철수 譯, 불광출판사, 서울, pp135-136.
4) 成唯識論 : 《대정장》 31권, p1, 상단(한 페이지에 내용이 많으므로 상단, 중단, 하단으로 표시함.)

지 않고 주로 인식 표상의 의미로 쓰이고 인식작용의 의미로도 쓰일 수도 있다. 그러므로 vijñāna와 vijñapti는 의미에서 서로 공유하는 부분이 있지만 vijñāna가 더욱 넓은 뜻으로 쓰인다 하겠다.[5] 제17송 제4구의 '일체유식'에서의 식은 vijñapti인데, 주관성을 나타내는 의식 개념인 vijñāna와는 분명히 구분되며 의식하는 마음에 대상적으로 나타나는 사상을 뜻하고 제1송 제3구의 식은 vijñāna로 포괄적인 마음을 나타내고 있는 것으로 판단된다.

식vijñāna은 vi分析와 jñā知의 합성어로 대상을 분석하여 인식하는 작용을 말한다. 초기 불교에서는 심citta, 의manas, 식vijñāna을 마음을 나타내는 용어로 구별 없이 사용하였다. 《잡아함경》에 의하면 "인간의 심의식心意識은 밤낮으로 잠시도 쉬지 않고 여러 가지 변화를 하면서 생멸을 거듭하는데, 비유를 하면 원숭이가 나무 사이에서 놀 때 쉬지 않고 이곳저곳으로 나뭇가지를 붙잡고 다니면서 한 가지를 놓으면 한 가지를 잡듯 심의식도 이와 같이 변한다."고 하였다.[6] 또한 《잡아함경》의 다른 부분에서는 "지각이나 생각이 모두 의의작용인데, 이는 심에 의지하며 심에 속한다. 심에 의지하여 변화하여 지각이나 생각을 의의작용이라 한다."[7]고 하였다. 이를 통하여 초기 불교에서는 심의식으로 모든 마음의 작용을 말하면서 심을 의와 식 작용의 기초로 생각하고 있는 것으로 보인다. 세친

5) 勝呂信靜(1993) :《유식사상》, 平川 등 編, 이만 譯, 경서원, 서울, pp126-139.
6) 成唯識論 :《대장정경》, 2권, p82 상단.
7) 成唯識論 :《대장정경》, 2권, p15 중단.

의 식은 심의식을 모두 포함하는 개념으로 공통의 이름으로 마음의 작용이 근본이 같으나 8식으로 나눔으로써 별개의 작용을 가지고 있음을 드러낸 것이라고 하겠다.

식은 주·객 등을 구별하는 분석심리학의 자아의식의 기능과 비슷하고 식 자체인 자증분이 상·견 이분, 즉 주·객으로 변출하는 것이 구별하고 분석하는 자아의식의 특성과 비슷한 것 같다.

융의 인격발달론은 최초에 무의식이 있었고 무의식에서 자아가 생겨난다는 전제를 세우고 있다.[8] 그러므로 자아自我 콤플렉스의 형성과 그를 중심으로 한 의식의 확대와 의식, 무의식, 그 밖의 여러 대극의 분리는 이미 무의식에 그렇게 될 조건이 존재하고 있다고 본다. 그러니 '인식하는 마음'이라 할 수 있는 식은 자아의식보다도 전체 정신의 인식작용에 대비될 수 있는 개념으로 오히려 분석심리학의 객체 정신objective psyche,[9] 다른 말로 자기의 기능에 비유될 만하다. 그러나 식의 개념이 '대상을 분석적으로 인식하는 것'이라 본다면 자기나 객체 정신은 식보다도 존재 전체를 직관적으로 파악하는 대승불교의 반야prajna에 더 가깝다고 할 것이다.

유식불교에서는 식을 심의식을 모두 포함하는 의미로 쓰고 각각의 8식에 식을 써서 식은 오변행심소 작용을 하는 작용체로 이

---

8) Jung CG(1969) : *The Structure and Dynamics of The Psyche*, C. W, 8, p347.
9) Jung에게 객체 정신이란 두 가지의 의미를 갖는다. 첫째로 정신은 지식, 통찰과 상상의 원천인 객관적인 실재다. 둘째로 정신의 내용물이 개인적이며 주관적인 내용으로 되었다기보다 객관적인 내용으로 되어 있다. 즉, 집단적이다.

해할 수 있다. 제8식의 미세한 오변행심소 작용은 의식하기 힘들고 주객 분리와 이분법적인 분별이 아닐 수 있다. 그러므로 식은 작용 양태가 8식에서 서로 달라지고 이것이 비교 시 혼란을 일으키는 요인일 수 있다. 그것이 어떠한 식이냐에 따라 대비되는 심리학적 개념이 달라질 수 있을 것이다.

'변화變化란 식이 변하여 이분과 유사하게 나타남을 말한다.'[10]고 한다. 이분은 상분相分과 견분見分인데 현대적 용어로 객관과 주관에 해당한다 할 수 있다. 정신현상은 정신작용의 근원인 식체識體가 주관, 객관으로 나뉘어 작용함에 따라 여러 형태로 분화되어 나타남을 말하는 것이다.

아와 법이란 식이 변화하여 주관과 객관의 모습을 함으로써 생긴 허구적 구성임을 주장하며 이 허구적 구성으로 인하여 다양한 정신현상이 일어난다는 것이 제1송의 내용이다.

제1송은 《유식삼십송》의 서론 격으로 세친의 유식론의 기본 성격을 제시한 부분이다.

아와 법은 용법이 불교 교설이나 유식 학설 속에서 다양하므로 한마디로 '자아'와 '대상'이라는 말에 견주기는 어렵다. 제1송에서 말하고자 하는 것은 아와 법의 정의보다는 아와 법에 대해 집착하는 마음을 없애기 위하여 그런 것이 식의 변화로 생긴 것이지 그

---

10) 成唯識論 :《대장정경》, 31권, p1 상단(이하의 《성유식론》은 모두 《대장정경》 31권임.)

자체가 절대적 존재는 아니라는 점이다.

아와 법이 식의 변화에 의한 허구적 구성이라는 주장은 분석심리학의 투사 개념에 견주어 생각할 수 있다. 투사projection란 분석심리학에서는 정신분석에서 말하는 신경증적 방어기제를 넘어서서 보편적인 심리 기능이다. 즉, 모든 무의식적인 것은 투사되어 외계에 존재하는 것처럼 인식된다고 보고 있다. 우리가 보는 세계는 하나의 투사상이다. 심지어 자아조차도 자기의 투사상일 수 있겠다고 융은 말한 적이 있다.[11] 또한 융은 정신적 실재psychic reality만이 진실로 존재하며 인간이 직접 경험할 수 있는 유일한 것이라 하여 정신의 절대성을 주장했다.[12] 또한 서양은 이런 점을 충분히 자각하지 못한 반면 동양은 정신적 진실에 기초를 두고 정신을 실재의 유일한 조건으로 여겨 왔으며, 이는 동양의 내향적 경향에서 기인한다고 하였다.

'동양은 정신적 진실에 바탕을 두고 있다. 즉, 정신이 존재의 중요하고 유일한 조건이다. 동양의 인식은 마치 심리 인식과 같고 철학적 사유의 결과이기보다는 체질적으로 그럴 듯이 보인다. 그것은 서양의 특징적인 외향적 태도와 대비하여 특징적인 내향적 태도다.'[13]

제1송의 내용은 같은 관점에서 이해할 수 있다. 우리의 모든 경

---

11) Jaffe A(1990) :《CG Jung의 回想, 꿈 그리고 사상》, 이부영 譯, 집문당, 서울 pp367-368.
12) Jung CG(1969) : *Psychology and Religion*. C. W. 11, p12.
13) Jung CG(1969) : *Psychological commentary on the Tibetan Book of the Great Liberation*. C. W. 11, p481.

험은 무엇을 연하여 일어나든 간에 직접적으로 정신적인 경험이다. 정신적 경험은 여러 가지가 있겠지만, 관찰해 보면 경험자와 경험대상으로 나뉜다. 불교는 내성을 통하여 고통에서 해탈을 추구하므로 내성의 결과로 이러한 기본 전제를 가지고 《유식삼십송》을 시작하고 있다.

식의 변화 중 경험 주체로의 변화는 크게 세 가지로 나누어 볼 수 있는데, 첫째가 제8식인 이숙식이고 둘째가 제7식인 사량식이며, 셋째가 전6식으로 요별경식을 말한다.

제8식에 대한 비교 고찰

제1송의 차능변유삼此能變唯三에서 세 가지가 이숙식, 사량식, 요별경식임을 밝히고 이숙식부터 차례로 설명하고 있다. 제2송에서 제4송까지의 내용이 이숙식, 즉 제8식에 대한 것이다. 연구자가 이해한 번역으로 이 부분을 다시 제시하면 다음과 같다.

〈제2송〉

그 세 가지란 이숙과 사량과 대상을 각기 구분하여 인식하는 식을 말한다.

여기에서는 가장 먼저 이숙을 말하고 있는데, 그것은 아라야藏식을 말하며 다른 이름으로 이숙식, 일체종식이라고도 한다.

〈제3송〉

아라야식의 집수와 처와 요별 작용은 확실히 알 수 없다.

항상 감관과 대상과 인식작용의 화합觸, 마음을 일으키는 심작용作意, 감수작용受, 표상작용想, 마음의 동기 지움의 작용思이 함께한다.

오직 고도 낙도 아니고 애도 희도 아닌 마음에 상응한다.

〈제4송〉

아라야식은 번뇌에 가려지지 않고 선이니 악이니 명기할 수 없는 것이며

동반되는 촉 등의 다섯 가지 작용도 그러하다.

항상 세찬 물줄기와 같이 전변하며 아라한의 지위에 이르러서야 아애집장我愛執藏의 이름을 버린다.

송의 해설

아라야, 이숙, 일체종 모두 초능변식이 무엇인가를 이해하기 위해 붙은 이름들로 아라야식은 '저장한다'는 alaya의 뜻에 따라 장식이라고 하며 능장能藏, 소장所藏, 집장執藏의 뜻이 있다.

"잡염법의 종자와 더불어 상호적인 연이 되기 때문에 능장, 소장이라 하는 것이요, 유정이 집착하여 스스로의 내적인 자아로 여기기 때문에 집장이라 이름하는 것이다. 이는 초능변식이 소유한 자상自相을 나타낸다."[14]

유식불교에서는 모든 정신적 · 신체적 행위가 종자에 의하여 이루어지고, 또한 그 결과가 종자에 보존된다고 생각한다. 능장이란 모든 종자를 제8식이 저장하고 유지하는 능동체라는 의미이고, 소장이란 제8식이 전7식의 작용의 결과를 받아들여 제8식의 종자에 보존하게 되는 수동적 위치를 표현한 것이다. 집장이란 제7식이 제8식의 작용을 자아로 사량하고 집착하여 '나'라는 의식을 유지하므로 제8식이 제7식의 집착 대상이 됨을 말한다.

이숙異熟에는 세 가지 뜻이 있다 한다. 첫째, 변이이숙變異而熟은 인이 변하여 과가 됨으로써 성숙함을 말하며, 둘째, 이류이숙異類而熟은 인과의 성격이 같지 않은 것을 말하는 것으로 선, 악의 성격을 가진 원인에서 무기無記의 결과가 생기는 등의 경우를 뜻한다. 셋째, 이시이숙異時而熟은 인과 과가 동시가 아님을 말하는 것으로 금생에 지은 일이 여러 생을 경과한 후에 보응을 받게 됨을 뜻한다. [15] 이숙식은 초능변식인 제8식이 가지고 있는 특성에서 결과를 초래하는 측면을 나타낸 것이며, 일체종이란 제법의 종자를 능히 집지執持하여 유실되지 않도록 함을 뜻하는 것으로 제8식이 가지고 있는 특성 중 모든 현상의 원인을 제공하는 측면을 설명한 것이다.

종자는 유식을 이해하는 데 중요한 개념으로, 《성유식론》 2권에서 아라야식은 체, 종자는 용 혹은 아라야식은 과, 종자는 인이

---

14) 成唯識論 : p7 하단.
15) 方倫(1993) : 앞의 책 p141.

라 하고, 그 관계는 불일불이不一不異라 하고, 종자는 아라야식의 상분相分에 존재한다 하였다.[16]

종자가 갖추어야 할 여섯 가지 조건을 종자육의라 하였다.

- 찰나멸刹那滅: 부동불변의 무위법이 아니라 생멸변화하는 유위법이다.
- 과구유果俱有: 과가 발생하는 현상과 반드시 동시에 존재하며 현전에 화합하여 있다. 즉, 모든 현행은 모든 종자의 공능에 의해 표현된 것이다.
- 항수전恒隨轉: 항상 간단없이 전기하여 일류상속一流相續한다.
- 성결정性決定: 종자를 훈습하는 현행의 선악을 따라서 그 종자에서 생기는 현행의 선악이 결정되어 혼란되지 않는다.
- 대중연待衆緣: 많은 연이 화합하는 것을 기다려서 비로소 종자가 현행을 낸다.
- 인자과引自果: 낱낱의 종자는 각각의 자과를 따로따로 인도하여 생한다.

이러한 여섯 가지 성격을 종자가 갖추고 있다는 것이다.[17]

종자는 선천적으로 존재하는 본유종자本有種子와 후천적으로 현행의 제법에 의해 훈습된 신훈종자新熏種子로 나누어 볼 수 있으며,

---

16) 成唯識論 : p8 상단.
17) 成唯識論 : p9 중단.

이 2종의 종자가 합쳐서 현행법으로의 모든 현상이 일어난다 하였다. 또한 번뇌의 원인이 되는 유루종자有漏種子와 깨달음의 원인이 되는 무루종자無漏種子로 나눌 수 있는데, 유루종자에는 명언종자名言種子와 업종자業種子 두 가지가 있다. 명언종자는 언어적 표상에 의하여 아라야식 가운데 훈부熏附된 종자로 물, 심의 모든 현상으로 현재에 나타나서 작용하는 현행의 직접 원인이 된다. 명언종자는 다시 둘로 나눌 수 있는데 표의명언종자表義名言種子는 의미를 나타내는 언어를 제6의식이 반연하여 그 언어에 따라 모든 현상을 변현變現할 때 훈습되는 종자를 말한다. 현경명언종자顯境名言種子는 심, 심소법인 전7식의 견분 등이 대상을 인식하며 훈습된 종자를 가리킨다. 심, 심소법이 명언은 아니지만 명언이 각각의 존재를 표현하듯이 심, 심소법이 대경을 변현하므로 현경종자라 한다. 명언종자는 종자와 같은 종류의 현행을 생기게 하므로 등류습기等流習氣라고도 한다. 업종자는 이숙과보異熟果報를 내는 직접적인 인인 명언종자를 도와서 선악업에 따른 이숙을 생기게 하는 작용이 있는 종자로서, 제6식과 상응하는 선악의 사思에 의하여 훈습된다. 이숙은 무기이므로 이숙을 내는 명언종자는 무기이며 스스로 현행하는 힘은 없지만 선악의 업종자의 힘이 강하면 그것이 증상연增上緣이 되어 이숙을 생하므로 업종자를 이숙습기라고 하기도 한다.[18]

《성유식론》에 의하면 "집수와 처와 요는 제8식의 소연경所緣境과

---

18) 불교학 대사전 : p1441.

행상行相이다.'라고 하였다. 소연경이라 함은 인식의 대상을 말하고 행상이란 심식의 고유한 성능을 말하는 것으로 인식작용을 뜻한다.

'집수란 붙잡고 유지하며 받아들인다는 뜻으로 그 대상은 모든 종자와 유근신有根身이다.' 또한 '모든 종자란 상相과 명名과 분별습기分別習氣를 말하며 유근신은 오관과 그것을 유지하는 신체를 말한다.'고 하여 정신과 육체가 제8식에 의하여 유지되고 있다고 하였다.

'처는 처소處所로 기세간器世間을 말하고, 이는 모든 생명 있는 존재의 의지하는 바이며, 요了는 구별하는 인식작용을 말한다.'[19]

'불가지不可知'란 구절은 제8식의 작용이 의식화하기 어려움을 말하고 있다.

정신과 육체를 유지하는 작용과 인식작용에 대하여서는 이해가 가능하나, 처는 제8식과 어떤 관계가 있고 어떤 의미를 갖는 것인가?

《성유식론》에 '아라야식은 인연력에 의하여 자체가 생길 때 안으로는 종자와 감각기관을 가진 신체가 생기고 외부로는 기세간으로 변한다. 즉, 변화된 바를 자신의 인식 대상으로 삼고 인식작용은 그것에 의지하여 일어난다.'[20]고 하였고 '처는 이숙식이 공상共相의 종자를 성숙시킨 세력에 의해 색법色法 등 기세간의 양상으로 변

---

19) 成唯識論 : p10 상단.
20) 成唯識論 : p10 상단.

현된 것을 말한다. 즉, 외부 세계의 네 가지 요소와 그것으로 만들어진 색법이다.'[21]라고 하였다. 여기에서 이야기되는 것은 외부 세계의 대상도 이숙식의 변화된 바이고 모두에게 공통되는 종자가 외부 세계를 변화시키는 것이라 하여 제8식은 주관과 객관, 정신과 물질의 구별을 초월하는 기체基體임을 말하고 있다.

제8식은 항상 촉觸, 작의作意, 수受, 상想, 사思의 다섯 가지 마음 작용을 수반하므로 이들을 오변행심소五遍行心所라 한다.

'촉은 감각기관根과 대상境과 인식작용識 세 가지가 화합하여 분별하고 변하는 것을 말하며, 마음의 주체와 작용이 대상에 접촉하게 하는 것을 본성으로 하고 수, 상, 사 등의 의지처가 되는 것을 업業으로 삼는다. 감각기관, 대상, 식이 서로 수순하므로 세 가지가 화합한다고 한다.'[22] 감각기관과 대상과 인식작용이 구비되었을 때 촉이 작용하며, 촉은 인식작용의 출발이라 할 수 있다.

'작의는 능히 마음을 경각시키는 것을 본성으로 하고 대상으로 마음을 이끄는 것을 업으로 한다. 그것은 일어나려는 마음의 종자를 경각시키고 이렇게 일어난 마음을 대상으로 향하게 하기 때문에 작의라 한다.'[23] 작의는 의지를 작동하거나 마음을 일으켜 대상에 작용하는 것을 말한다.[24]

---

21) 成唯識論 : p10 하단.
22) 成唯識論 : p11 중단.
23) 成唯識論 : p11 하단.
24) 中村 : 불교어 사전 p436.

'수는 수순함과 거스름, 수순함도 거스름도 아닌 대상의 모습을 받아들이는 것을 본성으로 하며 애착을 일으키는 작용을 가진다. 대상을 가까이 하고 멀리 하는 것과 이 두 가지가 아닌 욕구를 일으키는 것이다.'[25] 수는 마음의 감수작용, 감각, 지각, 인상에 해당하는 작용이다.[26]

'상은 대상에 대하여 상을 취하는 것을 본성으로 하고 가지가지의 이름과 개념을 만들어 내는 작용을 한다. 반드시 대상을 나누어 차별된 모습에서 공통점을 찾아서 이를 따라 능히 갖가지 이름을 만들어 내는 것을 말한다.'[27] 상은 대상에 대한 특성 파악과 분류를 통한 이름 붙이기와 이에 수반되는 표상작용을 말한다.

'사는 마음을 작용하게 하는 것을 본성으로 하고 선善 등으로 마음이 향하게 하는 것을 작용으로 한다. 대상의 바른 원인 등의 상相을 취하여 자신의 마음을 향하게 하여 선 등을 행하도록 한다.'[28] 여기에서의 사는 지향성을 말하는 것으로 보인다.

이 다섯 가지가 기본적인 마음의 작용으로 항상 모든 식 활동에 수반되는데, 제8식에서 일어나는 이 다섯 가지 작용은 알 수 없다.

현장 역 제3송에 있는 '상응유사수相應唯捨受'의 구절이 이지수 역과 아낙커 역에서는 제4송에 있으며, 해석도 '그 감정은 평정이다.'

---

25) 成唯識論 : p11 하단.
26) 中村 : 앞의 책 p636.
27) 成唯識論 : p11 하단.
28) 成唯識論 : p11 하단.

로 되어 있다. 원문을 이해하는 데는 평이하게 이 번역을 따르는 것도 좋아 보인다. 제8식의 경우는 아직 수의 작용이 고와 낙으로 나뉘기 전이거나 작용이 미세하여 의식되지 않는 상태를 의미하는 것으로 생각된다.

제4송에서 제8식의 성격을 '무부무기無覆無記'로 규정하고 있는데 '부은 염법을 말한다. 성도를 장애하고 능히 마음을 은폐하여 청정하지 못하게 하기 때문이다.' '기란 선악을 말한다. 좋아하거나 좋아하지 않는 결과가 있고 자체가 정의되고 구별될 수 있기 때문이다.'[29]라고 설명되고 있다. 즉, 제8식은 마음이 은폐됨과 오염됨이 없고 선악의 구별이 없는 상태임을 말한다. 촉 등의 오변행심소 역시 전6식과 제7식의 활동에 수반되는 경우와 다르게 제8식의 경우 그 작용의 성격이 무부무기임을 이야기하고 있다.

'항전여폭류恒轉如暴流'는 제8식이 항상하는가 단멸하는가 하는 문제에 대한 대답으로 폭류와 같이 역동적인 연속성을 지님을 말하고 있다. '항은 단멸을 부정하고 전은 상주하는 것이 아님을 나타낸다.'[30] 하여 단상을 떠난 중도의 도리를 드러내고 있다.

'제8식은 아라한이 되어서 버릴 수 있다.'는 구절을 《성유식론》에서 살펴보면 '성자가 번뇌의 장애를 궁극적으로 모두 끊을 때를 아라한이라고 이름한다. 이때에는 이 식이 번뇌의 종자를 영원히

29) 成唯識論 : p12 상단.
30) 成唯識論 : p12 하단.

멀리 여의기 때문에 버린다捨'고 말한다.'[31] '아라한은 이 식 중의 번뇌의 종자를 끊는 것을 궁극적으로 다했고 다시는 아라야식에 집착하여 자신의 내면적인 자아로 삼지 않기 때문에 이 아라야라는 명칭을 영원히 소실하며 그것을 버린다고 말한다. 그렇다고 해서 제8식의 체를 버리는 것은 아니다. 아라한은 종자를 지니는 식이 없으며 그때에 문득 무여열반에 들어간다.'[32]는 《성유식론》의 설명을 통하여, 제8식의 능장, 소장, 집장의 장식, 즉 아라야식으로서의 측면이 아라한이 되었을 때 소멸한다는 의미임을 이해할 수 있다. 아라한이란 삼승의 무학과위로, 모든 번뇌를 없애고 윤회에서 벗어나는 단계를 말한다.

분석심리학적 비교 고찰

제8식의 성격과 작용을 분석심리학의 무의식 개념과 비교 고찰한 연구들이 있었다. 아라야식을 의식의 입장에서 무의식으로 이해하는 것은 타당하다. 왜냐하면 제3송의 제1구에서 그 작용은 알 수 없는 것不可知이라고 명시했기 때문이다.

이죽내[33]는 아라야식과 분석심리학의 무의식은 투사의 발원지라는 공통적인 성격이 있고 신훈종자는 개인적 무의식의 내용과 본유

---

31) 成唯識論 : p13 상단.
32) 成唯識論 : p13 하단.
33) 李竹內(1982) : "불교유식학과 분석심리학에 있어서 정신 개념의 一對比(1)",《경북의대잡지》, 23: pp178-183.

종자는 집단적 무의식의 내용인 원형과 내용이 비슷하나 아라야식은 분석심리학의 무의식이 갖는 보상 기능이 결여되어 있는 차이점이 있다고 하였다. 최훈동과 이부영[34]은 본유종자와 원형의 비교와 함께 자기원형을 진여에 비길 수 있다 하였다. 그 외에도 이만,[35] 오사키Osaki[36] 등 불교학자들의 아라야식과 분석심리학의 공통점과 차이점을 비교한 연구가 있으나, 이들의 경우 분석심리학에 대한 깊은 이해가 결여되어 있다.

제8식에 대한 게송의 내용을 분석심리학의 개념과 비교해 보자.

종자설　제8식의 세 가지 측면, 즉 아라야식藏識, 이숙식, 일체종식에서의 중심은 일체종식으로 보인다. 장식의 역할에서도 집장 외에는 종자와의 관계이고 이숙 역시 종자의 유지 변화와 현행에 의하여 이루어지는 현상이기 때문이다.

▶**종자와 콤플렉스와 원형**　종자는 제8식의 용用이며 인으로 근본식과 불일 불이라는 것은 원형이 집단적 무의식을 이루는 내용이면서 동시에 원형이 곧 집단적 무의식이라는 분석심리학의 관찰과

---

34) 최훈동, 이부영(1986) : "불교의 유식사상과 분석심리치료의 비교시론", 《신경정신의학》, 25 : pp101-113.
35) 이 만(1981) : "제팔 아뢰야 식과 무의식에 관한 비교—C. G. Jung의 무의식관을 중심으로—", 《한국 불교학》, 제6집 : pp103-119.
36) Osaki A(1986) : Jung's Collective Unconsciousness and the Alayavijñāna, 印度學佛敎學硏究 35(1) : pp46-51.

일치한다. 그러나 종자에는 신훈종자와 본유종자가 있다 하여 신훈종자의 경우 이죽내는 개인적 무의식의 내용과 비교하였으나 신훈종자와 본유종자를 함께 분석심리학의 콤플렉스 개념과 비교 고찰하는 것도 이해에 도움이 될 것으로 보인다. 왜냐하면 종자 육의를 보면 훈습과 현행의 상호작용 속에서 역동적으로 변해 가는 종자의 모습이 분석심리학에서의 콤플렉스 개념과 유사하며 선천적으로 존재하는 본유종자와 현행의 제법에 의하여 훈습된 신훈종자가 합쳐져 현행법으로의 모든 현상이 일어난다는 설명은 원형적 콤플렉스를 포함한 모든 콤플렉스 개념을 연상시키기 때문이다.

콤플렉스는 감정적 체험 내용을 중심으로 군집된 심적 요소의 응어리다. 콤플렉스는 핵 요소를 중심으로 형성되며 핵 요소는 두 가지로 구성되는데, 하나는 인과적으로 환경과 결부된 체험에 의해 정해진 조건이고 다른 하나는 소인적 내재 조건이다.[37] 인과적으로 환경과 결부된 체험에 의해 정해진 조건은 신훈종자에 해당하고 소인적 내재 조건은 본유종자에 해당하겠다. 이 핵 요소를 중심으로 배열되어 콤플렉스가 형성되며 콤플렉스 가운데 집단적 무의식을 구성하는 콤플렉스는 자율적으로 움직이는 콤플렉스autonomous complex가 된다.

콤플렉스는 스스로 움직이며 우리의 의도와 관계없이 자신의

---

37) 이부영(1998) :《분석심리학(개정증보판)》, 일조각, 서울, pp49-57.

삶을 살아가는 자율적인 군집이다. 그러므로 콤플렉스는 부분적으로 다른 인격과 같다.[38]

분석심리학적으로 정신은 콤플렉스로 이루어졌다. 자아의식도 콤플렉스로 구성되고 동시에 자아는 많은 콤플렉스 중 하나다. 자아 콤플렉스와의 거리에 따라 콤플렉스는 무의식성의 심도를 달리한다고 이해할 수 있다. 무의식적 콤플렉스의 경우에도 그 내용이 개인적 무의식과 집단적 무의식으로 이루어지므로 무의식의 심도가 다른 내용물로 구성되어 있다.

훈습은 반복된 경험의 집적을 말하며 정신적 경험을 통하여 콤플렉스가 생성되고 변화하듯 훈습을 통하여 종자가 만들어진다. 유식불교의 훈습은 어떻게 현재의 행위가 미래의 결과의 원인으로 작용할 수 있는가 하는 의문을 풀기 위한 관찰의 결과로 현재의 행위는 종자를 훈습하여 변화시키고 훈습된 종자의 상태가 여러 조건과 합하여 현상으로 발현된다.

융은 '콤플렉스의 핵 요소는 그의 에너지 가價에 따른 배열력 constellating power을 가지며 그것은 정신적 내용의 특정한 배열을 만들어 콤플렉스를 만드는 것이다. 콤플렉스의 배열은 정신적인 자극에 의해서만이 아니라 정신적인 자극물에 대한 핵 요소의 특성에 의한 선택을 통하여 형성되어 간다.'[39]고 하여 콤플렉스의 배열이 이

---

38) Jung CG(1973) : *The Tavistock Lectures*. C. W. 18, p73.

루어지는 과정에서 핵 요소의 선택적인 상호작용을 관찰하였고, 이는 일방적인 훈습이 아닌 선택적인 훈습으로 이해할 수 있다.

생래적으로 타고나는 본유종자와 태어난 후에 형성되는 신훈종자를 생성된 시기 측면에서 비교한다면, 신훈종자는 분석심리학의 개인적 무의식을 구성하는 개인적 콤플렉스에 해당하는 개념이고 본유종자는 집단적 무의식의 집단적 · 원형적 콤플렉스 개념에 해당한다. 그러나 실제적인 정신작용에서는 두 가지 측면이 서로 혼용되므로 명확한 구별은 개념적으로만 가능한 것이다.

종자 육의는 여러 중요한 내용을 담고 있다.

- 찰나멸刹那滅은 종자가 부동 · 불변하는 것이 아니라 생멸 · 변화하는 것임을 통하여 역동적 변화의 상태임을 말한다. 외적인 생명현상이 끊임없는 생멸 · 변화 속에 있듯이 제8식의 종자 역시 생멸 · 변화 속에 있는 것이다.
- 과구유果俱有는 현행現行이 종자의 공능功能이며 종자와 동시에 존재한다 하여, 모든 현상現象은 종자에 의하여 생길 수 있고 생기는 것이며 현행現行은 곧 종자의 현상적 표현임을 말하는 것이다.
- 항수전恒隨轉은 찰나멸이 종자의 변화하는 면을 표현한 데 반해 지속적인 면을 표현한 것이다. 전 찰나와 후 찰나의 종자

---

39) Jung CG(1969) : *On Psychic Energy.* C. W. 8, p12.

가 끊임없이 변하는 과정에서도 연속성을 유지한다. 연속성이 없이는 종자의 차별성이 확보될 수 없다.

- 성결정性決定은 인과 간에 윤리적 특성이 혼란되지 않고 유지된다는 것이다.
- 대중연待衆緣은 종자가 현행될 때는 여러 가지 조건이 합쳐져서 이루어진다는 것이다.
- 인자과引自果는 각 종자가 혼합되지 않고 각각의 차별적 특성을 가지고 있음을 말하는 것이다.

이러한 종자의 특성을 분석심리학의 원형의 특성에 대비하여 볼 수 있다. 원형도 집단적 무의식에 존재하는 정신현상을 만들어 내는 잠재력이며 잠재적인 형태로 의식에 나타나는 상像이나 작용을 통하여 존재를 유추할 수 있다.

융은 말한다.

- 근원적인 상은 스스로 활동하는 생명체이며 생산력을 가지고 있다. 정신적 에너지의 전달체이며 영원한 과거로부터 이 과정이 반복되어 온 것이다.[40]
- 우리가 원형에 대하여 무엇을 말하든 간에 그들은 의식의 영역에 속하는 형상이나 구체화다. 그러나 원형 그 자체에 대하

---

40) Jung CG(1971) : *Definition*. C. W. 6, p447.

여 말할 수 없다.[41]

- 무의식의 내용인 원형은 의식의 숨은 토대다. 원형은 발현될 준비가 된 체계이며 동시에 상이며 정동이다. 그들은 생래적으로 전해진 뇌 구조의 정신적인 측면이다.[42]

이와 같은 원형에 대한 융의 설명을 보면 원형의 특성은 종자, 특히 본유종자의 특성과 많은 점에서 같다. 우선 생산력을 가진 에너지의 전달체라는 것은 종자의 공능을 말한다. 원형은 의식의 숨은 토대이며, 발현될 준비가 된 체계라는 것은 종자의 의미 그 자체다. 원형이 영원한 과거로부터 반복되어 온 것이라는 이야기는 종자의 연속성과 일치한다. 원형이 인류의 역사 속에서 또는 생명의 역사 속에서 축적된 경험의 결과라는 측면과 선험적인 경험의 틀이라는 측면이 원형의 가변성과 불변성의 두 가지 역설적인 측면을 드러내듯이 종자도 찰나멸과 항수전의 두 가지 측면을 함께 공유하고 있다. 그들은 살아서 변화하면서도 긴 시간을 지속해 온 작용력의 구심점이다. 의식에 의하여 직접 파악될 수 없으나 여러 현상을 통하여 존재를 알 수 있고, 모든 정신적 현상의 원천이다.

종자와 원형은 유식불교와 분석심리학의 기초 개념인데, 두 개념의 놀라운 일치성은 두 체계의 비교 가능함을 예시한다.

---

41) Jung CG(1969) : *On the Nature of the Psyche*. C. W. 8, p213.
42) Jung CG(1969) : *Mind and Earth*. C. W. 10, p53.

▶ **유루종자와 무루종자에 관한 해석** 《성유식론》에서 종자를 유루종자와 무루종자로 나누었는데 유루종자는 번뇌의 원인이 되는 것이고 무루종자는 깨달음의 원인이 되는 것으로 인간의 무의식에 두 가지 상반된 경향이 잠재되어 있다는 관점을 보이고 있다. 왜 인간은 무명에 의한 번뇌 속에 사는 중생이 되기도 하고 부처가 될 수도 있는가에 대한 해답으로 두 가지 상반된 종자의 존재를 관찰하였다. 제7식인 마나스식에 의한 아치가 무명이므로 인간의 정신에는 마나스식의 생성에 의하여 무명으로 향하게 하는 종자가 있는 것이며, 무명은 번뇌를 일으키고 번뇌는 고통을 수반한다. 또한 고통의 해결을 위한 시도는 무루종자가 존재함으로써 가능해진다.

분석심리학에서도 인간의 의식은 일방성[43]을 특성으로 하고, 의식의 일방성은 전체 정신의 실현을 어렵게 하여 의식과 무의식 사이의 긴장에서 오는 여러 양태의 문제와 고통을 수반하며, 해결은 의식과 무의식의 올바른 관계 회복을 통하여 이루어지고 새로운 정신상황을 낳게 하는 데 자기원형이 관여함을 말하고 있다. 의식은 무의식 상태에서 자아가 형성됨과 함께 발달하며 이 과정 역시 생래적으로 조건 지어진 과정이다. 이러한 관점에서 보면 유루종자의 근본은 마나스식의 종자, 즉 장차 자아로 표출할 무의식의 원초적 조건이라 할 수 있고 무루종자는 장차 자기로 표출할 무의식의 원초적 조건에 해당할 것이다.

---

43) Jung CG(1969) : *The Structure and Dynamics of the Psyche*. C. W. 8, pp69-70.

유루종자를 명언종자와 업종자로 나누고, 명언종자를 다시 표의表意명언과 현경顯境명언으로 나누고 있다. 명언종자는 대상을 표상화하는 종자로, 심리학적으로 말하면 명언종자에 의해 대상을 인식할 수 있게 된다. 이러한 대상 인식을 내향적 태도의 관점에서 보면 명언종자의 정신적 현행을 경험한 것이고, 외향적 태도의 입장에서 보면 대상의 특성을 경험한 것이라 할 수 있다. 유식불교의 논사들은 대상 인식이 언어와 비언어적 상에 의하여 이루어진다는 것을 관찰하였다. 표의명언은 제6식과 관계를 가지나 현경명언은 전7식과 관계를 갖는다. 업종자는 현행의 직접적 구동력이 되는 에너지를 가진 종자로 이해되며 명언종자의 현행에 의하여 업종자의 현행이 매개되는 것으로 이해된다. 예를 들어, 어떤 사람을 만나서 부정적인 감정을 느끼는 경우 그 사람에 대한 인식은 명언종자를 통하여 이루어지나, 명언종자에 의한 정신적 인식이 인식하는 사람의 업종자에 잠재되어 있는 부정적인 감정을 자극할 수 있는 연이 되었을 때 미움 등의 감정반응과 함께 어떤 행동화가 일어나는 것으로 설명할 수 있다.

　명언종자에 의하여 대상 인식이 가능하다는 것은 분석심리학의 투사 개념을 통하여 이해할 수 있다. 융은 투사란 대상에서 주관적 내용물을 인식하는 일반적 심리작용으로 정의하며 색이나 소리의 인식 역시 투사에 의하여 이루어진다고 하였다.[44] 예를 들어, 붉

44) Jung CG(1973) : *The Tavistock Lectures*. C. W. 18, p137.

은 색을 볼 때 우리는 색의 파장을 인식하는 것이 아니라 정신이 구성해 낸 붉은색을 본다. 색의 종자나 원형이 투사된 것이다. 붉은색 자체의 인식에는 현경명언종자가 관여하고, 그것을 붉은색이라고 하는 데는 표의명언종자가 관여한다. 또한 붉은색을 본다는 정신현상은 여러 가지 정서나 기억을 불러일으킨다. 그 반응에는 인간의 역사에 축적된 경험에 의한 공통적인 정서와 한 개인의 삶의 경험에서 나오는 개인적인 정서가 있을 것이다. 이것이 업종자의 작용이다.

제8식의 물심 관계   제8식이 집수와 처와 요별작용을 한다는 것은 흥미로운 내용이다.

집수란 종자와 신체를 유지한다는 것으로, 종자를 유지한다는 것은 제8식의 능장과 소장으로의 특성에서 서술하였다.

신체와 제8식의 생리적 · 유기적 결합 관계를 나타내는 말로 '안액동일安厄同一'이 있다. 유가론에 의하면 '안액을 같이한다는 것은 다음과 같은 뜻이다. 즉, 심심소를 유지하는 힘에 의해 육체는 단절되거나 무너지지 않는다. 이처럼 유지되는 육체에 이익이나 손해가 있을 때는 심심소도 따라서 함께한다.'[45]고 하였다.

융은 다음과 같이 말하였다.

---

45) 橫山紘一(1989) :《唯識哲學》, 묘주 譯, 경서원, 서울, p130.

- 자연과 정신의 갈등은 역설적인 마음의 본체의 모상模像이다. 마음의 본체는 신체적인, 그리고 정신적인 측면을 가지고 있고 그것은 마치 모순과 같이 보인다. [46]
- 충동은 한편으로는 생리적인 역동으로 체험되는 측면이 있고 다른 한편으로는 상으로서 또는 상과의 관련성으로서 그 모습을 의식에 나타내어 신성한 작용을 전개하는 측면이 있는데, 이 양자는 하나의 대극을 이룬다. [47]
- 본능이 인간으로 하여금 인간 특유의 생활을 영위하게 하는 것이라면 원형은 인간 특유의 성품을 형성하는 것이다. [48]
- 집단적 무의식은 본능과 그에 대응하는 원형으로 이루어져 있다. 모든 사람이 본능을 가지고 있듯이 원형상도 가지고 있다. [49]

융은 신체와 정신, 본능과 원형을 마음의 본체에서 나온 서로 다른 측면의 표현으로 이해하였다. 본능이 신체적으로 생명을 유지해 나가기 위한 행동으로 이끄는 무의식적 충동이라면 원형은 인간의 정신활동을 가능하게 하며 정신활동에 틀을 제공하는 동시에 창조와 초월을 가능하게 하는 무의식의 조건이라고 이해할 수 있

---

46) Jung CG(1969) : *The Structure and Dynamic of the Psyche*. C. W. 8, p352.
47) 이부영(1998) : 앞의 책, p91.
48) 이부영(1998) : 앞의 책, p91.
49) Jung CG(1969) : 앞의 책, p138.

고, 집단적 무의식은 본능적 측면과 원형적 측면으로 이루어져 있다. 이는 제8식의 집수가 종자와 신체를 유지한다는 것과 내용을 같이 한다.

제8식과 처의 관계는 어떻게 이해할 수 있을까?

《성유식론》을 다시 인용하면 '처는 처소處所로 기세간器世間을 말하고, 이는 모든 생명 있는 존재의 의지하는 바다.'[50) '아라야식은 인연력에 의하여 자체가 생길 때 안으로는 종자와 감각기관을 가진 신체가 생기고 외부로는 기세간으로 변한다. 즉, 변화된 바를 자신의 인식 대상으로 삼고 인식작용은 그것에 의지하여 일어난다.'[51)고 하였고, 또한 '처는 이숙식이 공상共相의 종자를 성숙시킨 세력에 의해 색법色法등 기세간의 양상으로 변현된 것을 말한다. 즉, 외부 세계의 네 가지 요소와 그것으로 만들어진 색법이다.'[52)하였다.

융은 말했다.

• 정신과 물질은 같은 세계에 포함되어 서로 끊임없이 상호작용하고 표현될 수 없고 초월적인 요소에 의존하고 있다. 정신과 물질은 동일한 어떤 것의 두 개의 다른 측면이라는 것은

---

50) 주 16.
51) 주 17.
52) 주 18.

가능하며 그러할 것이다. 동시적 사건synchronicity phenomena은 이러한 가능성을 보여 준다. 왜냐하면 동시적 사건들은 상호 인과적인 관계없이 물질은 정신같이 작용하고 정신은 물질같이 작용하는 것을 보여 준다.[53]

• 생명체는 외부로는 신체로 드러나고 내부로는 내면에 일어나는 생명 활동의 일련의 상으로 나타난다. 그들은 같은 동전의 양면이고, 우리는 아마 심신의 분리가 의식적 분별을 위한 이성의 방법이라는 것을 결국 알게 될 것이다.[54]

폰 프란츠von Franz는 '과학과 무의식'이라는 글에서 다음과 같이 말했다.

융은 그가 무의식이라고 부르는 것은 무기물질의 구조와 어딘가 관련된다고 확신했다. 이른바 '정신 신체' 질환의 문제에서 지적되고 있는 관련성이 그것이다. 현실에 대한 일원론적 개념을 융은 unus mundus하나의 세계, 그 속에서는 물질과 정신이 아직 구별되지 않고 별개의 것으로 구현되지도 않는다라고 불렀다. 그는 원형이 동시적 사건 속에서 나타날 때 순수하게 정신적인 것이 아니라 거의 물리적인 양상을 보인다는 것을 지적함으로써 이와 같은 일원

---

53) Jung CG(1969) : 앞의 책, p215.
54) Jung CG(1969) : 앞의 책, p326.

론적 견해를 가능하게 했다. 왜냐하면 실제로 이와 같은 사건은 내적 · 심리적 사실과 외적 사실 사이의 의미 있는 배열이기 때문이다. [55]

정신과 물질에 대한 융의 일원론적 태도는 동시성 사건들의 관찰에 기초하는데, 동시성 사건이란 우연히 동시에 일어난 것으로 보이는 사건들이 의미상의 일치를 보이는 것을 말한다. 이러한 의미의 일치성은 인과적으로는 설명될 수 없고 원형에 의하여 다양한 사건으로 표현되었다고 이해할 수 있는데, 사건들은 정신적으로 표현되기도 하고 물질적으로 표현되기도 한다. 이때의 원형 개념은 정신과 물질의 경계와 공간을 초월하게 된다.

유식불교에서 아라야식에 의하여 안으로는 종자와 신체가 생기고 외부로는 기세간이 생긴다 할 때 아라야식은 정신과 신체, 정신과 물질의 분별을 벗어난 모든 존재의 근원임을 시사한다. 또한 처는 이숙식이 공상의 종자를 성숙시킨 세력에 의하여 색법 등 기세간의 양상으로 변현된 것이라는 것은 종자가 물질계의 형성에 관여함을 말하고 있다. 그러므로 유식불교의 세계관은 제8식이라는 정신과 물질의 분별을 초월한 기체基體를 바탕으로 상호작용 속에 생성되고 변화하는 모습으로 융의 동시적 사건을 통한 원형의 정신양精神樣 측면에 대한 통찰과 일치하고 있다.

55) Jung CG 편(1983) : 《인간과 무의식의 상징》, 이부영 외 역, 집문당, 서울, p322.

제8식의 정신활동　제8식의 요ㄱ와 오변행심소는 제8식의 정신
활동을 말하고 있다. 제8식은 의식할 수 없는 식이므로 자아의식
의 관점에서 보면 무의식이며 흔히 무의식이라면 정신활동이 없으
리라 생각하기 쉬우나 근본적으로 구별하는 인식작용과 촉, 작의,
수, 상, 사의 정신활동이 있다 한다.

　융은 무의식에 의식과 유사한 작용이 있을 수 있다고 하였다.

　　　정신병리와 꿈의 연구를 통하여 고도로 복잡한 의식과 유사한
　　　정신작용의 존재가 가능하다고 판단되므로 우리는 무의식의 상
　　　태가 의식과 동일하지는 않지만 상당히 유사하리라는 결론에 이
　　　른다.[56]

　융에게 빛은 의식성의 상징이었고, 그는 원형은 빛이나 유사의식
성을 가지고 있다고 생각하였다.[57]

　제8식의 요ㄱ도 한자의 뜻이 '깨닫다' '밝다'라는 의미가 있으며,
무의식의 정신활동, 빛 또는 의식성을 표현한 것으로 판단된다.

　오변행심소는 유식불교가 생각하는 기본적인 정신활동으로 모
든 식에 공통된다. 촉과 작의는 항상 대상으로 향하여 작용하는
정신활동을 말한다. 대상은 내적 대상일 수도 있고 외적 대상일 수

---

56) Jung CG(1969) : *The Structure and Dynamic of the Psyche.* C. W. 8, p189.
57) Jung CG(1969) : 앞의 책, p189.

도 있다. 정신활동은 늘 인식 대상이 필요하다. 인식 대상의 인식을 통하지 않고는 정신활동은 불가능하다. 그러므로 식은 스스로 견분見分과 상분相分으로 나뉜다. 촉과 작의에 의해 유발된 정신활동은 반드시 감수感受작용, 표상表象작용, 마음의 동기 지움 작용을 수반한다. 감수작용은 좋다, 싫다 하는 구별작용이나 제8식은 마나스식 발생 이전의 식으로 아직 구별의 주체가 없어 고도 낙도 아닌 상태다. 표상작용은 명언종자와 관계되는 작용으로 인식 대상에 이름을 붙이고 분류하는 작용이며 자성분별自性分別[58]과 관계된다. 마음의 동기 지움 작용은 감정과 개념화의 결과로 어떤 방향으로 움직여 나가는 작용을 말하는 것으로 보인다.

융이 말한 정신의 네 가지 기능을 오변행심소와 비교해 보면 감정은 수와 같은 내용으로 보이고, 사고는 상의 작용 중 주로 표의명언종자와 밀접한 관계를 가질 것으로 보이며, 감각은 전5식과 현경명언종자와 밀접한 관계가 있을 것으로 판단된다. 직관은 촉과 작의에 의하여 생기는 무의식적인 파악일 것이다. 그러나 직관과 감각의 구분이 유식불교에서 명확하지 않다.

제8식은 무부무기다. 마음을 은폐하고 청정치 못하게 하는 것은 마나스식의 작용이므로 제8식은 은폐되어 있지 않고, 선악의 구별이 없으므로 선으로 향할 수도 있고 악으로 향할 수도 있으며,

---

58) 三分別의 하나로 6境에 대하여 비교, 推量함이 없이 그대로 인식하는 것(불교학 대사전, p1345).

선악의 종자를 구별 없이 받아들인다. 융은 심리학적으로 선악 그 자체가 무엇인지는 알 수 없으며 선악은 상대적 개념이라 하였다. 또한 그는 인간의 본성에는 커다란 악의 가능성이 있고, 선악의 판단과 분별을 하는 상황에서 선악은 존재하나 무의식은 선악을 분별하지 않는다 하였다.[59] 제8식이 무기라는 것은 그런 관점에서 이해할 수 있다. 제8식은 선악의 가능성을 다 가지고 있으나 그것이 발현되지는 않은 상태이며 선악의 발현은 마나스식에 의지한 제6식에 의해 이루어진다. 마나스식에 의지한 제6식이 없다면 선악의 구별도 없음과 함께 존재에 대한 착오에 의한 타인에게 해가 되는 이기적인 행동도 없을 것이다. 직접적인 선악에 대한 논의는 아니나 유루종자와 무루종자가 제8식에 함께 있다는 것도 동일한 내용으로 이해할 수 있다.

제8식의 역동성은 세찬 물줄기로 비유되고 있고 서구 심리학에서도 무의식의 발견은 역동 심리학의 출발점으로, 무의식의 역동성은 기본적인 전제다. 프로이트의 리비도설이나 융의 정신적 에너지설은 무의식의 에너지적인 측면을 다룬 것이다.

아라한의 지위에서 장식으로의 기능이 멈춘다 함은 유루종자의 작용이 멈추고 제7식의 집착 대상이 안 된다는 뜻이다. 이는 종교적 수행과 관련되므로 경험심리학적인 비교 이해가 어렵다.

---

59) Jung CG(1979) : *Aion*. C. W. 9(2), p53.

제7식에 대한 비교 고찰

제5송에서 제7송까지는 제7식에 관한 내용이다.

〈제5송〉

다음은 제2능변이다. 이 식을 마나스라 하는데,

아라야식에 의지하여 유전하고 아라야식을 이 식의 대상으로

하며 사량하는 일이 본성과 작용이다.

〈제6송〉

마나스식에는 네 가지 번뇌가 항상 함께하는데, 내가 있다는 어

리석음我癡,

내가 있다는 견해我見, 내가 잘났다는 생각我慢, 나에 대한 애착

我愛이다.

아울러 그 밖의 번뇌와 촉 등과도 함께한다.

〈제7송〉

번뇌에 가려져 있으나 선악은 결정되어 있지 않고 태어나는 곳

에 따라 얽매인다.

아라한에게는 없으며 멸정, 출세도의 상태에서도 마나스식이 존

재하지 않는다.

마나스식의 특징

한역에서 제8식, 제7식, 제6식을 심, 의, 식이라 하는데《성유식론》은 먼저 제7식인 마나스식이 제6식과 어떻게 다른가를 다음과 같이 설명하고 있다.

> 이 식을 성스러운 가르침에서 별도로 마나스식으로 이름한다. 항상 살펴서 사량하는 것이 다른 식보다 뛰어나기 때문이다. 이 명칭은 제6식과 어떻게 다른가? 마나스식은 지업석持業釋이다. 장식이라는 명칭처럼 식이 곧 의이기 때문이다. 제6식, 의식은 의주석依主釋이다. 안식등처럼 식이 의와 다르기 때문이다. 그런데 모든 성스러운 가르침에서 마나스식이 제6식에 혼동될까 염려하기 때문에 제7식에 대해서는 다만 의라는 명칭만을 붙이는 것은 심 제8식과 식 제6식을 구별하기 위해서다. 적집하고 요별하는 것이 다른 식보다 열등하기 때문이다. 혹은 이것이 그 의식의 가까운 의지처所依라는 것을 나타내고자 이것을 다만 의라고 이름한다. [60]

지업석이란 인도에서 명사를 해석하는 여섯 가지 방법 육합석六슴釋의 하나로, 두 개의 말이 합하여 하나의 복합어를 만들 때 앞부분이 뒷부분에 대하여 형용사, 부사 또는 동격의 명사 관계에 있다

---

60) 成唯識論 : p9 중단.

고 해석하는 것이고 의주석이란 복합어의 앞부분 말이 뒷부분의 말을 제약 · 규정한다고 보는 해석을 말하는데[61] 제7식 마나스식은 지업석이다.

즉, 제7식을 의식이라고 말하는 것은 의, 즉 식이라는 뜻이고 제6식을 의식이라 말하는 것은 의에 의지하는 식이라는 의주석에 해당된다. 의manas는 사량을 말한다. 사량이란 보통 잘 생각하는 것, 사고하는 것, 고찰, 사려 등 지적 작용을 의미하지만, 이런 성질을 가진 것이 유식설에서는 염오의染汚意이며 호법의 유식설에서의 제7식 마나스식이다.[62] 초기 불교와 아비달마 불교까지 인간의 정신 현상을 육식설과 심의식설의 방향으로 설명할 때 유식학은 심, 의, 식의 세 가지 다른 체를 구별하고 여기에 팔식설을 결합하여 제8식은 심으로 적집積集의 뜻이 뛰어나고 제6식은 식으로서 요별了別의 뜻이 뛰어나며 제7식은 적집과 요별 작용은 다른 식보다 떨어지고 오직 사량의 뜻이 뛰어나므로 의라고 이름하였다는 것이다.[63] 이상으로 미루어 보아, 제7식의 특징은 대상을 구별하여 알거나 대상을 지각하는 것보다 생각하고 살피는 데 있음을 알 수 있다.

마나스식의 유전流轉과 의지처에 관한 해설

제5송에서는 마나스식은 아라야식에 의지하여 유전하고 아라야

61) 中村 : 앞의 책, p569.
62) 中村 : 앞의 책, p540.
63) 김묘주 역(1995) : 성유식론 外 한글대장경, 동국역경원, 서울, p152 주) 87.

식을 대상으로 하여 사량한다고 하였다.

《성유식론》에 의하면 모든 마음과 마음의 작용은 의지처가 세 가지가 있다. 즉, 인연의因緣依, 증상연의增上緣依, 등무간연의等無間緣 依다. [64]

인연의는 마음과 마음의 작용의 인연상因緣相을 보여 주면서, 종자 없이는 현상이 일어날 수 없음을 말하고 있다. 증상연의에 관해 《성유식론》에서는 난타, 안혜, 정월, 호법 네 명의 법사의 주장을 인용하고 있는데, 이 중 대표적인 안혜와 호법의 주장을 소개하면 안혜는 '다섯 가지 전식轉識은 하나하나가 반드시 항상 의지하는 두 가지가 있는데 다섯 가지 물질적 기관과 동시에 일어나는 의식을 말한다. 제6식은 반드시 한 가지를 의지하는데 제7식을 말한다. 제6식이 다섯 가지의 전 의식과 동시에 일어난다면 다섯 가지 의식에도 의지하게 된다. 제7전식이 반드시 의지하는 것은 제8식이다. 오직 제8식만이 항상 전변함이 없이 스스로 존립할 수 있다.'[65] 고 하였다. 호법은 '오식이 항상 의지하는 것은 반드시 네 가지가 있으니 다섯 가지 감각기관과 제6, 7, 8식이다.' '제6식의 항상 의지하는 바는 오직 두 가지이니 제7식과 제8식이다. 하나라도 없으면 제6식은 작용하지 못한다. 제5식과 함께 취하는 대상이 명료하

---

64) 成唯識論 : p19 중단.
65) 成唯識論 : p20 중단.

기는 하지만 항상 함께하는 것은 아니기 때문에 의지하는 바는 아니다.' '제7식의 항상 의지하는 바는 단 한 가지 제8식이니 장식이 없다면 작용할 수 없다.' '아라야식이 항상 의지하는 바는 단 한 가지이니 제7식이다. 제7식이 없으면 작용하지 않는다.'[66] 하였다.

즉, 증상연의란 제8식 작용의 상호 관계에 관한 설명이다. 안혜와 호법의 설이 다른 것으로 보이나, 내용을 보면 호법은 안혜의 설명에 그 식의 근본적인 식을 더하여 설명한 것이다. 예를 들어, 안혜는 제6식이 제7식을 의지한다 하였는데, 호법은 제7식과 제8식에 의지한다고 한 것이다. 제8식에 대한 설명에서 안혜는 제8식은 전변함이 없이 스스로 존립한다 하였으나, 호법은 아라야식이 제7식에 의지한다 하였다. 안혜는 제8식의 근본식적인 측면을 말하고 호법은 제8식이라는 용어가 아닌 아라야식이라는 표현을 사용함으로써, 즉 장식으로의 작용이 제7식과의 상호 관계 속에서 이루어짐을 부각한 것으로 이해된다. 제4송에서 아라한이 아라야식을 버린다 하였고 제7송에서 아라한에서는 제7식이 없다는 서술을 통하여 아라야식은 제7식이 유지되는 한 활동하는 제8식의 한 모습임을 알 수 있다.

등무간연의는 마음작용의 시간적 상호 관계를 설명하는 것으로 앞의 생각이 멸하면 후의 생각이 일어나는 시간적인 계기 속에서 정신활동이 이루어짐을 말한다.

---

66) 成唯識論 : p20 하단.

지금까지의 설명은 제5송 제3구인 '아라야식에 의지하여依彼'에 대한 것이고 '아라야식을 이 식의 대상으로緣彼' 부분에 대해서는 제8식의 어떤 부분을 대상으로 하는가가 논란의 대상이 되었는데, 호법은 영원한 과거로부터 한 모습으로 지속되어 오고 항상 모든 법의 의지처가 되는 장식의 견분을 대상으로 하여 나라는 착각을 일으킨다고 하였다. [67]

방륜도 제5송을 해설하면서 호법의 설을 받아들였다. '왜냐하면 그것은 제8식의 견분을 항상 심찰하여 이것을 아의 본체라고 여겨 장시간 사랑하고 잊지 않기 때문이다. 제8식은 항상 지속되지만 심찰하지 않으며, 제6식은 심찰하지만 항상 지속되지 않고, 전5식은 항상 지속되지도 심찰하지도 않는다. 오직 제7식만이 항상 지속되면서 심찰하므로 다른 식들과 같지 않다. 성질상 사량과 집아執我는 제7식의 특징이다. 전6식과 제8식에는 이러한 정형이 없다.'[68] 그러므로 제7식은 사량집아思量執我의 특징을 가진다. 무아의 진리를 깨닫기까지 그것은 항상 제8식을 대상으로 집착하여 나로 여기며, 변전하여 평등성지平等性智[69]를 이룰 때라야 비로소 다시는 제8식의 작용을 나로 집착하지 않는다. [70]

---

67) 成唯識論 : p22 상단.
68) 方倫 : 앞의 책, p157.
69) 5智의 하나. 자기와 타인과의 평등성을 이해하는 智. 有漏의 마나스식을 발전시키면 이 지혜를 얻는다. 이 지혜로 일체의 모든 것과 자기와 타인이 평등인 것을 알아서 크게 자비심을 일으킨다(불교학 대사전, p1630).
70) 方倫 : 앞의 책, p158.

유전流轉과 의지처, 특히 아라야식이 마나스식에 의지하여 마나스식이 없으면 작용하지 않는다는 말이나 제7식이 반드시 제8식에 의지한다는 말, 제8식은 전변함이 없이 스스로 존립한다는 말은 제8식이 모든 식의 근원으로 아라야식으로 작용할 때부터는 인연법의 범주에서 서로 의존하여 작용하며 현상을 일으키지만 제8식 자체는 인연법을 벗어나서 존재할 수 있음을 말하는 것이다.

분석심리학은 정신활동을 제5식, 제6식, 제7식 등으로 나누지 않는다. 정신세계를 의식과 무의식으로 나누고 무의식을 다시 개인적 무의식과 집단적 무의식으로 나눈다. 정신 기능에서 감각 기능과 사고 판단 기능은 별개이나 지각된 것이 판단 기능과 불가분의 관계에 있으며, 사고 판단이 무의식적 기능과 관계를 갖는 것도 사실이나 감각은 사고와 더불어 같은 수평에서 기능을 발휘한다.

제7식이 제8식에 의지한다는 것은 분석심리학에서 보는 의식과 무의식의 관계와 대비할 수 있는 말이다. 의식이 무의식에서 생성되었다는 사실[71]은 제8식 없이 제7식이 있을 수 없다는 사실과 상통하며 제7식이 아라야식에 의지한다는 말과도 일치되고 항상 불변하는 제8식 또는 근본식이란 집단적 무의식의 개념과 일치된다 할 것이다.

그러나 자세히 볼 때 이러한 대비는 다소 피상적이다. 왜냐하면 앞에서도 언급한 대로 유식학에서의 식이란 심리 영역과 구조 속에

---

71) Jung CG(1969) : *The Structure and Dynamic of the Psyche*. C. W. 8, pp389-390.

서의 의식, 무의식과는 다른 개념으로 쓰이는 경우가 많기 때문이다. 그럼에도 이러한 대비는 의식과 무의식의 상호 의존적 관계에 대한 이해에 도움이 될 것이다.

번뇌의 문제와 해결

마나스식과 항상 함께 일어나는 마음의 작용으로는 사번뇌가 있다. 번뇌란 나쁜 마음의 움직임, 심신을 괴롭히는 정신작용이다.[72]

> 아치는 무명을 말한다. 아상에 어리석어서 무아의 이치를 모른다.
> 아견은 아집을 말한다. 내가 아닌 것을 망령되게 자아로 생각한다.
> 아만은 거만함을 말한다. 나로 집착하는 바를 믿고 마음으로 높인다.
> 아애란 나를 탐함을 말한다. 집착한 나에 대하여 깊은 탐착을 일으킨다.[73]

아치가 무명을 말한다는 구절은 중요한 것이다. 불교에서는 모든 번뇌와 고통의 근본 원인을 무명으로 보고 있는데, 무명은 아치에서 비롯되는 것이다. 아만, 아견, 아애는 무명의 결과로 생기

---

72) 中村 : 앞의 책, p273.
73) 成唯識論 : p22 상단, 중단.

는 것이다. 마나스식의 발생에 따른 사번뇌는 인간관계에서 투쟁과 대립을 낳고 이에 따른 고통이 수반되게 되어 있다.

제6송의 마지막 구절인 '아울러 그 밖의 번뇌와 촉 등과도 함께 한다.'에서 그 밖의 번뇌가 무엇인가에 대하여 후대에 다른 의견이 있어 왔다. 《성유식론》에서 택한 호법의 주장은 불신不信, 해태懈怠, 방일放逸, 혼침昏沈, 도거掉擧, 실념失念, 부정지不正知, 산란散亂의 팔대수번뇌八大隨煩惱와 별경오심소別境五心所 중 혜慧가 오변행심소와 사번뇌와 함께 마나스식의 작용에 수반된다고 한다.[74]

이러한 결론은 마나스식이 더럽혀진 마음이라는 입장에서 나온 결론으로 사번뇌가 팔대수번뇌의 원인이 된다.

분석심리학에서는 자기실현을 인간의 근원적인 과제라고 생각하는데, 그것은 의식의 중심인 자아가 의식을 넘어선 전체 정신의 중심으로 변환해 가는 과정이다. 그러한 자아의 변환은 자아와 페르소나와의 동일시를 지양하고 무의식을 성찰함으로써 가능하다.[75] 무의식의 성찰 과정을 의식화 과정이라 하는데, 그것은 곧 자아를 넘어선 전체 정신-무아를 인식하는 과정이라 할 수 있다.[76] 자아는 유아기에 형성되어 의식의 중심이 되어 강화되고 확대·발전되어 가는 가운데 전체 정신의 존재를 잊어버리거나 일찍이 자아를 산출한 모체인 무의식과의 관계를 소홀히 하는 경향이 있다. 융

---

74) 成唯識論 : p23 중단.
75) 앞의 책 pp108-109.
76) Jung CG(1969) : *Psychology and Religion: East* C. W. 11, p542.

이 말했듯이 발전이란 일방적인 것이며, 그것은 불가피한 경향으로 당연히 무의식과의 단절 혹은 긴장, 갈등의 소지를 마련하게 된다.

> 의식의 특성은 적은 내용에 집중하여 명확히 하는 것이다. 그 전제이자 결과는 가능한 다른 내용을 배제하는 것이고, 이는 의식의 내용에 일방성을 가져온다. 문명인의 분화된 의식이 의지를 통하여 의식 내용의 실현에 효과적으로 사용될 때 그는 근원의 뿌리에서 멀어진다.[77]

아치, 즉 무명을 비롯하여 제6송에서 말하는 사번뇌는 자아의 일방성에서 야기된 자아 집착성의 여러 측면을 제시하고 있는 셈이다.

마나스식에 수반되는 심소로 오변행심소는 그 자체로 좋고 나쁜 가치 개념이 없다. 다만 사번뇌와 팔대수번뇌만은 '바람직하지 못한 마음의 상태'로 제시됨으로써 가치 개념이 농후하게 포함되어 있다.

분석심리학은 자연과학의 토대에서 형성된 '사실'의 학문이며 경험심리학인 만큼[78] 개념이나 용어 표현에 가치 개념이 없으나, 삶을 고해로 보고 이로부터 해탈을 목적으로 하는 불교는 그 목적에 이르기 위한 수행자의 도덕적 자세를 강조하고 제시해야 했던 것이

---

77) Jung CG(1969) : *The Archetypes and the Collective Unconscious.* C. W. 9(1), pp162-163.
78) 이부영(1998) : 앞의 책, p15.

다. 제6송에서 세친이 특히 사번뇌를 앞세운 것은 자아 집착 성향이 어떤 다른 것보다 중요한 장애임을 가리키고 있다.

현장 역 제7송의 첫 구절인 '유부무기섭有覆無記攝'은 이지수 역과 아낙커 역에서는 사번뇌를 수식하는 구절로 되어 있다. 사번뇌가 유부무기라는 것과 마나스식이 유부무기라는 것은 의미상 다소 차이가 있다. 즉, 마나스식의 진리에 대한 가려짐은 사번뇌에 의해 기인하는 것임을 이지수 역과 아낙커 역에서 좀 더 분명히 지적하고 있다. 《성유식론》에서도 '마나스식과 상응하는 사번뇌 등이 염법이기 때문에 성스러운 도를 장애하고 자신의 마음을 은폐하므로 유부라 하고 선과 불선이 아니므로 무기라 한다.'[79]고 서술되어 있어서 두 번역에 일치하는 설명을 하고 있다. 무기인 이유는 염법의 의지처가 미세하고 작용이 자연히 이루어지기 때문이라고 되어 있다.

마나스식의 아치에 의하여 진실은 은폐되었으나 아직 선악이 결정되지 않은 상태로 선악의 구별은 전6식에서 일어난다.

중요한 것은 마나스식의 사량 작용 자체는 염법이 아니므로 수행의 결과 전식득지轉識得智[80]를 통하여 마나스식은 평등성지平等性智로 변하게 된다.

현장 역 제7송의 두 번째 구절인 '태어나는 곳에 따라 얽매인

---

79) 成唯識論 : p23 하단.
80) 佛界에 이르기까지 有漏의 八識을 닦아서 轉向하여 無漏의 四智를 성취하는 것. 제8식을 轉向하여 大圓鏡智를 이루고 제7식을 전향하여 平等成智를 이루며 전5식을 전향하여 成所作智를 이룸(불교학 대사전, p 1382).

다隨所生所繫.'에서 매인다는 의미를 부각하고 있으나 이지수 역과 아낙커 역에서는 마나스식이 생기하는 곳에 따라 그곳에 맞는 작용이 일어남을 표현하고 있다. 즉, 인간 이외의 다른 지능이 있는 동물들도 나름대로의 마나스식을 가질 것으로 추측되는데 각각의 생명체에 따라 그에 합당한 마나스식이 생기고 그에 수반되는 작용이 일어난다는 뜻으로 이해된다.

아라한과 멸정과 출세도에서는 마나스식이 존재하지 않는데, 아라한에서는 염의染意의 종자와 현행이 단절되므로 존재하지 않는다고 하고 마음의 작용을 단절한 멸진정과 참된 무아의 이치를 아는 출세도에서도 조복과 단멸이 된다고 한다.

여기에서 없다는 뜻은 염법으로의서 마나스식이 없어진다는 뜻이지 제7식이 없어진다는 것이 아니다. 만약 제7식이 없다면 평등성지도 존재할 수 없기 때문이다.[81]

평등성지란 평등한 본성을 보는 지혜로, 마나스식에서 아치가 없어져 자신과 남이 평등하고 열반과 생사가 평등함을 본다고 한다.[82] 평등성의 심리적인 의미는 대극적인 분별에서 벗어남을 뜻하는 것으로 이해된다. 자아의식은 분별을 통하여 대상의 인식에 이른다. 가장 기본적인 대극은 나와 대상이며 선악, 고락, 대소, 장단, 옳고 그름 등의 대극적인 인식 체계를 통하여 세계를 파악하

---

81) 成唯識論 : p24 상단.
82) 橫山紘一(1989) : 앞의 책, p235.

며, 그 결과에 따라 집착과 고통을 경험한다. 이러한 상대적 인식은 있는 그대로의 전체를 파악하지 못한다. 평등성지로의 전환은 분석심리학적으로 자아의식의 일방성에서 벗어나 정신의 전체성에 대한 올바른 인식과 체험으로 비교 이해될 수 있다.

마나스식에서 생기는 아치가 무명, 즉 진리에 대한 어두움으로 아견, 아만, 아애를 키우고 마음을 은폐하여 모든 번뇌의 출발이 되어 전6식들의 번뇌심소가 일어나게 된다.

분석심리학에서는 노이로제는 자아의식의 일방적인 태도로 말미암아 자기에게서 멀리 떨어져 나가서 생기는 마음의 고통이라고 이해하였고, 이러한 일방적 태도에서 벗어나 무의식을 포함한 전체 정신과 관계를 맺어 자아중심적인 태도에서 자기중심적인 태도로 바뀌어 나가는 것이 중요하다고 하였다.[83] 자아의식의 일방적 태도란 자아의식이 외부 세계의 집단적 가치에 자신을 과도하게 순응시키거나 정신 기능에서 우월 기능만을 발전시켜 정신의 균형을 잃는 것을 말한다. 무의식은 이러한 상황에서 보상 기능을 보이며, 심리적 고통도 정신의 회복을 요구하는 무의식의 목소리라 할 수 있다. 그러나 자아에만 집착하는 경우 이러한 의미를 깨달을 수 없다.

번뇌와 고통이 전체 정신의 상황을 왜곡한 자아중심성에서 기인한다는 데에서 두 사상은 일치한다.

---

83) 이부영(1998) : 앞의 책, p201.

마나스식과 분석심리학의 자아

마나스식은 제8식의 견분見分인 요별 작용을 대상으로 끊임없이 나라는 생각을 일으키는 식이라고 하였다. 마나스식의 작용은 상常, 일一, 주재主宰의 '나'라는 생각을 유지하는 것이고, 제6식인 의식 작용의 의지처가 되는 것이므로 분석심리학의 자아의 특성과 비교할 필요가 있다.

마나스식은 종자에 의하여 생기므로 제8식에서 생기는 것이며 제8식을 인식의 대상으로 하므로 제8식에 의지한다. 호법은 아라야식도 제7식을 의지하고 있으며 제7식이 없으면 작용하지 않는다고 말하였고, 제6식인 의식은 제7식을 작용의 의지처인 의근意根으로 한다고 하였다.

분석심리학에서 자아란 의식의 중심을 구성하며 고도의 연속성과 정체성identity을 가지는 것으로 생각되고 있다. 자아는 의식의 내용이면서 동시에 의식의 조건인데, 정신적 내용이 의식되기 위해서는 자아와 관계를 가져야 하기 때문이다.

융은 '자아가 내 의식의 중심인 한 그것은 하나의 콤플렉스다. 그러므로 자아는 의식의 주체이고 자기는 무의식을 포함한 전체 정신의 주체다.'[84] '자아와 의식은 무의식에서 발생된 것이며, 자기는 자아의 선험적 모상模像이다.'[85] '자아는 한편에서는 전체 의식에 의

---

84) Jung CG(1921) : *Psychological Type*. C. W. 6, p425.
85) Jung CG(1969) : *Psychology and Religion*. C. W. 11, p259.

지하며 다른 한편으로는 무의식 전체에 의지하고 있다.'[86] '유아기에는 자아 콤플렉스의 중심 역할이 약하여 의식은 한 단위unit가 되지 못한다. 내외의 사건들과 본능과 감정의 자극이 있을 때 삶의 이곳저곳에서 의식은 명멸한다.'[87]고 하였다.

자아와 의식과 무의식과의 관계는 상호 의지하는 관계다. 자아는 의식의 활동으로 자신의 영역을 넓혀 나가고 동시에 의식의 조건이 되고 있다. 자아는 무의식에서 탄생하였고 동시에 무의식은 자아를 통하여 의식과 관계를 맺고 작용하며 의식의 영향을 받고 있다.

유식불교의 마나스식에 대한 이해와 분석심리학의 자아에 대한 이해는 어느 정도 일치점과 차이점을 보인다. 유식불교에서는 마나스식을 아치, 즉 무명의 원인이라 하여 부정적으로 생각하는 경향이 있어서 마나스식이 제8식의 정신세계와 마나스식에 의하여 유지되고 있는 의식 세계를 잇는 가교 역할을 하며 마나스식 없이는 의식의 활동이 불가능하다는 것을 알고 있으면서도 그 점의 가치는 간과한 것으로 보인다.

융은 자아는 그 자체가 어떤 윤리적 성격을 가진 것이라고 보지 않는다. 그것은 하나의 정신 기능, 정신적 요소일 뿐이다. 다만, 그것이 의식의 중심이므로 의식 세계에만 집착하여 무의식의 세계

---

86) Jung CG(1979) : *Aion*. C. W. 9(2), p4.
87) Jung CG(1969) : *The Structure and Dynamic of the Psyche*. C. W. 8, p189.

를 성찰하는 것을 게을리할 수 있다. 유식은 그러한 자아 집착성에 주목하여 그 근원으로 마나스식을 발견하였다. 유식에서는 무아를 깨닫는 것이 궁극적인 목표이지만 분석심리학의 자아는 전체성의 자각으로 나아가는 데 중심 역할을 한다. 융은 자아의 태도 변화에 의하여 의식과 무의식의 관계가 변함을 강조하였고, 유식에서는 마나스식을 무명의 원인이라고 하였다. 이러한 기본 입장의 차이는 마나스식과 자아의 개념에 일치함이 많음에도 유식에서도 마나스식 없이는 불교의 깨달음의 과정이 시작될 수 없다는 사실을 분명히 할 때 분석심리학의 자아와 유식의 마나스식의 개념이 근접할 수 있을 것이다.

제1송에서 제7송까지의 내용을 요약하면 다음과 같다.

아와 법으로 나뉘어 전개되는 모든 현상을 식의 변화로 파악하고 식의 첫 번째 변화로 제8식인 아라야식藏識의 성격과 작용을 말하고 있다. 아라야식은 종자를 저장하여 유지하며 제7식으로부터 '나'라는 사량 집착의 대상이 되는 식이다. 아라야식은 이숙식이라고도 하는데, 이숙異熟이란 종자가 어떻게 현상으로 발현하는가를 설명하는 개념으로 종자에 대한 이해는 아라야식을 이해하는 가장 중요한 바탕이다. 종자 육의를 통하여 기술된 종자의 성격이나 본유종자와 신훈종자, 유루종자와 무루종자의 분류는 무의식적 정신이 어떻게 현상으로 드러나는가를 이해할 수 있는 탁월한 설명이다.

'집수'와 '처'는 제8식에 의하여 정신뿐만 아니라 육체와 외부 물질 세계도 생성되고 유지됨을 말하는 개념이다. 제8식은 초개인식超個人識이며 초정신식超精神識이라고 할 수 있다.

'아라야식의 작용은 알기 어렵다.' 함은 아라야식의 작용이 의식의 입장에서 무의식적임을 의미하고 아라야식의 작용으로서 요별了別작용은 아라야식의 의식성을 말했다. 그러나 아라야식의 의식성은 염정과 선악을 분별하기 이전의 의식성이다.

분석심리학의 원형과 콤플렉스는 종자에 해당되는 무의식의 심적 구성물로 종자에 대한 이해는 원형과 콤플렉스에 대한 이해를 확충·심화하는 역할을 한다. 인간을 이루는 원형의 정신적 표현이 원형상이고 물질적인 표현이 신체일 수 있다는 융의 통찰은 유식사상에서는 '집수'라는 개념을 통하여 발견된다.

유루종자와 무루종자의 논의는 불교의 핵심 문제라고 할 수 있는 무명과 깨달음의 대립과 관계된다. 무명은 아라야식의 의식성明에 대한 무의식성無明으로 이해할 수 있으며 자아의식을 정신활동의 중심으로 한다. 아라야식에 대하여 무의식적인 상태에서 아라야식의 의식성을 깨닫고 그것이 정신활동의 중심임을 경험해 나가는 것이 무루종자의 발현임과 동시에 분석심리학의 자기실현이라고 할 수 있다.

마나스식은 명칭의 설명에서 자세히 논의했듯이 아라야식을 대상으로 끊임없이 '내가 있다.'는 생각을 하는 활동으로 유식학에서의 제6식인 의식은 마나스식에 의지하지 않고는 작용할 수 없다.

호법은 마나스식이 아라야식의 견분을 대상으로 '나'라는 생각을 지속한다고 하였는데, 아라야식의 견분이란 개념을 통하여 초개인적 정신활동의 주체를 가정할 수 있고 분석심리학에서 전체 정신의 중심으로의 자기의 개념과 유사하다.

인연의, 등무간연의와 함께 식들 간의 상호 의존성을 설명한 증상연의는 정신활동의 상호작용과 의존성에 대한 깊은 통찰로 분석심리학에서 논의되는 의식과 무의식, 개인적 무의식과 집단적 무의식 간의 상호작용과 의존성에 대한 이해와 일치하는 점이 많다.

유식에서의 마나스식과 제6식인 의식과 분석심리학에서의 자아의식과 의식의 개념 사이에는 일치점도 많으나 차이점도 많다.

마나스식과 동반되는 사번뇌는 모든 번뇌의 근본번뇌로 그중에서도 아치가 근본이다. '아치는 무명을 말한다. 아상에 어리석어서 무아의 이치를 모른다.'는 말을 통하여 알 수 있듯이 아는 무아에서 나타난 현상이고 아는 근원적으로 무아다. 아가 곧 무아임을 경험할 때 마나스식은 평등성지로 변하게 된다. 부언하고 싶은 것은 아가 무아임을 보는 것이 평등성지이지 아가 없다는 것은 아니다. 즉, 아와 무아라는 논리적인 모순을 동시에 포용하는 대극의 합일 상태를 말한다.

6식의 비교 고찰

제8송에서 제16송에 걸쳐 제3능변能變을 설명하고 있는데, 그중 제8송과 제9송은 제3능변, 즉 6식의 전반적 성질과 그에 상응하는 심리작용을 총체적으로 말하고 있고 제10송에서 제14송까지는 51심소를, 제15송과 제16송은 전5식의 근거와 생성 그리고 의식의 활동과 단절에 관해 설명하고 있다.

전반적 성격

제8송과 제9송에서 안식, 이식, 비식, 설식, 신식, 의식의 여섯 가지 식의 전반적 성격에 대하여 설명하고 있다.

〈제8송〉

다음의 제3능변을 보면 여섯 가지 종류가 구별되니 이 여섯 가지는

대상을 요별하는 성질과 작용을 가지며 그것은 선이나 불선이나 그 어느 것도 아니다.

〈제9송〉

이러한 여섯 가지 요별 능변식의 마음작용에는 모든 식에서 작용하는 다섯 가지 변행과

특정한 대상에 대해서만 작용하는 다섯 가지 별경別境, 선십일善 十一과 근본번뇌와 수반되는 번뇌와 사부정四不定이 있다.

모두가 고苦, 낙樂, 사捨의 세 가지 감수와 상응한다.

송의 해설 제8송의 제3구에 대상을 요별하는 것을 본성과 작

용으로 한다 함은 6식의 자성과 작용을 나타낸다. 6식은 대상을 향해 작용하는 식이다. 그들의 대상은 색, 성, 향, 미, 촉, 법이다.

제8송의 제4구에 의하면 6식의 윤리적 성격은 선과 불선과 둘 다 아닌 무기의 세 가지다.

《성유식론》의 선, 불선, 무기에 대한 정의를 보면 "능히 지금의 삶과 이후의 삶에서 유익하므로 선이라 한다. 인간 세계와 천상 세계의 즐거운 과보는 이 세상에서는 유익하지만 이후의 삶에서는 그렇지 않으므로 선이라고 하지 않는다. 능히 지금의 삶과 이후의 삶에서 해롭기 때문에 불선이라 한다. 악업에 의하여 태어나는 세상의 고통은 지금 삶에서는 해롭지만 이후의 삶에서는 그렇지 않으므로 불선이 아니다. 선과 불선, 이익과 손해로 나눌 수 없기 때문에 무기라 한다."[88]라고 서술되어 있다.

유익한 것이 선이고 해로운 것이 불선이라면 유익하다는 것과 해롭다는 것의 의미 규정이 필요하나 그것에 대한 명확한 규정은 없다. 그러나 제9송 이하의 마음의 작용인 심소들을 분류하는 데에서 추정되는 바로는 무명에서 벗어나는 데 도움이 되는 것은 유익한 것이고 무명을 증가시키는 방향으로 작용하는 것을 해롭다고 하는 것으로 생각된다. 지금의 삶에서의 즐거움과 고통이 이후의 삶에서의 유익함과 해로움으로 이어지지 않는다는 서술은 현세의 즐거움이 후세에 오히려 불선의 원인이 되고 고통이 선의 원인이 될

---

88) 成唯識論 : p26 중단.

수 있음을 시사하고 있어, 유식불교의 선에 대한 태도는 삶의 즐거움과는 관계없이 무명을 벗어나 깨달음의 방향으로 나아가는 데 도움이 되는 것을 선으로 판단하고 있는 것으로 보인다. 그런 관점에서 무기란 깨달음을 돕거나 장애하거나 하지 않는 상태를 말한다.

제8식은 '무부무기無覆無記'이고 제7식은 '유부무기有覆無記'이며 6식은 '유부유기有覆有記'임은 각 식의 상태를 이해하는 하나의 관점이 된다. 제8식은 무명에 덮여 있지 않은 상태다. 제7식이 제8식의 견분을 대상으로 한 사량 작용이 내가 있다는 무명을 작용하게 하여 무상, 무아의 진실을 덮게 된다. 그러나 제7식이 선과 불선의 행위를 낳지는 않는다. 제7식에 의지하여 이루어지는 6식과 대상과의 작용이 선과 불선과 무기의 결과를 만든다. 이는 6식은 윤리적으로 분화된 상태로 다양한 가능성을 가진 것을 말한다. 6식에 의하여 악도 가능하지만 선도 가능한 것이다. 무기의 상태는 선악의 대극도 없고 구별도 없다. 이 모든 현상은 제8식 종자의 활동 결과이며, 인간의 정신은 그렇게 되도록 본래부터 조건 지어져 있다 할 수 있다.

6식의 작용은 크게 변행遍行, 별경別境, 선善, 번뇌煩惱, 수번뇌隨煩惱, 부정不定의 여섯 가지로 나눌 수 있고, 이들을 심소라 한다.

'항상 마음에 의지하여 일어나고 마음과 상응하며 마음에 속하여 있기 때문에 심소라고 한다.'[89]하여 마음의 모든 작용을 심소라 하였다.

변행심소는 다섯 가지가 있고 별경심소도 다섯 가지이며, 선심소는 열한 가지가 있고 번뇌심소는 여섯 가지가 있으며, 수번뇌심소는 스무 가지이고 부정심소는 네 가지다. 합하면 51가지다.

6식은 모두 고수, 낙수, 사수와 함께한다.

'편안한 대상을 만나 몸과 마음을 편안하고 즐겁게 하는 것을 낙수樂受라 하며, 거슬리는 대상을 만나 몸과 마음을 핍박하는 것을 고수苦受라 한다. 그저 그런 대상을 만나서 핍박도 즐거움도 없는 것을 불고락수不苦樂受라 한다.'[90]하였고 불고락수가 사수다. 세 가지의 수는 대상과의 관계에서 생기는 것임을 말하고 있다.

제3송에서 제8식은 사수와만 상응한다고 하였고 제7식에서는 언급이 없다. 제6식부터 고와 락이 발생한다. 고락의 정의가 대상을 만나서 일어나는 감정이기 때문이다. 6식은 대상과의 작용에서 선과 불선과 고와 락이 생긴다 하여 분화된 식임을 보여 준다.

전6식과 의식　　전6식은 분석심리학적으로는 의식에 포함된다. 마나스식에 의지하고 있으며, 제6식 외의 전5식도 제6식과 마나스식에 의지하고 있기 때문이다.

융은 '의식이란 심리 내용이 자아와 관계 맺어 인식되는 것을 말하고 자아에 의하여 인식되지 않으면 무의식이다. 의식은 정신과는

---

89) 成唯識論 : p26 하단.
90) 成唯識論 : p27 상단.

다르다. 왜냐하면 정신은 모든 정신적 내용의 전체를 말하며, 이들이 모두 자아와 관계를 가지는 것은 아니기 때문이다.'[91])라 하여 심리 내용이 의식으로 되기 위한 조건은 자아와의 관계임을 강조하였다.

분석심리학에서는 전5식을 따로 분류하지 않았고 의식의 한 부분으로 간주하였다. 융은 의식의 기능으로 감각적 지각, 사고, 감정적 평가, 직관, 의지, 본능적 과정, 꿈 등을 들었다. [92])

융에게 중요한 것은 의식에 경험된 정신현상이었고, 정신현상의 관찰을 통한 전체 정신의 통찰이었다. "내가 경험하는 모든 것은 정신적인 것이다. 공간을 채우고 있는 대상들이 나에게 주는 감각적인 인상도 정신적 상像이며 상만이 나의 직접적인 경험이다. 왜냐하면 그들만이 나의 의식의 직접적인 대상이기 때문이다. 우리는 정신적 상에 가려져 있기 때문에 외부의 대상 자체에 도달할 수 없다. 우리의 모든 앎은 정신적인 것들로 이루어져 있다. 왜냐하면 정신적인 것만이 직접적이고 실제적이기 때문이다. 심리학자가 보여 줄 수 있는 것은 정신적 실재다."[93])라고 하였다. 융이 자신의 경험심리학에서 관찰의 대상으로 한 것은 의식이라 하겠다. 무의식도 의식에 상으로 나타날 때만 관찰 가능하며 외부 대상의 지각 역시 의식된 것만이 정신적 실재라는 입장이다.

---

91) Jung CG(1921) : *Psychological Types.* C. W. 6, p421
92) Jung CG(1969) : *The Structure and Dynamic of the Psyche.* C. W. 8, pp140-141.
93) Jung CG(1969) : *The Structure and Dynamic of the Psyche.* C. W. 8, p353.

불교에서는 인간의 경험은 허망한 것이라는 것을 보여 주고자 하였다. 유식불교에서 전5식을 나누어 본 것은 안식, 이식, 비식, 설식, 신식이 서로 섞일 수 없는 다른 식임에서 기인하며 나뉘는 이유는 감각기관이 서로 다르기 때문이다. 눈으로 들을 수 없고 귀로 볼 수 없다. 이러한 인식의 분류를 통하여 인간의 경험은 인식 구조적으로 제약되어 있다는 것을 알 수 있다.

원시불교의 교설에서 십이처설이 있는데, 이는 중요한 교설로 무엇이 일체이냐는 질문에 대하여 부처님은 일체는 안, 이, 비, 설, 신, 의와 색, 성, 향, 미, 촉, 법이라 하여 여섯 가지의 주관과 객관으로 세계가 구성되었다는 대답을 하였다 한다. 세계란 우리의 인식 조건이 구성한 것이라는 유식적인 세계관을 보이고 있다.[94] 6식을 나눈 것은 이러한 사상의 계승이다.

또한 유식불교는 지각에서도 앞의 마나스식에서 논의되었던 증상연의와 같이 전체 정신이 관여됨을 이해하였다. 예를 들어, 무엇을 본다 할 때 대상과 감각기관인 안근과 의식, 마나스식, 아라야식을 의지하여 안식이 성립한다. 의식 없이 안식이 성립할 수 없고 마나스식 없이 안식이 성립할 수 없다는 것이다. 유식불교에서는 이미 지각작용은 감각기관뿐 아니라 심층 의식까지 동참하여야 함을 통찰하고 있었고 전5식은 제6식을 통하여 정신적인 경험이 된다. 의식은 마나스식에 의지하여 자신의 영역을 넓혀 나갈 수 있고

---

94) 고익진 편역(1993) :《한글 아함경》, 동국대학교 출판부, 서울, p311.

의식의 작용은 현행이므로 아라야식도 의식의 의지처가 된다.

유식불교에서 제6식을 세밀히 나누었다. 우선 오구의식五俱意識과 불구의식不俱意識으로 나누고, 오구의식은 오동연의식五同緣意識, 부동연의식不同緣意識으로, 불구의식은 오후의식五後意識과 독두의식獨頭意識으로 나눈다. 독두의식은 정중의식定中意識, 독산의식獨散意識, 몽중의식夢中意識으로 나누었다. 오구의식은 전5식과 함께 작용하는 의식이고 불구의식은 전5식과 함께하지 않는 의식이다. 오구의식의 오동연의식은 전5식과 함께 작용하는 의식으로 붉은 장미를 보고 붉은 장미임을 의식하는 것이고, 부동연의식이란 붉은 장미를 보고 장미꽃을 선사하였던 여인을 생각하는 것이다. 불구의식의 오후의식은 오구의식 이후에 그에 관계된 여러 생각을 하는 것이며, 독두의식은 전5식과 관계없는 의식으로 정중의식은 선정 중의 의식이고 독산의식은 홀로 일어나는 의식이며 몽중의식은 꿈속에서의 의식을 말한다.[95] 이러한 분류의 중요한 관점은 제6식과 전5식과의 관계를 관찰하고 독두의식을 나누어 본 것이다. 6식은 대상을 요별하는 것을 본성과 작용으로 하는데, 요별은 모든 식의 공통되는 작용이므로 '대상'을 요별한다는 데 6식의 특징이 있다. 전5식은 외부의 대상을 다섯 가지의 규정지어진 방식으로 요별한다면 제6식은 법을 대상으로 한다. 법은 그 자체의 자성을 간직하여 개변改變하지 않고 궤범軌範이 되어서 사람으로 하여금 사물에 대한

---

95) 太田久紀(1992) :《불교의 심층심리》, 정병조 역, 현음사, 서울, pp99-101.

일정한 이해를 낳게 하는 근거가 되는 것을 말한다. [96) 그러므로 제
6식의 요별 대상은 요별 가능한 모든 것이다.

이러한 유식불교의 제6식에 대한 이해는 분석심리학에서의 의식
과 자아와의 관계, 의식과 무의식의 관계에 대한 통찰을 담고 있을
뿐 아니라 의식의 작용에 대한 세밀한 분석을 행하고 있음을 알 수
있다.

제6식에서 선과 불선이 시작될 뿐 아니라 고와 낙의 구별도 시
작된다. 융도 '감정feeling은 일차적으로 자아와 대상 사이에 일어나
는 과정으로 대상에 대한 좋고 싫음을 정한다.'고 하였다. [97) 자아
와 대상이 있기 때문에 선과 불선을 나눌 수 있고, 고와 낙도 나눌
수 있는 것이다. 마나스식의 활동은 제8식의 견분을 상분으로 하
므로 대상이 한정되어 있고, 제6식부터가 대상을 요별하여 다양한
정신활동이 일어나므로 선과 불선, 고와 낙이 나뉘는 것이다.

5변행과 별경別境 5심소

제10송에서 제14송까지는 51심소를 나열하고 있다. 그중에서
제10송을 보면 다음과 같다.

〈제10송〉

첫 번째 변행에는 촉 등의 다섯 가지가 있다.

---

96) 불교학 대사전 : p499.
97) Jung CG(1921) : *Psychological Types.* C. W. 6, p434.

다음으로 별경은 욕망, 승해勝解, 기억, 흔들림 없는 집중, 식별이다.

작용하게 되는 대상이 각기 다르다.

촉, 작의, 수, 상, 사의 다섯 가지 변행심소는 모든 식에 공통되는 작용으로 제3송에서 이미 설명되었다.

별경은 특별한 경우에만 주체에 상응하고 대상이 결정된 작용을 말한다.[98] 별경심소에 관한 《성유식론》의 설명을 보면 욕망이란 '좋아하는 대상에 대하여 그것이 선이든 악이든 무기이든 희망하는 것을 본성으로 하며 열심히 노력하는 것의 의지처가 됨을 작용으로 한다.'[99] 승해란 '결정된 대상에 대하여 분명히 지니는 것을 본성으로 하고 이끌려 바뀌지 않게 하는 것을 작용으로 한다. 틀리거나 옳은 가르침과 이치와 깨달음의 힘으로 대상에 대하여 살피고 결정하여 분명히 지닌다. 이에 의하여 다른 것에 이끌려 바뀌지 않는다.'[100] 기억念이란 '이미 익힌 대상에 대하여 현재의 마음에 분명히 기록하여 잊지 않는 것을 본성으로 하며 정定의 의지처가 됨을 작용으로 한다. 이전에 경험한 대상을 여러 번 기억하고 유지하여 지금 잊지 않는 것을 말하며 능히 정으로 인도한다.'[101] 흔들림 없

---

98) 中村 : 앞의 책, p1207.
99) 成唯識論 : p28 상단.
100) 成唯識論 : p28 중단.
101) 成唯識論 : p28 중단.

는 집중定이란 '관찰하는 대상에 대하여 마음을 집중하여 흐트러지지 않게 하는 것을 본성으로 하며 지의 의지처가 되는 것을 작용으로 한다. 덕과 과실 또는 둘 다 아닌 대상을 관찰하는 중에 정에 의하여 마음이 집중되고 흩어지지 않도록 한다. 이에 의지하여 문득 결정적인 지혜가 생겨나게 된다.'[102] 식별慧이란 '관찰하는 대상에 대하여 판별하는 것을 본성으로 하며 의심을 끊는 것을 작용으로 한다. 덕과 과실 또는 둘 다 아닌 대상을 관찰하는 중에 혜로 인하여 추구하고 결정할 수 있기 때문이다.'[103]

다섯 가지 별경심소는 각각의 특성을 가진 작용으로 작용의 대상을 달리한다. 변행심소는 주관과 객관이 나뉨에 따라 보편적으로 일어나는 대상에 대한 인식작용을 말하며, 별경심소는 변행심소에 따라 일어나는 욕망, 승해, 기억, 집중, 식별 등의 정신작용을 말한다. 별경심소들은 서로 간에 상관성을 가지고 있는 것으로 보인다. 예를 들어, 불교적인 수행을 한다고 할 때 스스로 그런 방향으로 나아가고 싶다는 욕망이 일어나야 하고 그 마음이 확신에 의하여 유지되어야 하며 수행 과정에 배우고 알게 된 바를 기억할 수 있어야 하고 집중에 의하여 마음이 유지됨으로써 올바른 식별력을 가질 수 있어야 한다.

제10송의 제4구인 '작용하게 되는 대상이 각기 다르다所緣事不

---

102) 成唯識論 : p28 중단.
103) 成唯識論 : p28 하단.

同.'의 문구는 이지수 역과 아낙커 역에는 없는 것인데, 별경의 의미를 다시 한 번 부언한 것으로 보인다.

11선 심소

변행심소와 별경심소는 윤리적 가치와는 무관한 심소인 데 반해, 다음 심소들은 선과 불선으로 나뉜다. 제11송에서는 선한 마음의 작용으로 열한 가지를 들고 있다.

〈제11송〉

선한 마음의 작용은 믿음, 부끄러움, 수치심과 탐내지 않고 화내지 않으며 어리석지 않은 세 가지 선의 뿌리와 정진, 심신이 가볍고 편안함, 게으르지 않음, 마음의 평정과 비폭력을 말한다.

《성유식론》에 의하면 믿음信이란 '참으로 존재함과 덕과 능력에 대하여 깊이 이해하고 바라며 마음을 깨끗이 하는 것을 본성으로 한다. 불신을 다스리고 선을 좋아하는 것을 작용으로 한다.'[104]

부끄러움慚이란 '자신과 법法의 힘에 의지하여 어짊과 선을 받들고 존중함을 본성으로 하며 부끄러움을 모름을 다스리고 악행을 멈춤을 작용으로 한다.' 수치심愧이란 '외부 세상의 힘에 의하여 폭력과 악을 경멸하고 거부하는 것을 본성으로 하며 수치심 없음을

---

104) 成唯識論 : p29 중단.

다스리고 악행을 멈춤을 작용으로 한다.'[105]

　'무탐등삼근無貪等三根'이란 무탐 외에 무진, 무치를 말하는데, 근이라 함은 선을 일으키는 것이 뛰어나기 때문이다. 탐내지 않음이란 '윤회의 삶과 원인에 대하여 탐착하지 않음을 본성으로 하며 탐착을 다스리고 선을 행하는 것을 작용으로 한다.' 화내지 않음이란 '고통과 고통의 원인에 대하여 성내지 않는 것을 본성으로 하며 분노를 다스려서 선을 행하는 것을 작용으로 한다.' 어리석지 않음이란 '모든 이치와 현상에 대하여 분명하게 이해하는 것을 본성으로 하며 어리석음을 다스려 선을 행하는 것을 작용으로 한다.' 정진이란 '선을 기르고 악을 끊는 일에 용맹스럽고 굳세게 하는 것을 본성으로 하며 게으름을 다스리고 선을 완성함을 작용으로 한다.'[106]

　가볍고 편안함輕安이란 '거칠고 무거움을 멀리 여의고 몸과 마음을 고르고 화창하게 하여 자재한 것을 본성으로 하며 혼침을 다스리고 신체를 전환함을 작용으로 한다.' 게으르지 않음은 '정진과 세 가지 선근으로 끊고 닦아야 할 것에 대하여 막고 닦는 것을 본성으로 하며 방일을 다스리고 일체의 세간과 출세간의 선한 일을 모두 이루는 것을 작용으로 한다.' 마음의 평정行捨이란 '정진과 세 가지 선근이 마음으로 하여금 평등하고 정직하며 작용이 없이 머물게 함을 본성으로 하며 들뜸을 다스려 고요히 머물게 하는 것을

---

105) 成唯識論 : p29 하단.
106) 成唯識論 : p30 상단.

작용으로 한다.' 비폭력不害이란 '모든 생명체에 대하여 손상과 괴로움을 주지 않고 화내지 않음을 본성으로 한다. 해롭게 하는 것을 다스리고 가엾게 여김을 작용으로 한다.'[107] 게으르지 않음과 마음의 평정과 비폭력은 별도의 체상體相이 있음이 아니고 정진과 세 가지 선근에 의하여 이루어지는 선한 작용이다.

선한 마음의 작용에 대한 서술을 통하여 유식불교의 선함에 대한 태도를 이해할 수 있다.

유식불교적인 선이란 모든 이치와 현상에 대한 이해를 바탕으로 윤회의 삶에 탐착하지 않고 고통에 대하여 성내지 않고 참으로 존재함과 덕과 능력에 대하여 열심히 추구해 나감을 말한다. 선에 대한 좀 더 명확한 이해는 선한 마음작용의 반대인 번뇌심소에 대한 이해를 통해 가능할 것이다.

근본번뇌와 수번뇌

제12, 13, 14송은 번뇌심소에 대한 설명이다.

〈제12송〉

근본번뇌는 탐욕과 성냄과 어리석음과 거만함과 의심과 잘못된 견해를 말한다.

수반되는 번뇌는 분노, 원한, 잘못을 숨김, 고뇌, 질투, 인색함

---

107) 成唯識論 : p30 중단.

과 속임

〈제13송〉

아첨과 해치려는 마음, 교만함, 수치심이 없음, 뻔뻔스러움,

들뜸과 무겁게 가라앉은 마음,

불신과 아울러 게으름

〈제14송〉

방일 및 기억 못함, 산란, 잘못 이해함 등이다. 부정심소不定心所는

회한과 수면, 사물을 개관하는

분별 사유와 깊은 사색 활동인데 두 가지는 각각 염법과 불염법

에 다 통한다.

여섯 가지 근본번뇌는 수반되는 번뇌의 근본을 이루는 것이다.

《성유식론》에 의하면 탐욕은 '윤회하는 삶과 원인에 대하여 탐

착하는 것을 본성으로 하며 능히 탐내지 않음을 장애하여 고통

을 일으키는 것을 작용으로 한다. 애착의 힘에 의하여 오온이 생

기기 때문이다.' 성냄은 '고통과 고통의 원인에 대하여 미워하고 성

냄을 본성으로 하며 화내지 않음을 장애하고 불안과 악행을 일으

키는 것을 작용으로 한다. 성냄은 반드시 몸과 마음을 매우 괴롭

히고 모든 악업을 일으키는 선하지 않은 것이기 때문이다. 어리석

음은 '모든 본질과 현상에 대하여 미혹하고 어두운 것을 본성으로

하며 능히 어리석지 않음을 장애하고 모든 잡염법雜染法의 의지처가 되는 것을 작용으로 한다. 무명에 의하여 의심과 잘못된 견해와 탐욕 등의 번뇌와 수반되는 번뇌를 일으켜 능히 다음 생의 염법染法을 초래하기 때문이다.' 거만함은 '자신을 믿고 타인에 대하여 높이는 것을 본성으로 하며 거만치 않음을 장애하여 고통을 일으키는 것을 작용으로 한다. 거만하면 덕이나 덕이 있는 사람에게 마음이 겸손하지 못하여 생사윤회가 끝없고 모든 고통을 받게 된다.'[108] 의심은 '모든 진리에 대한 판단을 미루는 것을 본성으로 하며 의심하지 않음을 장애하는 것을 작용으로 한다. 판단을 미루는 데에서는 선이 생겨나지 않는다.'

잘못된 견해는 '모든 진리에 대하여 잘못 추측하고 생각하는 것을 본성으로 하며 능히 올바른 견해를 장애하여 고통을 초래하는 것을 작용으로 한다. 이 견해를 분류하면 다섯 가지가 있다.

첫째는 살가야견薩迦耶見으로 오취온五趣蘊을 나와 나의 것으로 집착하는 것을 말하며, 모든 견해의 의지처가 됨을 작용으로 한다.
둘째는 변집견邊執見이니 살가야견에 따라 형성된 나를 단멸하거나 상주하는 것으로 집착하여 중도中道에 처하여 수행하고 벗어나는 것을 장애함을 작용으로 한다.

108) 成唯識論 : p31 중단.

셋째는 사견邪見이니 원인과 결과와 작용과 참다운 존재를 비방
하고 네 가지 견해가 아닌 여러 가지 다른 삿된 견해에 집
착하는 것이다.

넷째는 견취견見取見으로 모든 잘못된 견해와 의지처인 오온을
가장 뛰어난 것으로 집착하여 능히 청정함을 얻을 수 있다
는 견해를 말하며 모든 투쟁의 의지처가 된다.

다섯째는 계금취견戒禁取見으로 모든 견해의 계금戒禁과 소의처所
衣處인 온蘊을 가장 뛰어난 것으로 여기고 능히 청정함을 얻
을 수 있다는 견해다. 이득 없이 고통스럽게 애쓰게 됨을
작용으로 한다.'[109]

이 여섯 가지가 기본적인 번뇌심소이고 잘못된 견해를 세분한
다섯 가지를 합하면 모두 열 가지의 번뇌심소가 된다. 마음의 작
용에서 선심소의 대립적인 작용을 악심소라고 하지 않고 번뇌심소
라고 한 것은 흥미롭다. 유식불교에서 악이란 번뇌에 수반되는 현
상이고 모든 번뇌의 근본에는 어리석음이 있다. 《성유식론》[110]에서
는 "어리석음은 나머지 9종의 번뇌와 반드시 상응하며 모든 번뇌는
반드시 어리석음에 의하여 일어나기 때문이다."라고 하였다. 결국
유식불교에서의 악이란 어리석음에 의하여 깨달음으로 나아가는

---

109) 成唯識論 : p31 하단.
110) 成唯識論 : p32 중단.

것을 장애하고 자신과 타인에게 고통을 야기시키는 여러 가지의 번뇌를 말한다.

'열 가지 번뇌의 분포를 보면 장식에는 전혀 없고 마나스식에는 네 가지가 있으며 의식에는 열 가지가 다 있다. 5식에는 단지 탐, 진, 치가 있는데 그들은 분별이 없기 때문이고 비교 등으로 인하여 거만함 등이 일어나기 때문이다.'[111]라 하였다. 마나스식의 네 가지란 어리석음, 살가야견, 거만함, 탐욕을 말한다. 마나스식은 무기에 속하는데, 그러면 이 네 가지 번뇌심소도 무기에 속하는 것인가 하는 의문이 생긴다. 《성유식론》에 '열 가지 번뇌의 성품은 성냄의 경우는 오직 불선이다. 자신과 타인을 해치기 때문이다. 나머지 아홉 가지 번뇌는 불선과 무기다. 번뇌가 미세해져서 선을 장애하지 않고 자신과 타인을 매우 괴롭히거나 해롭게 하지 않는 경우에 무기라 한다.' 또한 '선천적으로 생긴 아견我見과 변견邊見은 무기에 포함되고 악업을 일으키지 않는다. 여러 번 일어나도 선을 장애하지는 않기 때문이다.'[112]는 설명이 있는 것으로 미루어 번뇌도 상태에 따라 미세하고 악업을 일으키지 않는 경우 무기에 속함을 알 수 있다.

수반되는 번뇌는 스무 가지로, 열 가지의 근본번뇌에서 나오는 것으로 형태를 달리하여 나타난다. 처음 분노에서 열 가지 수번뇌

---

111) 成唯識論 : p32 중단.
112) 成唯識論 : p32 하단.

는 각기 따로 생기므로 소수번뇌小隨煩惱라 하고, 수치심 없음과 뻔뻔스러움의 두 가지는 모든 불선에서 동반되므로 중수번뇌中隨煩惱라 하며, 나머지 여덟 가지의 수번뇌는 염심에 모두 동반되기 때문에 대수번뇌大隨煩惱라고 한다. [113]

《성유식론》에 의하면 분노란 '현전의 이롭지 않은 대상을 대함에 의해 분한 마음이 생기는 것을 본성으로 하고 분노하지 않음을 장애하며 몽둥이를 잡는 것을 작용으로 한다.' 근본번뇌인 성냄瞋에서 나오는 것으로 신체적인 행동화의 경우를 가리키는 것으로 보인다. 원한은 '분노에 의해 생긴 악을 품고 버리지 않아 생긴 원한을 본성으로 하며 원한을 품지 않음을 장애하고 매우 괴롭게 하는 작용이 있다.' 이 역시 성냄에서 나온다. 잘못을 숨김覆은 '자신이 지은 죄를 이익이나 명예를 잃을까 두려워 숨기는 것을 본성으로 하며 감추지 않음을 장애하고 후회하며 괴로워하는 것을 작용으로 한다.' 이것은 탐욕과 어리석음에서 나온다. 고뇌는 '분노와 원한이 있어서 돌이켜 생각하여 사납고 맹렬하게 다투고 어그러짐을 본성으로 하고 고뇌하지 않음을 장애하고 지네가 쏘듯이 함을 작용으로 한다.' 이것은 성냄에서 나온다. 질투는 '자신의 명예와 이익을 구하고 타인의 영화를 참지 못하고 시기함을 본성으로 하며 질투하지 않음을 장애하고 걱정과 근심을 일으키는 것을 작용으로 한다.' 이것도 성냄에서 나온다. [114]

---

113) 成唯識論 : p33 중단.

인색함은 '재물과 법에 탐착하여 베풀지 못하고 감추고 아끼는 것을 본성으로 하며 인색하지 않음을 장애하고 비루하게 아끼는 것을 작용으로 한다.' 이것은 탐욕에서 나온다. 속임은 '이익과 명예를 얻기 위하여 교묘하게 덕이 있는 것처럼 보여 속이는 것을 본성으로 하며 속이지 않음을 장애하고 삿되게 살아가는 것을 작용으로 한다.' 이것은 탐욕과 어리석음에서 기인한다. 아첨은 '남을 끌어들이기 위하여 교묘하게 다른 행동을 보여 진실치 못하게 속이는 것을 본성으로 하며 아첨하지 않음과 가르침 받음을 장애하는 것을 작용으로 한다.' 이것은 탐욕과 어리석음에 기인한다. 해치려는 마음은 '모든 생명체에 대하여 마음에 가엽게 여김이 없이 해를 주고 괴롭힘을 본성으로 하며 해롭게 하지 않음을 장애하고 괴롭히는 것을 작용으로 한다.' 이것은 성냄에서 나온다. 교만함은 '자신의 잘된 일에 대하여 깊이 집착하는 마음을 일으켜 도취하여 오만한 것을 본성으로 하며 교만하지 않음을 장애하고 염법의 의지처가 됨을 작용으로 한다.' 이것은 탐욕에서 나온다. 이상의 열 가지가 소수번뇌다.

수치심이 없음은 '자신과 법을 돌아보지 않고 현인과 선을 가볍게 여기고 거부하는 것을 본성으로 하며 수치심을 장애하고 악행을 키우는 것을 작용으로 한다.' 뻔뻔스러움은 '세상의 기준을 무시하고 폭력과 악을 존중함을 본성으로 하며 부끄러움을 장애하

---

114) 成唯識論 : p33 중단.

고 악행을 기르는 것을 작용으로 한다.' 수치심 없음과 뻔뻔스러움은 모든 불선에 동반되는 중수번뇌다. [115)]

들뜸은 '마음으로 하여금 대상에 대하여 적정하지 못하게 함을 본성으로 하며 마음이 평등에 이르러 조용함을 장애한다.' 무겁게 가라앉은 마음은 '마음이 대상에 대하여 자재하지 못하게 하는 것을 본성으로 하며 능히 가볍고 편안함과 미세한 관찰을 장애하는 것을 작용으로 한다.'[116)]

불신은 '참다운 덕과 능력에 대하여 인정하거나 즐거워하거나 원하지 아니하고 마음을 더럽히는 것을 본성으로 하며 청정한 믿음을 장애하고 게으름의 의지처가 됨을 작용으로 한다.' 게으름은 '선을 닦고 악을 끊는 데에 게으른 것을 본성으로 하며 능히 정진을 장애하고 번뇌를 증장하는 것을 작용으로 한다.' 방일은 '염법을 막고 정법을 닦지 못하고 방탕함을 따르는 것을 본성으로 하고 불방일을 장애하고 악이 증장하고 선을 훼손하는 것의 의지처가 됨을 작용으로 한다.' 기억 못함은 '모든 인식 대상에 대하여 분명하게 기억하지 못하는 것을 본성으로 하며 올바른 기억을 장애하고 산란의 의지처가 됨을 작용으로 한다.' 산란은 '마음이 대상에 대하여 방탕하게 흐르게 하는 것을 본성으로 하며 바른 집중을 장애하고 악혜惡慧의 의지처가 됨을 작용으로 한다.'[117)] 잘못 이해함

---

115) 成唯識論 : p33 하단.
116) 成唯識論 : p34 상단.
117) 成唯識論 : p34 중단.

이란 '관찰 대상에 대하여 잘못 이해함을 본성으로 하고 올바로 아는 것을 장애하여 계율 등을 지키지 않는 것을 작용으로 한다.'[118] 이상의 여덟 가지가 염심에 두루 하는 대수번뇌다.

부정심소는 작용의 성격이 염과 불염이 일정하지 않고 변행심소와 같이 모든 식에서 작용하지도 않으며 모든 존재 형태에 나타나지도 않는 작용이므로 부정심소라 한다.

회한은 '자신의 행위를 미워하는 것을 말한다. 한 일을 싫어하고 후회하는 것을 본성으로 하며 마음이 조용해지는 것을 장애한다.' 수면은 '몸이 자재하지 못하며 어둡고 주의력이 없는 것이 본성이며 관찰을 장애한다.' 논리적 사고는 '찾아 구함을 말하는데 마음이 열심히 제6식의 대상에 대하여 거칠게 작용하는 것이다.' 깊은 사색은 '자세히 보는 것으로 마음이 열심히 제6식의 대상에 대하여 세밀히 작용하는 것이다.'[119]

'두 가지에는 각각 두 가지 특성이 있다.' 함은 회한과 수면, 논리적 사고와 깊은 사색의 두 쌍의 부정심소가 염법과 불염법에 모두 통함을 말한다.

많은 번뇌심소는 초기 불교에서 탐, 진, 치 삼독에서 출발하여 심리적 관찰을 통하여 분석되고 추가되어 온 것들인데, 《성유식론》에 수반되는 번뇌가 오직 스무 가지만은 아니라 하였고[120] 여러 견

---

118) 成唯識論 : p34 하단.
119) 成唯識論 : p35 하단.
120) 成唯識論 : p34 하단.

해가 소개되어 있는 것으로 보아 수번뇌심소는 심리 작용을 관찰하고 이해하는 데 도움이 되는 체계로 이해하는 것이 타당할 것이다.

51심소를 살펴보면 유식불교의 관점은 주로 불교 수행에 기초를 두고 있다는 인상을 받고 정신관도 가치관에 뿌리를 두고 있다고 생각된다.

전5식과 의식의 특성 분류와 분석심리학적 이해

전5식과 의식의 특성 분류 지금까지 논의된 내용이 복잡하므로 6식의 성격과 작용을 도표로 정리하고 심소의 경우 개념의 이해를 위하여 한자 용어 외에 범어의 영어 번역본의 용어를 함께 제시, 비교하여 보았다. [121]

---

121) 범어의 英譯 용어는 Lusthaus D(1989) : A philosophic Investigation of The "Ch'eng Wei-Shin Lun": Vasubandhu, Hsuan-tsang and the transmission of Vijnapti-matra from India to China. Ph. D. dissertation. Temple University의 pp243-274에 있는 Robinson과 Kochumutton의 범어를 영역한 곳에서 발췌하였다. 좌측의 것이 Robinson 譯이고 우측의 것이 Kochumutton 譯이다.

▶ 육식

식識	근根	대상境
眼識	眼根	빛깔, 형태色
耳識	耳根	소리聲
鼻識	鼻根	냄새香
舌識	舌根	맛味
身識	身根	감촉觸
意識	意根마나스식	모든 정신적 · 물질적 존재法

▶ 심소

변행심소	Robinson 역	Kochumutton 역
觸	contact	touch
作意	attention	attentiveness
受	sensation	knowledge
想	ideation	conception
思	volition	volition

별경심소	Robinson 역	Kochumutton 역
欲	desire	desire
勝解	decision	resolve
念	memory	memory
定	concentration	concentration
慧	intelligence	knowledge

선심소	Robinson 역	Kochumutton 역
信	faith	faith
慚	conscience	sense of shame
愧	shame	fear of censure
無貪	greedlessness	non-covetousness
無瞋[122]		
無癡		
勤	energy	courage
安	serenity	composure
不放逸	vigilance's companion	alertness
行捨	indifference	equanimity
不害	harmlessness	harmlessness

근본번뇌	Robinson 역	Kochumutton 역
貪	lust	passionate attachment
瞋	ill-will	grudge
癡	delusion	stupidity
慢	pride	pride
疑	doubt	doubts
惡見	wrong view	views

---

122) 無瞋, 無癡의 경우 원문에서 無貪 등의 세 가지로 되어 있어서 英譯에도 용어
가 제시되지 않고 있다.

수번뇌[123)	Robinson 역	Kochumutton 역	
忿	anger	anger	瞋
恨	resentment	hatred	瞋
覆	dissimulation	hypocrisy	貪, 癡
惱	sarcasm	envy	瞋
嫉	envy	jealousy	瞋
慳	avarice	spite	貪
誑	deceit	deceit	貪, 癡
諂	hypocrisy	dishonesty	貪, 癡
害	violence	harmfulness	瞋
憍	vanity	arrogance	貪
無慚	lack of conscience	shamelessness	中隨煩惱
無愧	shamelessness	defiance of censure	中隨煩惱
掉擧	torpor	sluggishness	大隨煩惱
昏沈	dissatisfaction	conceit	大隨煩惱
不信	unfaith	unbelief	大隨煩惱
懈怠	laziness	indolence	大隨煩惱
放逸	carelessness	carelessness	大隨煩惱
失念	forgetfulness	bad memory	大隨煩惱
散亂	distraction	distraction of mind	大隨煩惱
不正知	wrong judgement	thoughtlessness	大隨煩惱

123) 小隨煩惱의 경우 어떤 근본번뇌에 의하여 생기는가를 우측에 기입하였다.

부정심소	Robinson 역	Kochumutton 역
悔	remorse	remorse
眠	torpor	sleepiness
尋	reflection	reasoning
伺	investigation	deliberation

앞의 6식의 51심소 정리를 통하여 복잡하게 보이던 심소들을 쉽게 이해할 수 있다. 변행심소는 유식불교의 기본적 정신작용이며 별경심소는 어떻게 불교적 구도의 과정으로 회심해 나가는가에 대한 관찰의 결과다.

선심소와 번뇌심소는 서로 대치되는 것으로, 신과 불신, 참과 무참, 괴와 무괴, 무탐과 탐, 무진과 진, 무치와 치, 근과 해태, 안과 혼침, 불방일과 방일, 행사와 도거, 불해와 해의 짝을 이루고 있다. 이러한 구성으로 볼 때 선심소는 번뇌를 관찰하고 번뇌의 해결을 위하여 고안된 것으로 보인다.

근본번뇌는 탐, 진, 치와 마나스의 4번뇌를 기본으로 하고 의심은 종교에서 가장 중시하는 믿음을 방해하는 것으로 추가되어 있다. 수번뇌는 탐, 진, 치의 파생물인 소수번뇌와 모든 불선에 동반되는 중수번뇌, 모든 염심에 두루 하는 대수번뇌로 구성되어 있다. 중수번뇌와 대수번뇌는 수행에 지장이 되는 마음의 상태를 기술한 것이고, 소수번뇌는 특정 상황에서 일어나는 마음의 작용을 기술한 것이다.

부정심소는 후회, 수면, 논리적 사고, 깊은 사색 등이 경우에 따라 유익하기도 하고 해로울 수도 있음을 말한다.

분석심리학적 이해   대상과의 정신작용이 일어나는 식을 여섯 가지로 나누고 각 식 작용이 일어나기 위해서 근, 경, 식의 화합이 이루어져야 한다 함은 원시불교부터 중요한 기본 교리다. 인간의 정신적 경험은 그러한 조건과 한계 속에서 구성되는 것이라는 통찰로 이미 그 안에 일체유식사상이 담겨 있다. 사람들은 어떤 빛깔과 형태의 물건이 밖에 있다고 생각하고 맛있는 음식이 밖에 있다고 생각하나 그러한 경험은 식에 의하여 구성된 것이다.

유식불교는 이러한 통찰을 통하여 태도의 변화를 유도하려 한다. 정신적 경험을 통하여 대상을 경험하는 것이 아니라 그러한 정신작용을 가능하게 하는 내면의 세계로 관심을 돌리도록 한다. 증상연의에서 논의되었듯이 6식의 작용에 제8식과 제7식이 함께하므로 6식의 작용을 통하여 제8식과 제7식도 드러나고 있다고 할 수 있다. 유식불교는 대상으로 향한 정신적 에너지를 거두어 들여 내면으로 향하기를 요구한다. 번뇌심소는 외부 대상 세계에 집착하여 낙을 증진시키고 고를 피하려는 태도의 결과로 이해할 수 있다. 탐, 진, 치란 근본 무명인 아치를 시작으로 하여 아만, 아견, 아애를 키워 나가고 낙을 경험하면 그것을 탐하고 고를 경험하면 화瞋를 내는 것을 말하며, 여기에서 수번뇌들이 자라난다. 융 역시 대상의 인식은 정신적 내용물의 투사를 통하여 이루어지므로 투사에서 무의식이 의식에 드러남을 말하고 있다.[124] 그러므로 무의식과 관계를 가지기 위하여 대상으로의 투사를 거두어들여 무의식과의 관계의 매체로 투사상投射像을 활용한다. 그 대표적인 예가 꿈의 주관적 단계에서의 해석이다.

불교에서는 인생을 고통으로 규정하고 윤회에서 벗어나고자 한다. 윤회는 대상의 집착에 따른 번뇌로 생긴 업에 의하여 이루어진다. 그러므로 윤회에서 벗어나기 위하여 대상의 집착에서 벗어나야 한다. 이러한 불교의 기본 입장이 6식의 심소에 잘 드러나 있다. 심소 어디에도 6식의 긍정적인 모습은 없다. 선심소는 번뇌심소를 없애 나가기 위한 것이다. 아마도 기쁨, 즐거움과 사랑 등은 탐을 일으킨다고 회피될 것이다. 이 점이 종교로서의 유식사상의 특성이자 한계로 보인다.

분석심리학은 고통의 의미를 통찰하였다. 노이로제의 고통은 의식에서 멀어진 자기 자신을 찾고 인격의 해리를 지양하여 하나인 자신으로 통일하게 하는 의미가 있다. 그러므로 노이로제는 하나의 기회다. 그의 인격의 변화와 성숙, 통일을 이룩할 수 있는 좋은 기회다.[125]

유식불교에는 번뇌가 무명인 아치에 뿌리를 두고 자라난다면 왜 고통을 수반하는가에 대한 충분한 설명이 부족하다. 불교에서의

---

124) Jung CG(1973) : *On Occultism*. C. W. 18, p316.
125) 이부영(1983) : 앞의 책, p201.

고통은 생로병사의 사고로 대표되는데, 여기에는 인간의 한계에 대한 인식은 있어도 분석심리학에서의 고통을 통한 전체 정신의 실현을 요구하는 무의식의 작용에 대한 통찰은 결여되어 있다.

그러므로 분석심리학에서의 고통의 해결은 의식의 일방성을 통하여 의식에서 배제되었던 나의 일부인 그림자를 의식화하고 원형의 신성성 체험을 통하여 의식작용의 중심이 자아에서 전체 정신의 중심인 자기로 다가가는 것인 데 반해 유식은 6식의 주객이 분리된 대상 인식작용을 멈추려 시도한다.

전5식의 작용과 의식의 활동

제15송과 제16송에는 전6식의 작용이 상호 간에 어떻게 일어나는가와 제6식의 작용은 언제 지속되는가가 서술되어 있다.

〈제15송〉

근본식에 의지하여 연에 따라 다섯 가지의 식이 생겨난다.

이것은 때로는 여러 식이 동시에 함께, 때로는 하나 또는 몇몇만 일어나는데

5식이 근본식에 의지하는 모습은 마치 파도가 물에 의지하는 것과 같다.

〈제16송〉

무상천無想天에 태어난 경우, 무심無心의 두 가지 선정禪定, 잠잘

때와 기절했을 때를 제외하고

의식은 항상 일어난다.

송의 해설과 비교 《성유식론》에 '근본식이란 아타나식이다. 염과 정의 모든 식이 생기는 근본이기 때문이다. 의지하는 것은 전6식이다. 근본식을 공통의 의지처와 직접적인 의지처로 한다.'[126]라고 되어 있다. 아타나식은 아라야식의 종자와 신체를 붙들어 지키는 측면을 강조한 다른 이름이다.[127] 전6식들은 모두 제8식을 의지하는 것을 공통의 의지처라 하고 6식들 각각이 자체의 종자를 제8식에 가지고 있다는 것을 직접적인 의지처로 표현하고 있다.

'연에 따라 작용한다.'는 것은 안식, 이식, 비식, 설식, 신식의 다섯 가지 식은 항상 작용하는 것이 아니라 작의, 감각기관, 인식 대상 등의 조건이 갖추어지면 작용이 일어난다는 뜻이다. 다섯 가지 식은 단멸할 뿐 아니라 상황에 따라 다섯 가지가 함께 작용할 때도 있고 네 가지가 함께할 때도 있고 한두 가지만 작용할 때도 있다. 근본식에 의지하여 작용하는 모습이 파도가 물에 의지하여 생기 소멸하는 것과 흡사하다.

제6식인 의식의 경우 근본식에 의지하는 것은 전5식과 같으나 생멸하는 전5식과 달리 다섯 가지 경우를 제외하고는 항상 작용한

---

126) 成唯識論 : p37 상단.
127) 불교학 대사전 : p1018.

다. 다섯 가지는 무상천에 태어난 경우, 무상정, 멸진정, 깊은 수면과 기절의 경우다.

불교에서는 중생이 생사에 유전하는 세계를 욕계, 색계色界, 무색계無色界로 나누어 삼계라 한다. 욕계란 욕망이 삶의 중심적인 구동력이 되는 중생들이 사는 세계로 식욕, 음욕, 수면욕이 대표적인 욕망이다. 색계와 무색계는 선정을 닦아서 얻게 되는 정신의 변화에 따라 존재하게 되는 세계인데 색계는 미세한 물질로 이루어져 있고 무색계는 물질은 초월된 정신적인 것만 존재하는 세계라 한다. 이러한 세계관은 선정의 수행 과정에서 경험되는 정신적 변화를 외부의 세계관으로 구성한 것으로 이해할 수도 있다.

무상천은 색계의 사선천四禪天 중 하나인데 '선정을 닦아 의식의 거친 상想의 심소를 싫어하여 그곳에 태어난다. 항상 작용하지 않는 마음과 마음작용에 거슬러 상을 없애는 것을 가장 중요히 여기기 때문에 무상천이라 한다.'[128]

무심의 두 가지 선정은 무상정과 멸진정인데 둘 다 의식이 작용하지 않는 상태라서 무심이라 한다.

무상정이란 '열반을 위하여 항상 행하지 않는 마음과 마음의 작용을 멸하고 상을 멸하는 것을 우선으로 하므로 무상이라 하고 몸을 평안하고 조화롭게 하기 때문에 정이라 한다.'[129]

---

128) 成唯識論 : p37 중단.
129) 成唯識論 : 같은 면.

멸진정은 '상을 멈추고자 하는 뜻을 우선으로 하므로 전6식과 제7식을 소멸하게 하여 멸진이라 하고 몸을 평안하고 조화롭게 하여 정이라 한다.'[130]

깊은 수면과 기절 시에도 의식은 작용하지 않는다.

《유식삼십송》은 의식, 마나스식, 아라야식의 작용이 언제 멸하는가를 기술하고 있는데, 이는 유식불교의 입장에서는 이 식들을 망식으로 여기기 때문에 이들 식 작용의 지멸을 목표로 한다.

제15송에서 전5식의 작용이 근본식에 의지하고 있음을 거듭 밝히고 있다. 정신의 구조와 작용은 각각 독립하여 있는 것이 아니라 근본식을 인으로 하여 연을 만나서 여러 가지 현상이 생겨나게 되는 것이다.

의식은 전5식에 비하여 지속성을 가지고 있다. 무상천과 무상정, 멸진정에 관한 설명에서 의식의 가장 중요한 심소가 相想임을 알 수 있다. 《성유식론》에 의하면 '想은 대상에 대하여 相像을 취하는 것을 본성으로 하고 가지가지의 이름과 개념을 만들어 내는 작용을 한다. 반드시 대상의 차별된 모습에서 공통점을 찾아서 이를 따라 능히 갖가지 이름을 만들어 내는 것을 말한다.'[131] 하였다.

분석심리학적으로 보면 相像은 투사를 통하여 형성되며 원형이 관여되고 相像에 대한 이해에는 상징symbol적 이해와 기호sign적인 이

---

130) 成唯識論 : p37 하단.
131) 成唯識論 : p11 하단.

해가 가능하다. 기호적인 이해는 상을 이미 알고 있는 이름과 개념을 통하여 이해하는 것이며, 미지의 상을 기지의 개념으로 환치하는 이해의 방법이라 할 수 있다. 이러한 이해 방법은 상의 전체적 의미를 파악하지 못하고 부분적 이해에 머묾으로써 결과적으로는 원래의 의미를 축소하는 결과를 낳게 된다. 이것이 분석심리학에서 말하는 의식의 일방성이며 유식불교에서 말하는 상想심소로 이해된다. 이것이 일반적 의식작용의 특성이다.

의식의 일방성으로 인하여 무의식은 의식에서 배제되어 정신의 전체성을 상실하게 되나 일방적 의식작용의 명확성의 결과로 과학과 기술과 문화의 발달이 가능하게 되었다. 반면 상징적 이해는 상像을 상징으로 보는 것이다. 상징이란 어떤 의미를 담고 있으나 그 의미를 남김없이 말로 표현할 수 없는 것이다. 상징적 의미라 할 때 우리는 미지의 어떤 의미를 전제하고 있다. [132] 상징은 관찰자가 아직 알지 못하는 신성한 무엇을 전달하는 최선의 표현일 때 진실로 살아 있는 것이다. [133] 미지의 의미란 무의식의 영역에서 오는 것이다.

기호적 이해를 통한 의식 세계는 고정되어 있다면 상징적 이해를 통하여 자아중심적 의식은 자기중심적 전체 정신을 경험하게 된다. 그러므로 분석심리학에서는 의식의 상징적 이해의 태도를 강조한다.

---

132) 이부영(1983) : 앞의 책, p187.
133) Jung CG(1921) : *Psychological Type.* C. W. 6, p475.

유식과 현상

제16송까지는 인식작용의 기본 구조로써 8식에 대한 설명이 이루어졌고 제17송에서 일체유식임을 주장한다. 제1송의 일체유식의 주장이 여기에서 다시금 강조되고 있다.

〈제17송〉

식이 변하여 분별과 분별의 대상이 된다.

여기에 의거하여 그것我, 法은 실제로 존재하는 것이 아니고 모든 것은 단지 식일 뿐이다.

식과 유식

《성유식론》에 식이란 '앞에서 말한 세 가지 능변의 식과 그것의 작용을 말한다.'[134]고 하고, '변하여轉變란 능히 변하여 주관과 객관의 형태를 갖추는 것을 말한다. 전변된 주관을 분별이라 하는데 능히 대상을 취하기 때문이며 전변된 객관을 소분별이라 하니 주관에 취해지기 때문이다.'[135] 하였다.

이와 같은 관점에서 볼 때 인식 주체와 인식 대상이 실제로 존재하는 것이 아니라 식전변 때문에 주체와 대상이 생겨날 뿐이라는 것이 《유식삼십송》의 가장 중요한 내용의 하나인 '일체유식'의 의미

---

134) 成唯識論 : p38 하단.
135) 成唯識論 : 앞의 책, p38.

다. 모든 것은 식이 식을 인식하는 것이다. 즉, 자기의 마음이 마음의 상像을 보는 것이다.

제1송의 해석에서 이미 식의 의미와 분석심리학적 이해법을 개관한 바 있으나 이 문제를 여기서 좀 더 자세히 다룰 필요가 있겠다. 횡산橫山은 유식사상의 근본명제는 유식무경唯識無境이라는 말로 집약된다고 하였다. [136] 경境은 마음을 떠나서 존재하는 사물을 의미하고 식識은 우리의 마음이다. 따라서 유식무경이란 존재하는 것은 오직 마음뿐이고 마음을 떠나서 있는 사물은 존재하지 않는다는 유심론의 주장이라는 것이다. [137] 횡산은 유식사상이 일체sarva를 유mātra로 통일하려는 요가 수행자의 지향성이 요가 체험과 결합함으로써 생긴 것이라 하였다. [138] 유가행파 사람들은 요가 수행 중에 나타나는 영상은 오직 식에 지나지 않는다는 것을 자각하기에 이르렀다. [139]

전체성die ganzheit의 파악과 궁극적인 것의 추구는 서양의 철학사조에서도 발견되거니와 융의 분석심리학은 정신적인 갈등을 이해하고 해결하기 위한 탐구를 통하여 전체성의 심리학설을 세웠고 '자기'의 존재를 발견하였으며, 인간의 세계 인식이 마음의 상 투영으로 이루어졌으며 자아조차도 무의식의 절대지 혹은 객체 정신의 조

---

136) 橫山紘一(1989) : 앞의 책, p20.
137) 橫山紘一(1989) : 앞의 책, p20.
138) 橫山紘一(1989) : 앞의 책, p25.
139) 橫山紘一(1989) : 앞의 책, p24.

명이라 하여 일체유식이라는 대명제를 내세운 유식학과 분석심리학의 기본 관점은 매우 비슷한 통찰에 접근한 것이다.

횡산은 또한 이미 제1송의 해설에서 소개한 식의 두 가지 의미, 즉 인식의 주체이며 일반적인 식의 총칭인 vijñāna와 식의 구체적 대상 인식작용, 즉 대상을 '알게 하는 것'인 vijñapti 가운데 유가행파는 아비다르마의 이 vijñapti를 차용, 이것이야말로 유일의 존재, 유일의 활동체라고 생각하게 되었음을 지적하면서 식은 인식의 활동체라고 보았다. vijñapti의 원뜻은 '둘로 나누어'[vi] '알게 하는 것' jñapti이며 식에 의하여 인식하는 것能緣과 인식되는 것所緣이 나누어지는 현상이 이미 그 말뜻에 내포되어 있다.[140] 그런데 유식사상은 아비다르마와 달라서 인식되는 것을 마음속에 있는 것으로 포함시킨다. 인식되는 것은 식 밖에 존재하는 것이 아니라 인식되는 것도 식이 변화된 것이며 식에 의해 만들어진 것이다.[141]

유식이라는 말은 현상적 존재는 모두 식에 지나지 않는다는 진실tattva, 사물 그 자체를 표시하는 말인데 진실은 또한 진여tathata 라고도 한다. 진여는 변하지 않는 사물의 양태로서 분석심리학의 자기Selbst 개념에 매우 가깝다.[142] 진실, 진여는 주관에서 독립하여 존재하는 초월적 진리가 아니라 주관 내에 있는 내재적 진리이고,

---

140) 橫山紘一(1989) : 앞의 책, p31.
141) 橫山紘一(1989) : 앞의 책, p32.
142) 이부영(1986) :《불교와 분석심리학-자기실현을 중심으로-불교와 諸 과학》(동국대학교 개교 80주년 기념 논총) : pp273-275.

182   세친의 《유식삼십송》에 관한 분석심리학적 연구

주객이 하나로 융합된 인식 상태 '능연과 소연이 평등한' 인식이며, 한마디로 유일의 존재인 '식'의 궁극적 진실태를 대상적으로 표현해서 진실, 진여라 부르고, 진여란 유식성vijñapti mātratā이라고 말한다. [143] 그리하여 유식에는 궁극적 진리에 도달하기 이전의 유식관에서의 식의 관념으로서의 유식과 궁극적 진리로서의 유식의 이종이 있다.

《성유식론》의 변계소집성인 허망의 유식성이 전자를 대변하고 원성실성인 진실의 유식성, 즉 유식실성이 후자를 가리킨다. 유식을 깨닫는다 함은 오직 식만이 존재한다고 자각하는 것인 동시에 자기 인식의 허망성을 자각하는 것이기도 하다. [144]

유식학에서는 오직 식만이 존재하고 식 이외에 외적 사물이 없다는 유식무경의 이치를 이론적으로 해명하려는 시도를 하였다.

'오직 식뿐이다.'라는 유식의 근거를 《성유식론》은 여러 경전의 내용을 들어 제시하고 있다. 《십지경》에는 '삼계유심'이라 하였고, 《해심밀경》에는 '소연유식소현所緣唯識所現'이라 하였으며 《능가경》에 '제법개불리심諸法皆不離心'이란 구절이 있다. [145]

또한 네 가지 지혜를 통한 증명이 있다.

• 상위식상지相違識相智: 같은 사물도 그것을 인식하는 사람이

---

143) 横山紘一(1989) : 앞의 책, p41.
144) 横山紘一(1989) : 앞의 책, p57.
145) 成唯識論 : p39 상단.

다르면 그 사물의 모습을 다르게 인식한다는 사실을 아는 것. 외적 사물이 실재한다면 이런 일은 없다.

- 무소연식현가득지無所緣識現可得智: 실재하지 않는 사물을 대상으로 하는 인식이 현실에 있다는 것을 아는 것. 예를 들면, 과거나 미래의 일들, 꿈속의 대상, 물 위에 비친 모습은 어느 것도 실재하지 않는데 그것을 대상으로 삼고 인식하고 있다.

- 응난공용무전측지應難功用無顚側智: 수행하지 않고도 무전측無顚側의 지혜를 얻을 수 있다는 잘못에 빠진다는 것을 아는 것. 만약 인식 대상이 인식되는 것처럼 실재한다면 범부라 하더라도 진실을 인식하게 되고 노력 없이도 해탈이 가능할 것이다.

- 수삼지전지隨三智轉智: 다음 삼지에 따라 인식 대상이 여러 가지 양상이 되어 변한다는 것을 아는 것.

  ― 자재자의 지智에 따라 전변轉變한다. 즉, 심자재를 얻은 보살은 원하는 대로 대지등 사물을 물 같은 사물로 변화시킬 수 있다.

  ― 관찰자의 지에 따라 나타난다. 예컨대, 요가수행자가 붓다의 가르침을 관찰 사색할 때 어떤 하나의 대상이 사색하는 대로 여러 모습이 되어 나타난다.

  ― 무분별지에 따라 전轉한다. 무분별지가 일어날 때는 어떤 인식 대상도 나타나지 않는다. 그런데 만약 인식 대상이 실재한다면 이상의 삼종과 같은 것은 있을 수 없다. 그러나 현실적으로 이 세 가지 사실이 있을 수 있으니 인식 대

상은 실재하지 않는다. [146]

　요컨대, 객관적 보편타당한 인식이란 없다. 칸트Kant와 같이 보편타당성을 인간의 인식 형식의 선천성에서 구한다면 유식적 인식은 보편타당성을 가지지 않는다고 횡산은 말한다. 그러나 유식은 오성이나 이성과는 질을 달리하는 인식, 즉 선정 중의 인식에서 객관성과 보편성을 구한다. 일상심리는 허위에 찬 인식이나 선정 중의 정심定心은 진실의 인식이다. [147]

　"현실이란 '진정으로 있는 것'이다."Die Wirklichkeit ist, was wirklich ist라고 융은 말하였다. 그것은 정신분석학파에서 현실 검증reality testing을 말할 때 가정하는 외적 현실이 아니라 우리가 직접 경험하는 정신적 현실psychic reality이다. 같은 사물에 대해서 다양한 인식의 차이가 생긴다는 사실은 융의 심리학적 유형론에 관한 학설의 기본 전제다. 꿈의 상은 무의식의 투사상임에 틀림없다. 꿈의 상은 분석심리학설에 의하면 전체성, 자기의 의도를 내포한 의미 있는 상이다. 그 상을 만들어 우리가 볼 수 있도록 제시하는 조건 그 자체, 원형 그 자체는 우리가 알 수 없으나 상은 집단적 무의식에 저장되고 있고 필요에 따라 의식에 표출되는 것이다. 유식의 의미를 "현실은 정신적 현실이고 그것이 실재다."라고 이해할 수 있겠다.

---

146) 橫山紘一(1989) : 앞의 책, pp63-65.
147) 橫山紘一(1989) : 앞의 책, p66.

현장 역 제17송 제4구의 '일체유식'의 이지수 역은 '모든 것이 다만 표상表象뿐이다.'이고 아낙커 역에서는 'everything is perception-only.'라 하여 식을 각각 표상과 perception으로 번역하고 있어 범어 원문에서 일체유식의 '식'이 전의 내용에 나온 '식'과는 다름을 시사하고 있다.

종자와 전변轉變

제18송은 만약 유식이라면 어떻게 다양한 현상이 생길 수 있느냐는 의문에 대한 대답이다.

〈제18송〉

모든 종자로 이루어진 식에 의하여 이러이러한 변화가 생기며
상호 간의 작용에 의하여 저러저러한 분별이 생긴다.

'모든 종자로 이루어진 식—切種識'이란 '근본식 중의 자신의 결과를 낳을 수 있는 다양한 힘과 잠재력을 말한다.'[148] 여러 가지의 분별, 즉 심적 활동이 일어나는 것은 일체종식에 의하여 가능한데 일체종식은 그러한 심적 활동이 가시적으로 분별되는 현상으로 나타날 수 있는 다양한 힘과 잠재력을 갖추고 있다는 것이다. 자신의 결과란 현행을 말하고 분별, 심적 활동은 모든 정신활동으로 심,

---

148) 成唯識論 : p40 상단.

심소, 주객 분리의 대상 인식 등을 포함한다.

'종자는 식을 본체로 하고 식을 떠나서 별도의 체성이 없기 때문에 종자식이라 이름한다.'[149]는 《성유식론》의 서술을 통하여 종자와 식의 관계는 상과 체의 관계임을 알 수 있다. '식 중의 종자가 다른 연들의 도움을 받아서 문득 그러그러하게 전변한다. 생겨나서 성숙에 이를 때까지 전변하는 종자가 많음을 나타내기 위하여 여시를 반복하여 말하였다.' 또한 '상호 간의 작용展轉力이란 여덟 가지 현행식과 그것의 상응법인 심소와 상분과 견분 등을 말한다. 그것들은 모두 서로 돕는 힘들이기 때문이다.'[150]라는 《성유식론》의 서술은 종자와 8식과 심소와 상분과 견분이 서로서로 인과 연이 되어 상호작용하고 있다는 말이다.

'활동하는 식 등을 통틀어 분별이라고 한다. 허망분별을 자체의 성품으로 하기 때문이다. 분별의 종류가 많으므로 피피彼彼라고 말한다.'[151]하여 식이 모든 분별을 만들어 내는 것을 서술하고 있다. 즉, 식이 곧 종자이고 식의 활동과 종자의 현행이 분별이다. 종자가 전변하는데 모든 식의 활동이 상호작용한다는 뜻이다.

종자와 현행을 연으로 하여 분별이 생길 때 연은 네 가지가 있다.

첫째, 인연因緣이니 인이 되는 연으로 유위법이 직접 자기의 결과

---

149) 成唯識論 : p40 상단.
150) 成唯識論 : p40 상단.
151) 成唯識論 : p40 상단.

를 낳는 것이니 종자와 현행으로 이루어진다. 종자는 근본식 중에 선과 염과 무기와 여러 세계와 지위 등의 다양한 힘과 능력을 말한다. 종자는 후에 자신과 같은 종류의 종자를 일으키고 동시에 같은 종류의 현행을 일으킨다. 현행은 근본식을 제외한 일곱 가지의 식과 그것에 상응하는 마음의 작용들, 상분, 견분, 세 가지 성품, 모든 세계와 지위를 말하는데, 부처님 위치의 선과 아주 약한 무기를 제외하고 나머지는 근본식을 훈습하여 같은 부류의 종자를 만든다. [152] 이것이 흔히 말해지는 종자생종자種子生種子, 종자생현행種子生現行, 현행훈종자現行薰種子의 상호작용이다.

둘째, 등무간연等無間緣이니 여덟 가지의 현재 작용하는 식과 그것의 심소들이 앞에서 멸한 것이 다음에 같은 종류의 것으로 연결되어 그것이 반드시 생기게 하는 것을 말한다. [153]

셋째, 소연연所緣緣이니 대상 인식이 자신의 모습과 유사한 마음과 마음의 작용에 의지하는 것을 말한다. 이것에는 두 가지가 있으니 하나는 친소연연親所緣緣이고 다른 하나는 소소연연疎所緣緣이다. 만약 주관적 작용과 분리되지 않고 견분 등 내부에 사려된 것에 의지하는 것을 친소연연이라 하고 주관적 작용과 분리되기는 하나 내부에 사려된 바에 의

---

152) 成唯識論 : p40 상단.
153) 成唯識論 : p40 중단.

탁하면 소소연연이라 한다. [154)]

넷째, 증상연增上緣이니 법이 뛰어난 세력이 있어서 능히 다른 법에 대하여 혹은 따르고 혹은 거스르는 것을 말한다. [155)] 예를 들면, 안근이 안식을 일으키는 증상연이 되고 논과 밭은 쌀과 보리가 싹 터서 자라는 데 힘이 된다.

이러한 네 가지 연의 도움에 의하여 종자의 전변과 유지가 이루어지고 종자의 전변에 의하여 분별이 이루어진다는 것이다.

여기에서 전변이라는 유식의 용어에 대하여 다시 한 번 논의하는 것이 필요하다고 생각된다.

전변에 대한 선구적인 사상은 구사론의 '상속전변차별相續轉變差別' 사상이다. 구사론 권 4에서 '종자란 명과 색이 자과自果를 생하는 공능功能이며 이 공능은 상속전변차별에 의한다.'[156)]라고 설한다. 권 6에서는 이숙인異熟因, 이숙과異熟果에 관해서 같은 경량부의 설을 서술하여 '이숙과는 상속전변차별에 의하여 생긴다.'[157)]고 설한다. 상속이란 업의 영향을 지닌 종자가 찰나 생멸을 되풀이하면서 존속해 가는 것을 말하며, 상속의 전변이란 종자의 상속이 전과 후에서 찰나로 변화하는 것이고 전변의 차별이란 전변의 과정에서

---

154) 成唯識論 : p40 하단.
155) 成唯識論 : p41 상단.
156) 俱舍論 :《대정장》29권, p22 하단.
157) 俱舍論 : p33 상단.

종자가 다음의 찰나에 결과를 생할 수 있는 특수한 힘을 갖게 된 경우 그 결과를 생하기 직전의 전변을 전변차별이라 한다. [158]

상속전변차별의 유식화는 먼저 대승성업론에서 나타난다. 이숙과식, 즉 아라야식이 종자를 유지한다는 입장에 근거하여 '아라야식의 상속전변차별'이라는 생각으로 발전했다. 이 경우에 상속은 심상속으로, 상속의 전변은 식의 전변으로 이해되었고, 한편 전변차별에서 종자를 포함한 과를 낳는 특수한 힘은 '공능차별'이라는 이름으로 별도로 술어화하였다. 이 과정에서 식전변의 사상이 나타나게 되었다. [159] 즉, 전변에는 '상속전변차별'의 의미가 모두 함축되어 있고, 종자의 의미와 분별이 생길 때의 네 가지 연의 의미가 담겨 있는 용어다.

《유식삼십송》에는 3번 轉變parināma이라는 용어가 나타난다. 제1송 제4구의 '차능변유삼此能變唯三'과 제17송의 제1구 '시제식전변是諸識轉變'과 제18송의 제2구 '여시여시변如是如是變'에서의 '변'이 산스크리트어 원문에서는 같은 parināma라는 용어다. 즉, 식전변으로 8식들이 생기고 식과 종자의 전변으로 모든 분별이 생긴다.

세친은 '식전변'을 통하여 모든 현상을 통합 이해하고 불교의 유심사상, 공사상, 무아사상과 업사상을 함께 소화할 수 있는 토대를 마련하였다.

---

158) 高埼直道 外 8인(1993) : 앞의 책, pp165-166.
159) 高埼直道 外 8인(1993) : 앞의 책, p168.

업과 습기

제19송은 식이 어떻게 상속되느냐 하는 것에 대한 설명이다.

〈제19송〉

모든 업의 습기와 이취의 습기가 함께하기 때문에

전의 이숙이 다했을 때 다시 나머지 이숙을 생기게 하는 것이다.

업의 습기와 이취의 습기가 이숙을 상속시키는데, 이숙은 이숙식 내의 종자들과 그들의 현행을 말한다.

《성유식론》에 의하면 "모든 업이란 복과 복이 아닌 것과 부동을 말한다. 곧 유루의 선과 불선의 의지로 짓는 업이다. 복이란 즐거운 결과를 일으킬 행위를 말하고 복이 아닌 것은 괴로운 결과를 일으킬 행위를 말하며, 부동은 두 가지에 해당되지 않는 것을 말한다. 비록 업은 생하자 곧 멸하므로 이숙과를 일으킬 능력은 없다 하여도 근본식에 스스로를 일으킬 수 있는 능력을 훈습시키는데, 이 힘을 습기라 한다. 이러한 습기가 전전 상속하여 성숙한 때에 이르면 이숙과를 초래한다. 이취는 상분과 견분, 관념적인 것名과 물질적인 것色, 마음과 마음의 작용, 근본식과 전 7식, 그들의 대상 인식을 모두 포함한다. 이취에 훈습되고 근본식에 종자가 직접 생기게 하는 것을 이취습기라 한다."[160]라고 되어 있다.

---

160) 成唯識論 : p43 상단.

업의 산스크리트어 'karma'는 '하다'라는 의미의 어근에서 파생된 명사로 행위를 뜻한다. 행위를 함으로써 완결되어 버리는 것이 아니라 반드시 여력을 뒤에 남긴다. 그 여력은 미래의 어느 시점에서 고락의 결과를 일으키는데, 이것이 업의 과보다. 업의 개념은 행위가 남기는 여력이나 과보와 긴밀하게 연관되어 있고 윤회사상을 배경으로 하고 있다.[161] 《성유식론》의 주석에도 업은 미래에 어떤 결과를 일으킬 지금의 행위를 뜻한다. 그런데 현재의 행위가 어떻게 미래에 영향을 미치느냐를 설명하기 위하여 습기라는 개념이 나타난다.

《성유식론》에서 태어나고 죽는 일이 상속하는 것은 모두 습기에 의거한다 하며 습기는 세 종류가 있다 하였다.

첫째는 명언습기로, 유위법의 각기 다르게 훈습된 종자를 말한다. 명언에는 두 가지가 있으니 하나는 표의명언으로 뜻을 나타내는 음성의 차별이다. 다른 하나는 현경명언이니 능히 대상을 요별하는 마음과 마음의 작용이다. 두 가지 명언에 따라서 훈습된 종자가 유위법의 각기 다른 인연이 된다.

둘째는 아집습기로, 허망하게 나와 나의 것으로 집착하는 종자를 말한다. 아집에는 두 가지가 있다. 하나는 선천적으로 생기는 아집이니, 즉 수도修道에서 끊어지는 나와 나의 것이라는 집착이다.

---

161) 쓰까모또 게이쇼 외 2인(1990) : 《불교의 역사와 기본사상》, 박태원, 이영근 옮김, 대원정사, 서울, p262.

다른 하나는 분별에 의하여 생기는 아집我執이니, 즉 견도見道에서 끊어지는 나와 나의 것이라는 집착이다. 두 가지 아집에 따라 훈습된 종자가 생명체로 하여금 자기와 남을 차별하게 한다.

셋째는 유지有支습기이니, 이숙과를 생기게 하는 업의 종자를 말한다. 유지에도 두 가지가 있는데 하나는 유루선이니, 즉 능히 애착할 만한 결과를 일으키는 업이다. 다른 하나는 모든 불선이니, 즉 능히 좋아하지 않을 결과를 일으키는 업이다. 두 가지 유지에 의하여 훈습되어 이루어진 종자가 이숙과에 있어서 즐거운 세상과 괴로운 세상에 태어나는 차별을 만든다.[162]

앞서 말한 세 가지 습기에 대한 설명에서 습기라는 용어가 종자의 다른 이름임을 알 수 있다. 습기는 종자가 가진 특성에서 우리의 마음속에 배어 습관이 된 기운이 지속되어 유지되어 가는 측면을 부각하고 있다. 그러므로 업 습기는 제8식에서 전의 이숙과가 소멸하였을 때 다음 이숙과를 생기게 하는 능력이나 종자를 말한다.

이취습기는 제7식에 의하여 현행되고, 제8식에 훈습되는 아집 습기와 전7식이 관여되는 대상에 대한 분별, 인식 활동으로 현행되고, 제8식에 훈습되는 명언습기를 말하며, 현재에 현행되고 훈습되는 모든 정신활동을 포함한다.[163] 이들의 정신활동 훈습 결과 중에서 미래의 이숙과의 발현에 동력으로 관계를 갖게 되는 종자를 업

---

162) 成唯識論 : p43 중단.
163) 다케무라 마키오(1995) : 《유식의 구조》, 정승석 옮김, 민족사, 서울, p130.

습기라 한다.

앞의 내용은 모든 것이 식의 작용의 결과이고 여러 현상은 종자에 의하여 이루어지고 식의 유지도 종자에 훈습된 습기에 의해 이루어진다는 것에 대한 자세한 설명이다.

분석심리학적 이해

종자bija는 본래 식물의 씨앗을 뜻하는 말이다. 그것은 '아라야식 속에 있어 직접 자과를 생기게 하는 공능차별功能差別이다.'[164] 공능차별이란 산스크리트어로 '특별한 힘'이라는 뜻이 된다. 유식사상은 온갖 정신현상과 물질 현상을 생기게 하는 근원적인 에너지를 심층심리 속에 발견하여 여기에 종자라는 이름을 붙여 그런 종자를 저장하고 있는 심층심리를 '일체종자식'이라 하였다.[165]

일체종자식은 분석심리학에서 말하는 집단적 무의식 개념과 매우 흡사함은 이미 지적된 바다. 집단적 무의식은 수많은 인간의 원초적 행태를 일으키는 강력한 에너지와 에너지를 내포하는 여러 행태 유형의 조건으로 구성되어 있다. 그런 조건이 있음으로써 무의식의 인간 심성은 밖으로 표현되고 체험되며 전개된다. 행태behavior란 외부적인 행동뿐 아니라 정신적·감정적인 기능을 모두 포괄한다. 그러나 유식사상은 종자를 여러 가지로 분류하고 있고 종자의

---

164) 成唯識論 : p8 상단.
165) 橫山紘一(1989) : 앞의 책, p134.

생성에 관한 독특한 설을 가지고 있어 융의 원형설과 꼭 같은 것은 아니며 그 점은 이미 언급된 바 있다. 이제 두 사상의 공통점과 차이점을 좀 더 자세히 비교해 보고자 한다.

'인간은 그의 현재뿐 아니라 장차 하게 될 모든 행태의 씨앗을 마음속에 가지고 있다.'는 것 그리고 그 인간 행태의 가능성이 하나의 힘, 하나의 에너지로서 내재하고 있다는 인식에서 공통점을 가지고 있다. 원형이 무의식에 잠재하고 있듯이 종자 또한 잠재된 특별한 힘이다. 그런데 유식에 있어서의 각종 식은 앞에서 시사한 바 있듯이 지형학적topographic인 개념이 아니다. [166] 태전도 아라야식이 쌀알 같은 종자를 담은 유리그릇 같은 것이 아님을 강조한다. [167] 그는 '아라야식이란 종자의 집적통일 그 자체다. 아라야식과 종자는 한 몸이며 떨어지지 않는 것이라고 말해야 한다.'고 했다. [168] 이런 주장은 그대로 융의 집단적 무의식과 원형과의 관계에 적용해도 무관할 것이다.

아라야식이 종자를 유지하며 심상 속의 전변이 식의 전변으로 이해된다면 이것은 원형이라는 원초적 선험적 조건이 원형상으로 현출되는 과정과 상통된다. 하나의 원초적 조건에서 무수히 많은 상이 그것을 체험하는 개인의 경험과 그에게 작용하는 문화의 영향력에 따라 서로 다르게 표출되어 인식될 수 있다. 그러나 조건 그

---

166) 이 점은 橫山도 지적하고 있다(앞의 책, p104).
167) 太田久紀(1992) : 앞의 책, p126.
168) 太田久紀(1992) : 앞의 책, p126.

자체가 변하는 것이 아니다. 호법은 선천적으로 존재하는 종자와 후천적인 종자를 구분하여 전자를 본유종자, 후자를 신훈종자라고 한다. 신훈종자는 특히 후천적인 경험을 통해서, 즉 훈습으로 만들어진 일정한 새로운 심적 태도 또는 행동 유형의 조건이다. 랄프 린튼Ralph Linton이 문화를 정의할 때 '조건화된 정서 반응conditioned emotional response'이라고 하였듯이 신훈종자는 태어난 이후 학습된 새로운 형태의 여러 유형이라 할 수 있다. 융은 이것을 집단적 무의식에 대비하여 '집단의식'이라 했다. 집단의식은 의식의 상당 부분을 차지하고 있고 흔히 자아와 동일시되고 있다. 후천적인 경험의 집적은 항상 의식되어 있는 것이 아니고 무의식에 억압되어 개인적 성격의 무의식의 층을 형성하고 있다. 이것을 융은 개인적 무의식이라 하였다.

　의식 · 무의식은 모두 콤플렉스로 구성되는데 콤플렉스야말로 경험에 의하여 응어리진 심상군心像群으로 인간 행태의 방향과 특성을 만드는 심적 요소다. 종자는 이러한 콤플렉스와 대비될 수 있다. 콤플렉스에 선천적 인류보편의 집단적 콤플렉스原型가 있고 개인적 특성을 가진 개인적 무의식의 콤플렉스, 그리고 의식 또한 콤플렉스로 이루어지고 있다. 사실은 원형적 콤플렉스조차도 아득한 옛날부터 수없이 되풀이해서 체험되는 가운데 만들어진 일정한 틀이라 할 수 있다. 다만 그것은 전승되어 사람이 태어날 때 이미 가지고 나오게끔 되어 버린 것이므로 선천적 또는 선험적이라고 하는 것이다.

본유종자本有種子는 어쩔 수 없는 인간의 제약된 조건과 한계성을 말하고 신훈종자는 인간 의지로 자신을 확대할 수 있는 긍정적 가능성으로 간주될 수도 있다.[169] 본유종자 안에 무루종자란 새지 않는 것, 즉 번뇌의 가능성이 없는 여래와 같은 맑고 깨끗한 성질이며, 이것이 아라야식에 쌓여 잠재하고 있다는 것은 전체성과 원만성의 가능성을 지닌 자기원형이 집단적 무의식에 존재한다는 분석심리학의 가설과 매우 흡사하다.

무루종자는 선천적으로 본유한 것인데, 태전에 의하면 호법과 현장은 유상유식, 법상유식은 본유무루종자를 갖지 않은 인간이 있다는 주장을 펴 왔고, 이것이 일체의 중생은 불성을 갖는다는 입장에 있는 일승불교에 대하여 유식이 대립하게 된 이유라 하였다.[170] 유상유식의 이 점은 모든 인간의 무의식에는 자기실현의 원초적 조건인 자기원형이 있다고 보는 분석심리학의 학설과 다르다. 분석심리학은 불교에서 말하는 상하근기나 유교의 대인과 소인의 구분처럼 어떤 사람이 자기실현을 얼마나 할 수 있는 사람인지, 그 능력이 제약된 사람이 어떤 사람인지 하는 구분을 하지 않는다. 모든 사람이 자기실현의 가능성을 지니고 있다. 다만 융도 정신치료의 현장에서 이성적인 충고로 능히 고칠 수 있는 집단인간에게 과거의 상처나 충동의 분석으로 심층적인 통찰을 권하는 것은 어

---

169) 太田久紀(1992) : 앞의 책, p129, p131.
170) 太田久紀(1992) : 앞의 책, p132.

리석은 일이라고 한 적은 있다.[171] 그러나 그의 이런 주장은 그러한 사람이 자기실현을 할 수 없는 사람이라는 주장은 아니다.

본유무루종자를 가지고 있지 않은 사람, 즉 무성유정無性有情에 대하여 유식은 세간의 도덕으로 제도한다고 말한다. 또한 무루종자를 가진 사람이나 못 가진 사람이나 영원한 이법理法 속에 있고 단지 그 이법을 느끼느냐 않느냐의 차이가 있을 뿐이며 실천에 의해서 개발되는 불성, 즉 행불성은 무성유정에 없으나, 존재의 이법, 이불성理佛性은 무성유정도 포섭하고 있다고 본다.[172] 높은 경지의 수행을 지향하는 종교가 인간 능력의 계위를 상정하는 것은 수행자의 수행을 촉진시키는 데 도움이 될 것이다. 분석심리학에서의 전체성이란 하나의 절대적 가치 이상으로서의 완전성이 아니라 그 개인 자신의 전체를 실현하는 것이므로 자기는 곧 그 개인의 전체로서의 개성Individuality이고 자기실현은 개성화Individuation다. 그러므로 모든 인간에 공통된 것은 '그 사람 자신의 전체'라는 개념이다. 종교와 심리학의 차이점이 여기에 있는 듯하다.

식전변과 훈습은 어떻게 종자가 현행하며 종자는 어떻게 유지되는가를 설명하고자 하는 것으로 그 관계는 종자생현행種子生現行, 현행훈종자現行薰種子, 종자생종자種子生種子로 요약할 수 있다.

'명언종자로부터 마나스식과 육식이 발생한다. 발생한 현행식의

---

171) Jung CG(1974) : *General Problems of Psychotherapy*. C. W. 16, p6.
172) 太田久紀(1992) : 앞의 책, pp134-135.

활동이 다양한 경험 세계다. 현행식의 활동은 찰나마다 발생하고 사라진다. 그것이 활동하는 순간 그 작용은 아라야식에 종자를 훈습시킨다. 이 과정을 현행훈종자라고 한다. 자세히 말하면 마나스식과 육식이 등류습기等流習氣를, 육식 가운데 선과 악의 마음이 이숙습기異熟習氣를 각각 훈습한다. 훈습된 종자는 아라야식 안에서 생장 발달해서 새로운 현행을 일으키는 힘을 갖게 된다. 이 과정을 종자생종자라고 한다.'[173)

등류습기는 명언습기를 말하고 이숙습기는 업습기를 말한다.

앞의 설명은 분석심리학적으로 의식과 무의식의 상호 관계의 측면에서 이해할 수 있다. 분석심리학에서 의식과 무의식의 관계는 보상적 내지 상보적인 관계로 이해하고 있다. 의식은 역치를 가지고 있어 역치를 넘지 못하는 무의식의 내용물은 무의식에 남아 있다. 의식의 일방적 기능으로 의식에 맞지 않는 내용도 무의식에 남아 있게 된다. 의식은 적응의 순간적 과정으로 이루어져 있고, 무의식은 개인적 경험의 망각물과 마음의 구조를 이루는 전래된 행동의 자취로 이루어져 있다. 무의식은 언젠가 적절한 조건하에서 의식될 환상으로 차 있다. [174) 역사적으로 또한 개인적으로 의식은 근원적인 무의식의 어두움에서 발전되어 나온 것이다. [175)

용어만을 바꾸면 두 사상의 내용은 동일하다. 무의식에서 의식

173) 橫山紘一(1989) : 앞의 책, p107.
174) Jung CG(1969) : The Structure and Dynamic of the Psyche. C. W. 8, p69.
175) Jung CG(1969) : The Archetypes and the Collective Unconscious. C. W. 9(1), p280.

이 발생하는 것이 명언종자에서 마나스식과 육식이 발생한다 되어 있고 의식이 현행식이며 훈습은 경험의 망각물로 표현되어 있다. 두 사상은 서로 보완할 점을 가지고 있는데, 유식설은 명언습기와 업습기의 분류를 통하여 훈습의 과정을 세분하여 묘사하였고 분석 심리학에서는 보상이나 상보의 개념을 통하여 훈습과 발생의 의미를 좀 더 역동적인 상호작용의 관계로 이해하여 정신의 전체성에 대한 이해를 심화시켰다.

또한 융은 업karma의 개념이 원형을 깊이 이해하는 데 중요하다는 것을 지적하였다. [176] 이미 그의 집단적 무의식 개념은 태어나기 이전 경험의 기억으로 이루어진 무의식층으로 과거의 경험은 집단적 무의식의 원형을 통하여 전해진다는 견해를 가지고 있어 업습기의 전승과 생각이 유사하다. 그러나 그는 윤회에 대하여서는 과학적으로 입증될 수 없으므로 논의의 대상으로 하지 않았다.

삼 성

제20송에서 제22송까지는 변계소집성遍計所執性, 의타기성依他起性, 원성실성圓成實性에 대한 설명으로, 삼성三性의 상호 관계에 대한 이해가 필요하다.

---

176) Jung CG(1977) : *The Psychology of the Unconscious.* C. W. 7, p76.

〈제20송〉

저 많은 것을 두루 분별하는 심념이 갖가지 대상을 두루 분별하니

이 변계소집의 자성은 있는 것이 아니다.

〈제21송〉

의타기의 타에 의지하는 자성은 망분별의 조건에 따라 생긴다.

의타기에서 변계소집성이 항상 멀리 떠나 있으면 원성실의 갖가지 진실한 본성을 볼 수 있다.

〈제22송〉

그러므로 원성실은 의타기와 다른 것도 다르지 않은 것도 아니며

무상, 공, 무아 등이 그런 것과 같다.

원성실을 보지 못하면 의타기도 볼 수 없다.

송의 해설

《성유식론》에 의하면 '널리 두루 헤아리기 때문에 변계라고 한다. 종류가 많으므로 피피彼彼라고 한다. 능변계의 허망분별을 말한다. 이러저러한 허망분별로 말미암아 여러 가지로 헤아린 바를 대상으로 생각한다. 허망하게 집착된 5온, 12처, 18계 등을 나다, 대상이다 하며 차별하는 것을 말한다. 이 잘못 집착된 차별하는 성품을 총괄하여 변계소집자성이라 한다.'[177] '호법은 제6식과

제7식이 아와 법으로 집착하는 것이 능변계能遍計라 하였다.'[178] '모든 마음과 마음의 작용이 훈습의 세력에 의해 변화된 견분과 상분을 연으로 하여 일어나기 때문에 의타기다. 변계는 의타기의 견분과 상분에 의지하여 헛되이 정말로 있다, 없다, 같다, 다르다, 함께한다, 함께하지 않는다 등으로 집착을 한다. 이와 같이 둘로 나누는 것을 변계소집이라 한다.'[179] '아공我空과 법공法空이 드러나는 바이며 원만하게 성취된 모든 법의 참다운 성품을 원성실이라 한다. 이것은 두루 있으며 항상 하고 자체가 비거나 오류가 있는 것이 아닌 것을 나타낸다. 자상自相과 공상共相,[180] 허공과 아Atman 등과는 다른 것이다.'[181] 즉, "자상은 두루 하지 않는 것이며 공상은 항상 하지 않는 것이다. 허공과 아는 비거나 오류가 있는 것이다. 제21게송에서 '어피於彼'라 한 것은 원성실과 의타기가 하나인 것도 다른 것도 아닌 것을 말한다. 상원리常遠離'라는 말은 잘못 집착된 능취能取와 소취所取의 성품이 항상 없음을 말한다."[182]라고 하였다.

삼성에 대한 이해를 돕기 위하여 용어에 대한 여러 문헌의 다양한 번역을 보는 것이 도움이 될 것이다.

---

177) 成唯識論 :《대정장경》, 31권, p46 하단(한 면에 기재된 분량이 많으므로 상단, 중단, 하단으로 나누어 표시함.)
178) 成唯識論 : p46 하단.
179) 成唯識論 : p46 상단.
180) 다른 法과 공통된 내용을 가지는 것을 共相이라 하며 일체법에 통하지 않고 오직 그 자체만의 고유한 특수한 相을 自相이라 한다(불교학 대사전, p1343).
181) 成唯識論 : p46 중단.
182) 成唯識論 : p46 중단.

- 변계소집성—분별성, 가상된 존재 형태, 망상된 것, 구상된 실재, imaginary knowledge, the object which has no reality whatsoever apart from the consciousness of it, a construction of our imagination.
- 의타기성—의타성, 다른 것에 의존하는 존재 형태, 다른 조건에 의해 생성되는 실재, relative knowledge, the phenomenalized aspect of the real, the modification of consciousness, a moment of pure consciousness dependent on other preceding moments.
- 원성실성—진실성, 완성된 존재 형태, 완전하게 성취된 것, 완전한 실재, absolute or perfect knowledge, the Absolute, pure consciousness, the Ultimate, the Absolute Reality. [183]

식전변에 의하여 일어나는 의타기적인 현상에 대하여 아와 법이 있다 하고 식전변에 의한 가상적 존재를 실재로 착각하면 변계소집에 빠지게 되는 것이고 의타기적인 현상에 대한 변계소집적인 착각에서 벗어나면 원성실성이 드러나는 것이다. 의타기적 식 작용의 결과인 현행을 통하여 원성실성의 진여를 깨달을 수도 있고 변계소집에 빠질 수도 있다.

---

183) 橫山紘一(1989) :《唯識哲學》, 묘주 역, 경서원, 서울, pp254-255.

그러므로 원성실성과 의타기성은 다른 것도 아니고 다르지 않은 것도 아니다. 다르다 하면 원성실성의 진여는 의타기성의 참다운 성품이 되지 못하고 다르지 않다 하면 진여가 무상한 것이 될 것이고 진여와 의타기성이 함께 청정하거나 청정치 않아야 하며 근본지根本智와 후득지後得智의 쓰임에 차이가 없어야 할 것이다.[184]

원성실성을 알지 못하면 의타기성을 올바로 알 수 없다. 또한 변계소집성에서 벗어나 의타기성을 아는 것이 곧 원성실성을 아는 것이다.

삼성은 식의 분별작용에 대하여 어떤 태도를 가져야 하는가에 대한 반성이다.

삼성의 분석심리학적 의미

인간은 태어나서부터 자아를 발달시키고 의식은 언어를 사용하며 분별작용을 하도록 되어 있다.

의식의 분별작용은 이분법에 의하여 이루어지며《성유식론》에서도 둘로 나누는 것을 변계소집이라 하였다.[185] 인간의 의식은 이분법을 떠나서는 대상의 특성을 인식하지 못한다. 그러나 존재의 실상은 '연기중도緣起中道'라는 것이 불교의 정수이고 삼성도 이 부분을 언명하고 있는 것이다. 변계소집적 인식은 잘못된 것이고 연기

---

184) 成唯識論: p46 중단.
185) 成唯識論: p46 상단.

의 실상인 의타기성을 통하여 중도인 원성실성을 깨달아야 한다. 변계소집성의 중심에는 아가 있다. 이분적인 인식의 출발은 나와 대상의 구별에서 시작되며 내가 있으므로 윤리적 가치분별인 선악과 감정적 분별인 고락의 구별이 시작된다. 내가 없다면 옳다, 그르다, 크다, 작다, 괴롭다, 즐겁다, 멀다, 가깝다, 높다, 낮다 등의 판단의 기준점을 잃으므로 이분적인 분별이 성립되지 않는다. 이분적 인식이란 자아중심적 인식이며 대상을 분리되어 개별적으로 실재하는 것으로 파악하여 관계성 속에서의 전체적인 파악에서 멀어지게 된다.

'의자가 있다.'라는 변계소집적인 인식의 예를 들어 생각해 보자. 외부에 어떤 대상이 있다는 것은 오감에서 어떤 감각기관이 자극되었을 때 판단하게 되는 것이다. 그러나 대상이 인간의 시각, 청각, 후각, 미각, 통각에 포착이 안 되어 감지되지 않는 경우도 많다. 그러므로 있다는 판단 자체도 부정확하다. 의자는 보이고 만질 수 있다. 그래서 의자가 있다고 생각한다. 인간의 편안하게 앉고자 하는 욕구가 여러 소재를 취합하여 엉덩이와 허리를 든든하게 받쳐 주는 공간을 제공하는 것을 소위 '의자'라고 이름한다.

'의자가 있다.'는 변계소집적인 인식의 의타기적 인식으로의 변화가 어떤 것일까? 우선 '의자가 있다.'는 사실의 표명이 아니라 인식의 표현 방식이라는 것을 알아야 한다. 즉, 나라는 자아의식이 눈과 신체감각을 통한 감각자극에 대하여 '의자가 있다.'는 해석을 내리는 것이다. 또한 의자란 어떤 실체가 있는 것이 아니라 앉고자 하는 욕구와 그 욕구에 합당한 소재들이 모여서 이루어진 잠재적 구성물이다. 사용된 소재들로의 나무와 철과 헝겊 등이 생겨나기 위해서는 우주의 역사에 버금가는 시간과 공간이 참여한 것이다. '의자가 있다.'는 인식에 도달하기 위하여 육체와 정신의 전 존재가 참여한 것이다. 이와 같이 자연과 인간, 물질과 정신이 전체적으로 참여하여 '의자가 있다.'는 인식에 도달한다는 것을 직관적으로 파악하는 것이 의타기적 인식일 것이다.

융은 의식의 규정성과 일방성은 인간의 역사에서 큰 성취이나 또한 많은 것을 희생하게 되었다고 하였다.[186] 의식에 의하여 과학과 기술과 문화의 발전을 이룩하였으나 의식의 일방성은 자신의 의도에 맞지 않는 정신적 내용을 배제하고 비이성적인 것으로 취급하여 의식과 무의식의 대극을 심화하였다.

의식은 무의식과의 관계를 무의식에서 창조되는 상징의 이해를 통하여 회복하여야 한다는 것이 융의 주장이다. 유식불교에서는 변계소집성은 잘못된 것이며 벗어나야 하는 부정적인 것으로 여기고 있으나 융은 의식의 규정성과 일방성의 긍정적인 면과 부정적인 면을 다 함께 지적하고 있다. 유식불교가 나와 대상이라는 이분법적 인식에서 벗어나 원성실성의 통찰에 바탕을 둔 의타기적 인식에 이르는 것을 추구한다면 융은 의식과 무의식의 대립적인 대극에서 벗어나 상보적인 대극의 올바른 관계 회복을 통하여 정신활동

---

186) Jung CG(1969) : *The Structure and Dynamic of the Psyche.* C. W. 8, pp69-70.

의 중심점이 자아에서 자기로 변화하는 과정을 개성화 과정이라고 하였고, 이것이 인격 성숙의 목표라 하였다. 개성화 과정에는 상징의 이해를 통한 원형의 초월성 체험이 중요하다. 변계소집적인 관점은 '자아'의 관점이다. 나 중심의 관점으로 세상을 보는 것은 협소한 관점이다. 그러나 의식의 발달 초기에는 의식의 힘이 미약하기 때문에 협소한 변계소집적인 의식이 아니면 의식을 유지하기가 힘들다.

의식은 무의식에서 떨어져 나가 독립하기 위하여 대립적인 입장을 취하여야 한다. 변계소집성의 분별에 의하여 자아의식이 발달하면 자아는 본능에서 멀어지고 자아중심성에 따라 움직이며 전체와 대립과 갈등이 일어나게 된다. 또한 자아는 짧은 시간 동안에 생성된 외롭고 약한 존재로 의미의 상실과 불안감을 느끼게 된다. 그러므로 자아는 술, 마약, 섹스 등을 통하여 하나의 느낌에 회귀하려고 탐닉하거나 돈, 명예, 권력의 추구를 통하여 불안감을 해소하려한다. 유식불교의 삼성론과 분석심리학의 개성화 과정은 이러한 의식의 발달을 위하여 필요하였던 착각적인 자아중심성에서 생기는 문제의 해결책을 제시하고 있는 것이다.

그러면 착각적인 자아중심성에서 벗어나는 것이 어떻게 가능한가?

제21송에서 "원성실성은 의타기에서 항상 변계소집성이 멀리 떠난 것이다."라고 하였다. 유식불교에서는 선정의 수련을 통하여 원성실성을 증득함으로써 의타기성의 현상에 대한 변계소집적인 인식에서 벗어나는 것을 추구한다. 분석심리학에서는 의식과 무의식의 관계를 회복하는 상징적 이해가 필요하다.

원형이 경험의 정신적인 틀이라면 상징은 그것의 표현 방식이다. 집단적 무의식의 원형은 우리가 알 수 없으나 상징을 통하여 의식이 집단적 무의식과 관계를 맺을 수 있고, 자아의식은 상징을 통하여 의식을 초월한 정신세계에 대한 통찰을 얻을 수 있다.

융은 상징을 통하여 대극의 합일이 이루어진다고 하였다.

'빛과 어둠 사이에서 일어나는 것, 대극을 통합하는 것은 양면을 공유하며 양면에서 판단될 수 있다. 상징은 그의 역설적인 특성을 통하여 논리에는 존재하지 않는 그러나 실제로 작용하는 제3의 관점을 나타낸다.'[187]

'상징은 추상적이지도 구체적이지도 않으며 논리적이거나 비논리적이지도 않고 실제적이거나 비실제적이지도 않다. 그것은 항상 두 가지다.'[188]

상징은 역설적인 특성과 제3의 관점을 가지고 대극의 합일을 이루고 정신의 전체성에 대한 통찰에 이르게 한다. 상징은 의미를 잉태하고 있는 상image이며, 의미는 확충amplification 과정을 통하여 드러나게 된다. 확충 과정은 상징에 대한 개인적인 연상과 함께 민담, 신화, 설화 등에 나타나는 상징의 의미를 수집하는 것이다. 확

187) Jung CG(1957) : *Alchemical Studies*. C. W. 13, p162.
188) Jung CG(1967) : *Religious Ideas in Alchemy*. C. W. 12, p283.

충을 통하여 상징에 투사된 개인적 무의식과 집단적 무의식의 내용이 이해된다. 상징에는 인류의 존재 이후의 모든 경험이 투사되어 있다는 것이 융의 주장이다. 무의식은 개인적 무의식과 집단적 무의식으로 이루어져 있고, 집단적 무의식에는 인류의 모든 경험이 축척되어 있고 상징은 무의식의 산물이다.

상징의 의미에는 모순된 대극이 함께 존재한다. 논리에는 존재하지 않는 그러나 실제로 작용하는 제3의 관점이란 '이것이 아니면 저것'인 대극의 논리가 아니라 '이것이면서 동시에 저것'인 합일의 논리에서 나오는 관점을 말한다. 하나의 예로 인간은 유한자이면서 동시에 무한자다. 인간은 생로병사를 벗어나지 못하는 유한자이면서 동시에 개인적인 생로병사를 벗어난 정신세계를 공유하고 있는 무한자이기도 하다. 이러한 논리적으로 모순인 입장을 유지하는 것이 제3의 관점이다. 제21송에서 "원성실성은 의타기에서 항상 변계소집성이 멀리 떠난 것이다."라고 함은 의타기의 현상에 대하여 있다, 없다, 좋다, 나쁘다는 대립적인 인식에서 벗어난 제3의 관점에서 보면 원성실성을 이해한다는 뜻으로 이해될 수 있다.

융은 상징과 기호를 구별하였다. 이미 의식에 알려진 것을 나타내는 것은 기호이며 상징은 의미를 잉태하고 있으나 규정될 수 없는 무엇을 나타내고 있는 것을 말한다 하였다. 여기에서 잉태된 의미란 정신의 전체성, 초월성, 신성성을 뜻하는 것으로 이해된다. 결국 상징을 기호화하여 그 의미를 개념화함으로써 상징이 잉태하고 있는 의미를 없애 버리느냐 아니면 상징을 통하여 정신의 전체성,

초월성, 신성성을 체험하느냐 하는 차이는 의타기적 현상에 대하여 변계소집성의 분별적 의식으로 대하느냐 아니면 원성실성을 체험하느냐 하는 차이와 유사하다고 생각된다.

유식불교는 삼성론을 통하여 변계소집성에서 벗어나 의타기성에서 원성실성을, 즉 정신의 전체성과 존재의 근저를 통찰할 것을 요구하고 있다.

삼무성

제23송에서 제25송까지는 "만약 삼성이 있다면 어떻게 부처님은 모든 법에 자성이 없다고 하였는가?" 하는 의문에 대한 대답으로, 삼성에 자성이 없다는 삼무성에 관한 내용이다.

〈제23송〉

이 변계소집, 의타기, 원성실의 삼성에 의지하여 상相, 생生, 승의 勝義라는 삼무성이 세워졌다.

그러므로 부처님이 비밀스러운 뜻으로 모든 법은 자성이 없다고 말씀하였다.

〈제24송〉

처음의 것 변계소집성에서는 그 성격 자체가 자성이 없으므로 곧 상무자성이고,

다음 것 의타기성에서는 독립적으로 생기지 못하므로 자성이

없고,

나중 것 원성실성에서는 변계소집성에서 집착된 바인 나와 대상을 멀리 떠났으므로 자성이 없다.

〈제25송〉

이는 모든 법이 함유하고 있는 뛰어나고 오묘한 이치勝義이며 또한 진여이기도 하다.
항상 여여하므로 유식의 참다운 성품이다.

송의 해설

앞에서 말한 삼성에 의지하여 세 가지의 무성을 말하는데 이것은 상무성, 생무성, 승의무성이다. 《성유식론》에 의하면 "변계소집에 의지하여 상무성을 세운다. 이것의 형상이 필경에는 존재하지 않는 것이 허공의 헛꽃과 같기 때문이다. 다음은 의타에 의하여 생무성을 세운다. 이것은 환술과 같이 여러 연에 의탁하여 생기기 때문이다. 마지막으로 원성실성에 의지하여 승의무성을 세우는데 승의는 변계소집의 자아와 법을 멀리하는 것으로 인하여 가정적으로 무자성이라 하는 것이지 자성이 전혀 없는 것은 아니다."189)하였다.

변계소집적인 인식은 식의 전변에 의한 상을 외부에 독립적으로 실재한다고 생각하여 집착하고 또한 식전변에 의해 가상으로 구성

---

189). 成唯識論 : p48 상단.

된 내가 상주하는 인식의 주체로 있다고 착각한다. 이러한 상은 실재하지 않는 것으로 상무성이다. 우리는 인식된 상이 그대로 외부에 존재하는 실재라고 생각한다. 그러한 인식이 생기기 위하여 외부의 자극은 여러 조건의 하나일 뿐이다. 예를 들어, 시각적인 인식의 경우 형태적 자극이 시각기관을 통하여 인식되면 형태적 인식이 이루어지고 의식은 그것에 이름을 붙이고 가치판단을 하며 내가 있고 대상이 있다고 믿는다. 그러나 외부에 존재한다고 믿는 형태는 대상의 속성도 아니고 나의 속성도 아니며, 대상의 속성이 아닌 것도 아니고 나의 속성이 아닌 것도 아니다. 이것이 의타기성을 아는 인식이다. 형상이 스스로 존재하는 것이 아님을 아는 것이 상무성이다. 대상이 스스로 존재하지 않듯이 나도 스스로 존재하지 않는다.

내가 스스로 존재한다는 믿음의 근거는 각 개인의 육체의 개별성일 것이다. 개별적 육체가 어머니의 자궁에서 세상에 나와서 스스로 숨 쉬기 시작한다는 것이 내가 개별적으로 존재한다는 구체적인 사건이 아닌가? 내 몸을 꼬집으면 내가 아프지만 다른 사람의 몸을 꼬집으면 내가 아프지는 않다는 것이 내가 있다는 증거가 아닌가? 그러나 육체가 '나'의 개별적 존재의 근거일 수는 없다. 육체는 나의 인식의 대상이다. 나는 육체라는 객체를 '나의 육체'라고 생각하며 주체화하려 한다. '나의 육체'라는 착각의 근거는 뇌와 연결된 신경을 통하여 육체의 근골격계를 생각에 따라 움직일 수 있고 외부의 자극에 따라 감각이 생긴다는 것이다. 그러나 육체에서 내가 뜻대로 할 수 있는 부분은 극히 일부이며 거의 모든 장기는 자율신경계의 지배로 움직이고 있어 나의 육체이므로 나의 뜻대로 할 수 있다는 것은 착각임을 알 수 있다.

또한 내가 나의 자동차를 마음대로 운전한다고 해서 자동차가 나는 아니다. 그러므로 수정된 난세포가 세포분열을 통하여 하나의 육체가 탄생하였고 식 작용이 있어서 대상과 나라는 관념이 형성된 것이다. 정신의 작용을 보아도 비슷하다. 의식은 무의식의 산물이며 무의식의 영향을 많이 받고 있다. 인간이 스스로 통제할 수 있는 부분은 극히 일부이나 정신활동의 주인인 듯 자아는 착각을 하고 있다. 불교에서 '내가 있다.'라는 관념을 근본적인 무명으로 보며, 아치에서 아만, 아애가 생겨 모든 고통의 근원이 된다고 부정한다. '내가 있다.'의 부정이 '내가 없다.'는 아니다. 부정되는 것은 '자율적이고 독립된 내가 있다.'라는 변계소집적인 잘못된 인식이다.

연기법에 의거한 식전변에 의하여 나타난 의타기의 상은 자체가 독립적으로 생겨나는 것이 아니므로 생무성이라 한다. 의타기성에 의하여 현상을 봄은 천동설에서 지동설로 가는 코페르니쿠스적인 태도의 전환이다. 나와 대상을 대립적으로 파악하고 내가 세상의 중심이 되어 대상을 소유하고 이용하려는 자기중심적인 이기적 태도에서 벗어나 모든 존재는 상호 연기적인 공존의 상태로 모두가 중요한 주체이며 동시에 자성이 없음을 깨닫는 것이다.

궁극적인 실체인 원성실성은 본성이 분별을 초월하고 공하여 유성이다, 무성이다 할 수 없으므로 승의무성이라 한다.

《성유식론》은 "승의무성은 진여를 말하는데 진이란 진실되어 허망하지 않은 것을 말하며 여란 항상 변화가 없음을 말한다."[190]고 하였다. 또한 "유식의 성품은 대략 두 가지 측면으로 나누어 볼 수 있다. 하나는 허망한 것으로 변계소집성을 말하고 다른 하나는 참다운 것으로 원성실성을 말한다. 다시 두 가지로 나누면 하나는 세속의 유식성으로 의타기성을 말하고 다른 하나는 승의의 유식성으로 원성실성을 말한다. 그러므로 원성실성을 유식실성이라 한다."[191]고 하였다.

삼무성은 삼성의 의미를 좀 더 명확히 하기 위한 추가 설명으로 보이며 이미 삼성의 내용에 포함되어 있는 내용을 자성을 부정하는 입장에서 다시 서술한 것이다. 왜냐하면 불교의 기본 입장이 모든 존재에 변치 않는 자성은 없다는 것이기 때문이다.

삼무성의 분석심리학적 의미

삼무성에서 중요한 것은 자성이 없다는 것이다. 자성이란 스스로 독립적으로 존재한다는 의미로 삼성이 있다는 변계소집적인 착각에 빠지지 않도록 삼무성을 이야기한 것으로 생각된다.

불교에서 자성이 없음을 말하는 무아설은 두 가지 측면에서 이해할 수 있다. 모든 존재는 스스로 존재하지 못하고 상호 의존적

---

190) 成唯識論 : p48 상단.
191) 成唯識論 : p48 상단, 중단.

인 현상이라는 연기설과 모든 존재의 본질은 진여불성으로 현상은 하나의 세계의 다양한 표현이라는 것이다. 불교에서 이야기하는 무아에서의 '아'는 '스스로 존재하는 나'를 의미하는 것으로, 무아는 무자성을 의미하는 것이다. 연기설이 의타기성이고 진여불성이 원성실성이므로 삼성이 드러내고자 하는 바도 무자성이고, 삼성을 제대로 이해하였다면 굳이 삼무성을 이야기할 필요는 없는 것이다.

분석심리학에서 동시성 현상synchronistic phenomena의 관찰을 통한 가설로 '하나의 세계Unus Mundus'가 있다. 동시성 현상이란 꿈, 환상, 예감 등의 정신적 현상과 외부의 사건이 동시적으로 인과 관계가 아닌 의미 있는 연관 관계가 있는 경우를 말한다. 심한 불안을 느끼지만 원인을 알 수 없다가 나중에 그 시간에 가까운 사람이 사고를 당했다는 것을 알게 되거나 꿈에서 본 일이 그대로 현실에서 일어나는 경험이 있는데, 이것이 동시성 현상의 예다. 융은 이 현상이 무의식의 원형이 활성화될 때 우연 이상의 의미 있는 빈도로 나타나는 것을 관찰하였고 원형의 초개인적인 특성과 정신양적 성격 psychoid aspect에 의해 나타나는 것으로 이해하였다. 즉, 물질과 정신은 하나의 본질의 양면으로 다른 표현 형태이고, 개별적인 존재는 서로 독립되어 있는 것이 아니라 서로 밀접한 관계 속에서 상호작용하고 있다는 것이다. '하나의 세계'는 모든 존재가 집단적 무의식 층의 원형 작용을 통하여 상호 연관을 가지고 있다는 점에서 불교의 연기적 세계관과 공통점이 많고 물질과 정신 분화 이전의 본질을 이야기함은 진여불성과 유사점이다.

원성실성과 승의무성의 분석심리학적 의미

삼성과 삼무성을 통하여 세친이 드러내고자 한 것은 원성실성과 승의무성일 것이다. 원성실성과 승의무성의 의미를 드러내기 위하여 상기된 설명을 다시 한 번 정리하려 한다.

> 원성실은 의타기에서 항상 변계소집성이 멀리 떠난 것이다. 제21송
>
> 원성실을 알지 못하면 의타기도 알 수 없다. 제22송
>
> 아공과 법공이 드러나는 바이며 원만하게 성취된 모든 법의 참다운 성품을 원성실이라 한다. 이것은 두루 하고 항상하며 자체가 비거나 오류가 있는 것이 아닌 것을 나타낸다. 각주 15
>
> 원성실성-진실성, 완성된 존재, 완전하게 성취된 것, 완전한 실재, absolute or perfect knowledge, the Absolute, pure consciousness, the Ultimate, the Absolute Reality
>
> 승의는 앞에서 집착된 바인 나와 대상을 멀리 떠났으므로 자성이 없다. 제24송
>
> 이는 모든 존재의 궁극적인 실재이며 또한 진여이기도 하다.
>
> 항상 그와 같기 때문에 유식의 참다운 성품이다. 제25송
>
> 승의무성은 진여를 말하는데 진이란 진실되어 허망하지 않은 것을 말하며 여란 항상 변화가 없음을 말한다. 각주 24

앞 내용에서 드러나는 것은 다음과 같다. 원성실은 의타기를 통하여 드러난다는 것이다. 의타기에서 아와 법의 분별을 일으키면

중생이고 원성실성을 보면 부처다. 원성실은 두루 있으며 늘 자신을 의타기를 통하여 드러내고 있으나 중생이 알지 못할 뿐이다. 그것은 진실하며 항상 하는 것이라는 것이 세친이 전달하고자 하는 바일 것이다.

의타기를 통하여 드러나는 원성실성은 분석심리학에서 전체 인격의 중심이면서 전체 정신을 말하는 자기와 비교 가능하며 자기는 의식과 무의식을 통합한다. 자기는 자아의식을 넘어서기 때문에 상징을 통해서만 경험할 수 있다.

그 한자의 의미에서도 원성실성의 원은 자기의 상징으로 흔히 나타나는 전체의 상징이며 성은 성취의 의미를 담고 있으며 실은 '익다, 가득 차다.'는 의미를 지니어 성취와 전체성을 의미하는 것으로 보인다.

자기의 상징은 왕, 영웅, 구세자 등의 사람의 모습으로 나타나기도 하고 원, 사각, 십자가 등의 모습으로 나타나기도 한다. [192]

융은 '연금술에서 내가 자기라고 부르는 것은 변하지 않고 부서지지 않는 물체이고 어떤 것으로도 환원될 수 없는 하나이며 나눌 수 없는 것이며 동시에 전체를 말한다. 현대의 심리학에서의 발견도 이것과 일치한다.'[193] 하였다. 자기는 변치 않으며 궁극적인 실재를 표현하는 것으로 진여나 성, 실의 의미와 유사한 것으로 보

192) Jung CG(1979) : *Aion*. C. W. 9(2), p225.
193) Jung CG(1974) : *General Problems of Psychotherapy* C. W. 16, pp102-103.

인다. 또한 융은 '원형으로서의 자기는 상징으로만 표현될 수 있는 신성한 전체성을 말한다. 집단적인 상으로써 그것은 시공에서 개인성을 넘어서고 그러므로 부식될 신체에 종속되지도 않는다. 자기의 실현은 늘 무시간성, 영원성, 불사의 감정과 관계를 갖는다.'[194]하여 자기의 상징 체험에 수반되는 감정이 진여의 속성에 대한 기술과 유사함을 이야기하였다. 승의란 인간의 생각으로 미칠 수 없는 존재임을 표현하는 것으로 자기는 의식의 이해의 영역을 넘어섬과 의미를 같이한다. 원성실은 의타기적 현상에서 드러나듯 자기도 상징을 통하여 드러난다.

유식불교에서는 원성실과 승의의 긍정적인 면만을 본 반면, 융은 자기의 대극적이며 그 안에 포함되어 있는 모순을 통합하는 측면을 중시하였다.

융은 '자기는 무한할 뿐 아니라 역설적으로 유한하며 동시에 유일하다. 대극은 현실적 문제이며 해결되지 않는다. 그러나 자기는 모든 면에서 역설적으로 명제와 반명제를 나타내며 동시에 통합을 이루어 낸다.'[195] '자기원형은 기능적으로는 내면 세계, 즉 집단적 무의식의 지배자라는 중요성을 가지고 있고 전체성의 상징으로는 빛과 어두움을 동시에 가지고 있으며 대극의 합일을 의미한다.'[196]

---

194) Jung CG(2003) : *Psychology and Religion*. C. W. 18, p694.
195) Jung CG(1967) : *Introduction to the Religious and Psychological Problems of Alchemy*. C. W. 12, p19.
196) Jung CG(1967) : *Symbols of Transformation*. C. W. 5, p368.

'자기란 전체이며 무시간의 존재이며 의식과 무의식의 상호 통합을 나타내는 원초의 구형인 양성적인 존재로 표현된다.'[197] 하였다.

　의식에서 드러나는 대극은 이미 자기원형 속에 잠재되어 있는 것이고 의식의 발달에 따라 드러난다. 그러나 자기는 대극을 만들어 낼 뿐 아니라 그것을 통합할 수 있는 힘을 지니고 있다. 의식의 힘으로는 대극을 통합할 수 없다. 왜냐하면 통합은 자아의식의 초월을 통하여 이루어질 수 있기 때문이다. 그러므로 유식불교의 원성실과 승의는 수행에서 드러나는 궁극의 완성된 실재를 말하는 반면 융은 자기를 모든 현상을 낳는 시작과 정신 발달에서 도달해야 할 목적으로의 양면을 모두 포괄한 것으로 보았다.

　《유식삼십송》에서의 삼성, 삼무성에 대하여 분석심리학 개념과의 비교를 통하여 이해를 심화해 보자.

　삼성은 의타기의 현상에 대한 변계소집적인 분별의식을 반성하여 원성실성을 통찰함을 말한다. 분석심리학에서는 의식의 일방성을 극복하기 위하여 상징적인 이해를 통하여 의식과 무의식의 관계를 회복함으로써 전체 정신인 자기에 대한 통찰에 이름을 이야기하고 있다.

　삼무성은 삼성이 자성이 없음을 밝히어 삼성에 대하여 변계소집적인 분별을 하는 것을 방지하고 승의무성을 통하여 진여를 드러

---

197) Jung CG(1966) : *Specific Problems of Psychotherapy*. C. W. 16, pp313-314.

낸다. 자성이 없음을 통찰하면 분석심리학적으로 볼 때 자아중심성이 줄어들고 초개인적인 정신인 자기와의 관계가 강화된다.

삼성은 자아의식의 분별작용인 변계소집성과 전체 정신의 직관적 통찰인 원성실성의 모순적 대극의 통합이 의타기성을 통하여 이루어짐을 보여 주며 삼성의 부정인 삼무성을 통하여 초월적인 의미는 더욱 분명해진다. 분석심리학에서도 일상적인 삶에서의 자아중심적인 의식이 무의식으로부터 생성되는 상에 대하여 상징적 이해의 태도를 취함으로써 자아초월적인 전체 정신인 자기에 대한 통찰에 이를 수 있음을 보여 준다. 변계소집성에 의하여 발달되고 강화된 분별적인 자아의식이 의식적인 반성작용을 통하여 스스로를 초월하는 인식을 할 수 있음을 보여 주고 있다.

수행 단계

제26송에서 제30송까지는 앞에서 설명된 유식의 양상과 성품을 어떻게 깨달아 가는가에 대한 설명이다.

〈제26송〉

유식 진의성眞義性을 구하여 거기에 주하려 하더라도 아직 순결택식順決擇識[198]을 일으키지 않았을 경우에

---

198) 거짓된 것과 진실을 구별하여 결정하는 진리에 대한 깨달음을 말함(Wei Tat: CH'ENG WEI-SHIH LUN. p669).

주관과 객관으로 나누는 이취의 집착과 습관성은 조복될 수 없고 소멸할 수 없다.

〈제27송〉

눈앞에 어떤 무엇을 세워 이것이 유식성이라 한다면
얻는 바가 있기 때문에 실제로 유식에 머무는 것이 아니다.

〈제28송〉

어떤 대상적 인식 조건에서 지혜가 전혀 얻는 바가 없게 되면
이때에 유식에 머무는 것이니 주ㆍ객의 분별인식을 떠났기 때문이다.

〈제29송〉

무분별지는 얻을 바도 없고 생각으로 헤아릴 수 없으니 세간을 떠난 지혜다.
번뇌장煩惱障과 소지장所知障의 습기를 끊어 버린 까닭에 곧바로 전의轉依를 증득하게 된다.

〈제30송〉

이는 곧 무루의 번뇌가 없는 세계이고 불가사의하고 선이며 한결 같으며
안락한 경계이고 해탈신이오 대성인의 법신이라고 이름한다.

송의 해설

제25송까지 설명된 유식의 양상과 성품을 두 가지 대승의 깨달음의 성품을 갖춘 사람들이 대략 다섯 단계의 과정을 거쳐 깨달아 들어간다 한다. 대승의 두 가지 성품 중 하나는 근본식에 본래부터 있는 무루법의 원인이고, 다른 하나는 법계에서 평등하게 흘러나오는 법을 듣고 얻은 지혜의 훈습에 의하여 이루어지는 것이다.

다섯 가지 단계는 식의 양상과 성품에 대하여 깊이 믿고 이해하는 자량위資糧位와 점차 인식되는 객관과 인식하는 주관의 이분적 인식을 극복하고 없애 나가며 참다운 견해를 이끌어 내는 가행위加行位와 나와 대상이 없음을 통달하는 통달위通達位와 관찰한 진리를 그대로 반복해서 닦아 익혀서 나머지 장애를 극복하고 없애는 수습위修習位와 모든 장애를 벗어나 원만한 최고의 지혜를 갖추는 구경위究竟位다.

이들의 대략적 내용을 《성유식론》을 통하여 살펴보려 한다.

제26송은 자량위에 해당하는 내용으로 유식의 이치를 깊이 믿고 이해하지만 아직 주관과 객관의 이분적 인식이 허망한 것이라는 것을 충분히 깨닫지 못하여 객관적 대상의 인식에 머물러 있다. 그러므로 이분적 인식에서 생기는 습기에 대하여 아직 능히 세력을 없애서 이분적 인식의 현행이 일어나지 않도록 할 수는 없다.[199]

---

199) 成唯識論 : p48 중단, 하단.

제27송은 가행위에 관계되는 내용이다. 자량위에서의 이해를 바탕으로 유식성에 진실로 머무르기 위하여 열심히 수행하여 이분적 인식을 제거해 나가는데 난煖, 정頂, 인忍, 세제일법世第一法의 네 가지 단계가 있다.

처음으로 지혜의 밝음이 나타나는 선정에 의지하여 상대적으로 낮은 관찰 단계에서 인식 대상이 비실재라는 것을 관찰하는 것을 난위라 한다. 이 단계에서 처음으로 인식 대상인 명칭, 모양, 변치 않는 본성, 차이 등이 모두 자기 마음이 전변된 것으로 가상적 존재이지 실제로 얻을 수 없다고 관찰을 한다. 진리를 비추고 덮히는 불이 나타나므로 난위라 한다.[200]

지혜의 밝음이 더욱 커지는 선정에 의지하여 상대적으로 높은 관찰 단계에서 인식 대상이 비실재임을 관찰하는 것을 정위라 한다. 이 단계에서 거듭하여 인식 대상의 명칭 등 네 가지 특성이 모두 자기 마음이 변한 가상적 존재이지 실제로 얻을 수 없다고 관찰한다. 관찰 단계의 극점에 도달하므로 정위라고 한다.[201]

인식 대상이 실재하지 않는다는 것은 결정적으로 체득하고 있으나 인식 주체가 실재하지 않음에 대하여는 결정적으로 체득하지 못하고 다만 받아들이는 선정에 의지하여 상대적으로 낮은 단계의 있는 그대로 아는 지혜를 일으켜서 인식 대상이 비실재임을 결정적

---

200) 成唯識論 : p49 중단.
201) 成唯識論 : p49 중단.

으로 알아 지니며 인식 주체도 없음을 즐겁게 받아들이는 단계를 인위라 한다.

끊임없이 이어지는 선정에 의지하여 상대적으로 높은 단계의 있는 그대로 아는 지혜를 일으켜서 인식 대상과 인식 주체가 허망함을 분명히 아는 단계를 세제일법이라 한다. 다음 단계의 견도에 이르기 직전의 단계로 세간에서는 가장 높은 단계이므로 세제일법이라 한다.

난위와 정위에서는 인식의 주체인 식에 의지하여 인식 대상이 허망함을 관찰한다. 세제일법에서는 주객의 허망함을 확실히 안다.[202] 그러나 아직 이 단계에서는 유식상이 허망함을 요해했다 하더라도 아직 유식성唯識性을 집착하여 존재한다고 여긴다. 공空과 실재의 두 가지 양상이 없어지지 않아서 두 가지 양상에 머물러 마음을 관찰하는 데 얻는 바가 있으므로 진실로 참다운 유식의 이치를 알아 머무는 것이 아니다.[203] 그러므로 제27송에서 유식성에 대한 의식이 있으면 아직 유식에 진정으로 머무는 것은 아님을 말하고 있다.

제28송은 통달위에 해당하는 내용이다. 가행위의 세제일법 다음에 이 지혜가 생겨날 때에 진여를 체득해서 알기 때문에 통달위라고 이름한다. 처음으로 진리를 비추어 알기 때문에 또한 견도見

---

202) 成唯識論 : p49 중단.
203) 成唯識論 : p49 중단.

道라고 이름한다. 이 단계에서는 인식 대상에 대한 분별이 없는 지혜로 전혀 얻는 바가 없다. 갖가지 상대적인 논쟁이 사라진다. 이때에 참으로 유식의 참다운 승의勝義의 성품에 머문다고 말한다. 즉, 진여를 깨닫는 것이다. 지혜와 진여가 평등하여 주객의 상대적 분별을 떠났기 때문이다. 얻는 바가 있는 마음에 상대적인 논쟁이 나타나는 것이다. [204]

제29송은 수습위에 관한 내용이다. 자량위, 가행위, 통달위는 올바른 수행을 준비하는 과정이고, 수습위에서 견도에서 얻은 올바른 지혜를 바탕으로 수행하여 무시 이래로 지속되어 온 번뇌장을 버려 열반을 얻고 소지장을 버리고 보리를 얻는다. 신심을 교란시켜 열반에 이르는 것을 방해하는 번뇌를 번뇌장이라 하고 알아야 할 대상을 덮어서 올바른 지혜가 생기는 것을 방해하는 번뇌를 소지장이라 한다. 번뇌장은 나에 대한 집착을 근본으로 하고 소지장은 대상에 대한 집착을 근본으로 한다.

이 단계에서 나머지 장애를 끊고 전의를 증득하기 위하여 다시 거듭 무분별지를 닦아 익힌다. 이 지혜는 인식 대상과 주체에 대한 집착을 멀리 떠났기 때문에 얻는 바가 없고 생각으로 헤아릴 수 없다 한다. 혹은 분별을 떠났기 때문에 얻는 바가 없다고 하고 묘한 작용을 측량할 수 없으므로 헤아릴 수 없다고 한다. 이것은 세상의 지혜와는 다른 출세간의 무분별 지혜다. 인식 대상과 주체에 대

---

204) 成唯識論 : p49 하단.

한 집착이 세상의 지혜의 근본이고 오직 이 지혜가 주객의 집착을 끊으므로 홀로 출세간이라는 이름을 붙인다. 혹은 출세간이란 두 가지 뜻에 의하여 세우니 번뇌가 사라진 것과 진여를 증득하는 것을 말한다. 이 지혜만이 두 가지 뜻을 갖추므로 출세간이라 한다. 이 무분별의 지혜를 거듭 닦음으로 두 가지 무거운 장애의 종자를 버린다. 성품이 자재하지 못하여 미세함과 가벼움에서 멀기 때문에 무거운 장애라고 한다. 이것이 능히 번뇌장과 소지장을 버리게 하므로 문득 광대한 전의를 증득할 수 있다. [205]

전의轉依에서 전은 전사轉捨와 전득轉得이라는 두 가지 뜻이 있으며, 의는 소의所依의 의미로 제8식이 곧 소의처所依處다. 종자의 입장에서 말하면 제8식 안에 번뇌장과 소지장의 종자가 저장되어 있기도 하고 열반과 보리의 종자가 있기도 하다. 그러므로 제8식에 의지하여 번뇌장과 소지장의 종자를 전사하고 열반과 보리의 종자를 전득하여 두 가지의 장애를 버리고 전의를 얻는다고 말한 것이다. [206]

제30송은 구경위에 대한 내용이다. 구경은 지극의 의미로, 즉 구경위는 불위를 말한다.

제1구의 '이는此'이란 앞에서 말한 번뇌장과 소지장의 전의의 결과인 열반과 보리를 말하며, 즉 이것이 구경의 무루 세계를 이루

---

205) 成唯識論 : p50 하단.
206) 方倫(1993) : 앞의 책, p254.

는 것이다. 모든 번뇌를 영원히 끊어서 번뇌를 따라 증성하지 않으며 성품이 청정하고 원만하고 밝기 때문에 무루라고 이름한다. '세계界'란 품어서 간직한다는 뜻이다. 그 가운데 한량없이 희유한 큰 공덕을 포함하기 때문이다. 혹은 '세계'는 원인의 뜻이다. 능히 세간과 출세간을 이롭고 안락하게 하는 일을 일으키기 때문이다. [207]

이 무루의 세계는 마음의 분별을 떠났으므로 불가사의하고 언어의 표현을 떠났으므로 논의할 수 없는 선에 속하며 불변하며 없어지지 않아 한결같다고 말한다. 또한 번뇌를 떠나서 안락하고 모든 걸림에서 벗어나서 해탈이라 하니 부처는 이것을 자신의 몸으로 삼아 모든 곳에 두루 있으며 모든 것을 포함하니 '안락해탈신安樂解脫身'이라 한다. 모니牟尼는 적묵寂黙을 뜻하는데 언설분별言說分別과 심연동작心緣動作을 떠났으므로 적묵이다. 안락해탈의 대모니를 법신 또는 법성신이라 하여 대성인의 법신이라고 이름하였다. [208]

수행 단계를 요약하면, 올바른 이해를 바탕으로 인식 대상이 실재가 아님을 관찰하는 관법을 지속함으로 인식 대상이 비실재임을 체득하고, 이를 바탕으로 인식 주체도 비실재임을 관찰하여 인식 대상과 주체가 허망함을 체득한다. 이때 선정의 힘이 강해지어 뚜렷한 의식의 관찰이 잠잘 때도 포함하여 끊임없이 지속되는 무간정無間定이 된다는 것이며, 이 단계에서 진여를 체득해서 알 수 있

---

207) 成唯識論 : p57 상단.
208) 方倫(1993) : 앞의 책, p261.

다. 분별이 없어진 의식작용이 지속됨으로 인하여 훈습이 없어지고 차차 습기가 없어지면 번뇌장과 소지장이 소멸하고 열반과 보리를 얻어 부처가 되는 것이다. 늘 인식 대상과 주체로 나뉜 분별을 지속하던 의식이 나와 대상이 없음을 사량하고 관찰하는 묘관찰지妙 觀察智로 바뀌는 것이다.

의식의 지속적인 관찰을 통하여 주객 분리의 인식 구조에서 생기는 잘못된 분별을 제거시킴과 함께 의식을 강화시키면 의식이 지속되는 시간의 증가와 함께 의식의 의식성이 강화된다. 의식의 의식성이란 의식을 관찰하는 의식으로써 유식불교의 자증분自證分에 해당한다. 의식의 의식성이 확보되지 않은 의식은 무의식에 가까운 의식이라 할 수 있다. 평소 의식은 수면 시에는 유지되지 않는데 끊어지는 의식은 자아의식에 의하여 연속적인 느낌을 유지할 수 있다. 무간정의 의식만이 자아의식 없이도 유지될 수 있으므로 마나스식의 소멸이 가능한 것으로 보인다.

유식의 수행 단계의 분석심리학적 해석과 개성화 과정의 비교

유식불교의 수행 과정을 분석심리학적으로 이해하고 자기실현 과정인 개성화 과정과 비교하여 보고자 한다.

융은 의식과 무의식의 관계를 회복하는 것이 중요하다 하였고 이 관계는 자아와 자기와의 관계라고 할 수도 있다. 이 관계 속에서 정신의 전체성과 균형을 자아의식에 더하여 통합해 나가는 것이

분석심리학적 정신치료의 목적이라 할 수 있고 이 과정에서 이루어진 대극의 통합은 한 개인을 분열되지 않고 개성 있는 인격으로 변환시킨다. 그러므로 이 과정을 자기실현 또는 개성화Individuation 과정이라 한다.

개성화 과정에서 자아는 자기에 가까워지는데 이때 자아와 자기의 구별이 이루어져야 한다.

'개성화 과정은 자아의 의식화와 혼동되고 그래서 자아를 자기와 동일시하는 경우를 흔히 본다. 그 때문에 구제할 길 없는 개념의 혼란이 생기는 것은 당연하다. 왜냐하면 이로써 개성화는 단순한 자기중심주의와 자기애에 빠진다. 그러나 자기란 단순한 자아보다도 끝없이 많은 것을 내포하고 있다. 자기는 자아를 포함하는 동시에 그 사람 또는 다른 사람들이다. 개성화는 세계를 배제하지 않고 수용한다.'[209]

'초개인적인 투사를 거두어들여 집단적 무의식의 내용을 통합함으로써 오는 자기 자신에 대한 앎의 증가는 자아에 특별한 영향을 미친다. 좀 더 많은 중요한 무의식의 내용이 자아에 의식화되면 될수록 자아는 자기에 가까워지나 이것은 끝이 없는 과정이다. 이 과정에서 자아와 무의식적인 상像과의 분명한 구별을 하지 않는다면 자아의 팽창을 피할 수 없다.'[210]

---

209) Jung CG(1969) : *The Structure and Dynamic of the Psyche*. C. W. 8, p226.
210) Jung CG(1979) : *Aion*. C. W. 9(2), pp23-24.

'정신적인 발달의 목표는 자기실현 또는 개성화 과정이다. 그러나 인간은 자아를 자신으로 생각한다. 전체로서의 자기는 표현될 수 없고 신상神像으로부터 구별될 수 없으므로 자기실현은 종교적이나 형이상학적 용어로 표현한다면 신의 육화라 할 수 있다. 그것은 그리스도가 신의 아들이라는 데서 이미 표현되어 있다. 자기실현은 영웅적이며 자주 비극적인 과제이고 그것은 고통과 자아의 수난을 포함하기 때문에 경험적인 인간은 자신을 좀 더 큰 세계에 잃어버릴 운명에 처하고 자유의지의 환상을 잃게 된다. 그는 자기에 의하여 자신에게 가해지는 폭력으로 고통받는다. 그리스도의 유사한 수난은 세계의 불의와 인간의 어두움으로 인한 신의 고통을 뜻한다. 인간과 신성의 고통은 보상 작용에 의한 상보적인 관계를 갖는다. 그리스도의 상징을 통하여 인간은 그의 고통의 진정한 의미를 안다. 그는 그의 전체성을 실현하는 과정에 있다. 의식과 무의식의 통합을 통하여 그의 자아는 신성한 영역에 들어가게 되고 거기에서 신의 고통에 동참하게 된다.'[211]

융은 자기중심주의와 자아의 팽창을 주의해야 한다 하였으나 개성화는 자아의 자기로의 접근이지 자아의 소멸을 의미하지 않았다. 그는 자아 없는 의식이란 있을 수 없다고 하였다.[212] 의식과 무의식의 대화를 통하여 의식의 확장은 이루어질 수 있으나 무의식

---

211) Jung CG(1969) : *Psychology and Religion*. C. W. 11, p157.
212) Jung CG(1969) : *Psychology and Religion*. C. W. 11, p484.

은 끝이 없는 세계이므로 그 과정 역시 끝이 없는 것이라 하였다. 그러므로 인간은 자아의식 속에서 살아갈 수밖에 없는 것이다. 그러나 그는 정신치료의 목표는 인격의 변환이며 변환의 기준은 자아 집착성egohood의 소실이라[213]하여 자아의 소멸은 아니나 자아 집착성의 소실이 이루어져야 함을 말하였다.

유식의 수행 단계와 분석심리학의 개성화 과정은 의식의 확대와 자아 집착성의 소실이라는 측면에서 공통점을 가지고 있음에도 불구하고 궁극의 목표와 대상 세계에 대한 태도에서 차이를 보이고 있다. 유식불교는 완전한 의식성과 자아의식의 소멸을 통하여 주객의 분별 없는 새로운 의식 상태를 목표로 하는 반면, 분석심리학은 개성화 과정이란 전체성으로 다가가는 완성이 없는 끊임없는 과정이며 자아가 자기로 접근하나 자아의 소멸은 불가능하다고 생각한다. 그러므로 주객의 이분적 인식은 계속된다. 그럼에도 공통점을 중심으로 한 비교 작업은 가능하며 유용한 것으로 보이며 유사 연구로 십우도十牛圖에 대한 가와이Kawai[214]와 미유키Miyuki[215]의 비교 해석이 있다.

자량위는 깨달음에의 동기를 가지고 불교의 진리에 대한 신뢰를 바탕으로 경전이나 가르침을 통하여 많이 듣고 배우고 생각하는

---

213) Jung CG(1969) : 앞의 책, p554.
214) Kawai H(1996) : *Buddhism and the Art of Psychotherapy*, Texas A&M University Press, pp36-87.
215) Miyuki M(1982), "Self-Realization in the Ten Oxherding Picture", *Quadrant spring*, pp25-46.

지적 이해의 단계다. 분석심리학을 이론적으로 공부하고 지식적으로 이해하는 단계라 할 수 있다.

가행위부터 실제 수행이 시작된다. 수행은 체험의 세계이고 심리적 변화의 시작이다. 난위와 정위는 인식 대상의 비실재를 깨달아 나가는 것으로 심리학적으로 투사를 거두어 자신의 내면과의 관계를 회복하는 단계라 할 수 있다. 자아의식은 대상으로 향해 있고 대상에 대한 분별에 많은 정신적 에너지가 소모되고 있다. 자아와 자기의 관계 회복을 위하여 외부 대상으로 향하는 정신적 에너지를 내면으로 수렴할 필요가 있다. 난위와 정위에서의 관찰은 대상 인식에 대한 관찰로 명칭 등의 네 가지 특성이 자기의 마음이 투사된 것임을 관찰함으로써 투사를 통하여 외부의 대상과의 관계를 주로 유지하던 자아의식이 내면의 자기와 관계를 회복할 수 있는 기반을 마련한다. 난위에서 '난煖'은 비추고 덥히는 불이라는 의미로 빛으로의 의식성과 정신적 에너지의 측면을 잘 드러내고 있다. 분석심리학의 수련에서 꿈의 자기분석에서 객관 단계의 해석을 통하여 외부 대상의 인식에 그림자 투사 등 많은 왜곡이 있다는 것을 알고 대상 인식에서 투사가 줄고 자아가 적절하고 객관적인 반응을 하게 되는 과정과 비교해 볼 수 있다.

인위와 세제일법의 단계는 난위와 정위를 거쳐 외부 대상으로의 투사를 멈춘 정신적 에너지가 내면으로 향하여 인식주관도 허망함을 관찰하여 자아의 소멸이 이루어지는 단계다. 자아의 소멸 후에도 의식의 유지를 위하여 무간정의 의식 상태가 요구된다. 자아의 소멸은 분석심리학적으로는 자아 집착성의 소멸을 뜻하며 꿈의 자기 분석에서 주관 단계의 해석을 통하여 모든 것이 무의식의 내용이 발현되고 투사된 것이고 나의 삶은 무의식의 힘에 의해 인도되어 가며 자아도 삶의 과정에 필요한 심리적 장치라는 이해가 생기며 그 모든 과정의 중심에는 자기가 작용한다는 통찰이 생기게 된다. 의식이 사용하는 이분적인 분별도 이해를 위해서 만들어진 정신적 도구이지 실제적인 것이 아니며 나와 대상이라는 이분법도 가설적인 나눔이라는 것을 알게 되면 자아의 자아 집착성이 줄어들게 된다.

통달위는 앞 단계들을 통하여 진여를 체득하여 지혜를 얻지만 얻은 바가 전혀 없는 단계로 역설적으로 표현될 수밖에 없는 단계다. 진여는 역설을 통해서 표현될 수밖에 없는 존재다. 그것은 하나이며 여럿이고 처음이며 끝이다. 분석심리학적으로 자아의 집착성이 주는 만큼 자기를 경험할 수 있고 역으로 자기를 경험하는 만큼 자아 집착성이 줄어들 것이다. 진여와 자기의 개념은 공통점을 생각할 때 세제일법에서 자아 집착성의 소실이 경험됨으로써 통달위에서 자기를 경험하게 된다고 이야기할 수 있다. 이것이 견도다. 통달위가 되면 제6식은 묘관찰지로 마나스식은 평등성지로 작용하게 된다 한다.

수습위는 견도에 의한 올바른 지혜를 삶 속에서 거듭 경험함으로써 번뇌와 어리석음에서 벗어나 열반과 보리로 향해 가는 과정이다. 수습위는 몸에 스며든 오래된 나쁜 버릇을 고쳐 나가는 기간이다. 전체 수행의 3분의 1은 수습위가 될 만큼 중요하다. 분석심리학적으로 자기로 향한 변환이 거듭 일어나는 과정이다.

구경위는 앞의 과정을 통하여 새로운 부처라는 존재가 탄생함을 말한다. 구경위에 도달하면 전5식도 제8식도 변하여 전5식은 성소작지로 아라야식은 대원경지가 된다. 통달위에서 시작된 제6식과 마나스식의 변화도 구경위에서 완수된다. 식은 지로 변하는 전식득지轉識得智가 이루어진다. 분석심리학적으로 새로운 정신적 태도, 즉 전체 정신에 입각한 태도가 나타남을 말한다.

분석심리학적으로 요약하면 다음과 같다.

자아의식의 일방적 태도로 생긴 그림자를 포함한 정신 내면의 대극을 외부에 투사하며 살다가 투사를 멈추고 자신의 내면에서 대극의 긴장을 받아들이고 경험하는 것이 대극 합일의 경험의 토대이며, 대극 합일의 경험은 자아 집착성의 해소를 유도한다. 투사를 거두어들이고 보면 나와 남, 옳고 그름, 있고 없음, 좋고 싫음이라는 것이 다 자아가 만들어 낸 허망한 분별이라는 것을 깨닫게 된다. 모두 평등한 생명이며 자아가 자기중심적으로 옳고 그름과 좋고 싫음을 나누고 있고 그것은 상대적인 관점이며 있고 없음도 서로에게 기대어 생기는 상대적인 분별임을 알게 된다. 여기까지를 가행위까지의 과정과 비교해 볼 수 있을 것이다.

대극 합일의 경험은 자아 집착성을 해소시키며 전체 정신인 자기의 작용을 경험하게 한다. 이것이 통달위에 해당할 것이다.

이 과정이 반복되어 이루어짐으로써 정신활동의 중심이 자아에서 자기로 옮겨 가는데, 융은 개성화 과정은 나선형과 같이 반복된다 하였다. 이것이 수습위에 해당한다고 생각된다.

마지막으로 앞 과정의 완성은 부처라는 전체 정신인 자기를 온전히 실현하는 인간을 탄생시킨다. 이것이 구경위에 해당할 것이다.

결 론

지금까지 《유식삼십송》의 이해를 바탕으로 분석심리학의 개념과의 비교를 통하여 두 사상에 대한 이해를 심화시키고자 하였다. 많은 부분의 공통점과 약간의 차이점이 논의되었는데, 결론에서는 공통점을 간략히 요약한 후 차이점에 대하여 상술하고자 한다.

《유식삼십송》과 분석심리학의 공통점

《유식삼십송》과 분석심리학은 정신 구조에 대한 이해에서 많은 공통점을 보인다. 제8식 또는 일체종자식은 분석심리학의 무의식 개념과 매우 유사하다.

종자와 원형과 콤플렉스와의 비교를 통하여 볼 때 본유종자는 원형적 콤플렉스와 신훈종자는 개인적 콤플렉스와 비슷하다. 종자의 작용 양상과 원형의 작용 양상도 유사하여 앞 개념 비교의 일치성을 지지하고 있다. 비교 결과 제8식은 개인적 무의식과 집단적 무의식을 포함한 무의식에 해당한다. 신훈종자는 개인적 무의식의 콤플렉스, 경우에 따라서는 의식을 구성하는 콤플렉스와도 대비된다.

두 사상이 모두 정신과 물질의 근원이 동일하다는 통찰에 이르렀고, 융에게 물심 일원론적 통찰의 계기가 된 동시성 사건은 불교의 연기사상과 공통점을 갖는다.

마나스식은 자아의 개념과 발생, 무의식과의 관계에서 분석심리학의 자아와 비슷하지만 유식에서는 자아의 일방성과 집착, 즉 자아 집착성을 통하여 자아의 부정적 측면을 강조하는 것으로 보인다. 분석심리학은 자아가 의식 발달의 중심이고 자아의식의 발달은 인격 발달에서 중요한 과제이고 자아의식의 이분법적 분별에 따른 일방성이 고통의 근원임을 인식하였지만 자아 의식의 발달을 통하여 자아 초월도 가능함을 이야기하고 있다.

유식의 전6식과 의식은 개념에 있어서 마나스식에 의지하는 식작용으로 8식 구조의 관점에서 이해하여야 하고 분석심리학의 의식은 무의식과 대극이 되는 개념으로 이해하여야 한다. 의식이라는 단어는 같으나 개념 차이가 있으므로 다른 단어로 생각해야 한다. 다만 의식은 자아를 의지하여 작용하게 된다는 중요한 공통점이 발견된다.

'일체유식'과 '정신적 실재psychic reality'라는 입장은 인간의 모든 경험은 정신적일 수밖에 없다는 측면에서는 동일하나 '일체유식'이란 외부 대상의 실재를 부정한 것으로 이해된다. '정신적 실재'는 정신현상에 대한 심리학적 관찰의 전제로 분석심리학의 토대다. 유식의 내용을 숙고하면 대상을 부정했다기보다는 나와 대상이라는 대극적 이해가 허구의 이분법적인 정신적인 구성이라는 것이다. 분석심리학의 정신적 실재도 정신적 경험이 실제적인 것이며 대상에 대한 직접적인 경험은 불가능하므로 정신적 경험을 관찰의 대상으로 한다는 의미다.

정신현상이 어떻게 생기며 유지되는가에 대한 이해는 유식과 분석심리학 모두 인간의 정신활동을 내성적 방법으로 관찰하여 형성된 사상이므로 공통되는 내용이 많이 발견되었다.

삼성과 삼무성과는 상징적 이해와 자기원형이 비교 논의되었다. 이는 서로의 의미를 확충하는 데 의미가 있었고 의타기와 상징의 비교에서 이해하는 태도에 공통점이 있었고 원성실성과 자기의 개념에서도 많은 공통점이 있었다.

수행 단계와 개성화 과정의 비교에서는 목표에는 공통점도 많으나 차이점도 많은 것으로 드러났다.

유식불교와 분석심리학은 정신현상을 내성의 관찰을 통하여 이해하였다는 공통의 방법을 가지고 있기 때문에 정신 구조에 대하여서 많은 부분에서 일치하는 이해에 이르렀다. 그러나 종교와 과학이라는 다른 출발점과 가치관으로 인한 차이점이 많이 노출되었다.

《유식삼십송》과 분석심리학의 차이점

첫째, 불교는 삶 자체를 고통으로 인식하고 모든 고통에서의 해탈을 추구하는 한편, 융은 정신과 의사로서 환자의 치료를 목적으로 하였다. 융은 '결국 모든 고통을 없애는 치료는 거의 불가능하다. 인간에게 어느 정도의 고통은 건강을 위하여 필요하다. 그것이 너무 과도할 때 문제가 된다.'고 하여[1] 고통을 보는 관점에서 불교와 차이를 보이고 있다. 또한 고통의 원인을 제거하는 작업뿐 아니라 고통의 의미를 통찰하는 자세를 중요시하였다.

둘째, 유식에서는 아라야식, 마나스식, 의식들이 없어져야 할 망식이나 융은 의식과 무의식의 긍정적인 면과 부정적인 면을 균형 있게 논의하였고 의식과 무의식의 상호 관계를 중시하였다.

융은 '방향성은 의식의 작용에 반드시 필요한 것이지만 그 결과 일방성을 가지게 된다. 정신은 신체와 같이 자율적 조절 기능을 가진 체계이기 때문에 무의식으로부터 균형을 위한 반작용이 생기게 된다.[2] 역사상 모든 위대한 생각은 원형에서 나왔다. 종교뿐만 아니라 과학, 철학, 윤리 등도 예외가 아니다. 그들의 현재의 형태는 원형적 사고의 변형이며 의식이 이들을 현실 세계에 적용한 결과다. 감각기관을 통하여 외부의 세계를 인식하고 동화하는 것 외에 내면의 세계를 가시적 현실로 옮기는 것도 의식의 기능이다.[3] 무의식 상태에서의 기이함은 의식에서의 콤플렉스의 작용 방식과 대조를 이룬다. 의식에서는 자율적인 특성을 잃고 변하게 된다. 그들은 신화적 모습을 벗고 의식에서의 적응을 시작하여 대화가 가능할 만큼 인격화되고 합리적으로 바뀌게 된다.'[4] 하여 무의식의 의식에 대한 조절작용과 원형의 창조성을 중시하였고 이러한 무의식의 긍정

---

1) Jung CG(1969) : *The Structure and Dynamic of the Psyche*. C. W. 8, p73.
2) Jung CG(1969) : 앞의 책, p79.
3) Jung CG(1969) : 앞의 책, p158.
4) Jung CG(1969) : 앞의 책, p186.

적 작용은 의식을 통해서만 실현 가능함을 말하였다.

또한 '해결은 의식과 무의식의 분리가 제거됨으로 가능하다. 의식이 무의식의 보상적 내용을 중시하여 받아들여야 한다. 의식과 무의식의 경향은 초월적 기능을 만들어 내는 두 가지 요소다.'[5]라 하여 무의식의 보상적 기능을 중시하였고 무의식을 치료적 지혜의 원천으로 여겼으며 의식의 무의식에 귀를 기울이는 태도를 강조하였다.

유식불교에서는 대상에 대한 분별작용이 멈추고 마나스식의 아치我癡인 무명이 소멸된 후에도 번뇌장과 소지장이 완전히 사라져야 보리와 열반이 드러난다는 입장으로, 무루종자에 대한 언급이 있음에도 불구하고 의식과 무의식에 이미 내재되어 드러나고 있는 긍정적인 기능에 대한 인식이 상대적으로 부족하다.

셋째, 유식불교는 완전한 의식성의 유지와 자아 없는 의식이 가능하며 해탈은 완전한 상태라는 입장이나 융은 완전한 의식성을 유지한다는 것은 거의 불가능하고 의식은 자아와의 관계를 가지는 한에서 의식이라 생각하였으며 해탈의 경험을 무의식으로의 침잠에 따른 전체성의 경험으로 이해하였다.

이에 관계되는 융의 생각은 다음과 같다. "의식은 상대적이다. 의식에는 의식성과 의식의 강도가 포함된다. 내가 이것을 한다와 내가 이것을 하는 것을 의식한다는 다르다. 무의식이 지배적인 의

---

5) Jung CG(1969) : 앞의 책, p73.

식도 있고 의식을 의식하는 의식이 지배적인 의식도 있다. 이 역설은 완전히 모든 것을 의식하는 의식의 내용은 없다는 사실을 통하여 이해할 수 있다. 왜냐하면 이를 위해서는 상상할 수 없는 전체적 의식성을 필요로 하며 이는 마찬가지로 상상할 수 없는 인간 마음의 전체성과 완전성을 전제로 하기 때문이다.[6] 의식은 항상 어느 정도의 집중이 필요하다. 이것 없이는 정신적 내용물의 명확성과 어떠한 것에 대한 의식도 없다. 집중 없는 명상이란 깨어 있지만 비어 있는 상태로 잠들려는 경계에 있다.[7] 나는 의식을 초월한 정신 상태의 존재를 의심하지 않는다. 그러나 그들은 그들이 의식을 초월하는 만큼 그들의 의식성을 잃게 된다. 나는 자아와 관계를 가지지 않은 의식 상태를 상상할 수 없다.[8] 해탈의 경험은 내향적 태도로 외부의 관심을 거두어 내면 세계에 집중하여 무의식의 고태적이고 무시간적이며 무한하고 하나인 전체성의 경험에서 기인할 것이며 하나인 느낌은 의식이 약해짐에 따라 심리적 내용의 분별이 흐려져서 올 것이다."[9]라고 하였다.

그는 유식불교에서 말하는 무간정에 의한 완전한 의식성의 유지와 그에 따라 가능해지는 자아의식 소실의 실현 가능성에 대해 부정하고 있는 것으로 보인다. 그는 전체적 의식성은 상상할 수 없다

6) Jung CG(1969) : 앞의 책, pp187-188.
7) Jung CG(1969) : *Psychology and Religion.* C. W. 11, p507.
8) Jung CG(1969) : 앞의 책, p484.
9) Jung CG(1969) : 앞의 책, p491.

는 전제에서 실현 가능성을 부정하고 있다. 이 부분의 논의를 위해서는 동양의 명상 수련에 대한 좀 더 깊은 이해와 경험이 선행되어야 할 것이다.

넷째, 두 사상의 차이는 종교와 과학의 차이로, 융도 이미 인식하고 있었다.

융은 "종교적인 관점에서 볼 때 상像이 생기는 근원을 강조하나 과학적인 심리학은 상을 중시한다. 그것만이 이해 가능한 것이기 때문이다. 종교적인 관점에서는 상을 근원의 작용으로 이해하나 과학적인 관점에서는 상을 미지의 이해할 수 없는 내용의 상징으로 이해한다."[10]라고 하였다. 그의 견해와 같이 유식불교는 정신작용의 원리와 성격에 대하여 주로 언급하였다면 분석심리학에서는 개별적 상의 탐구를 통하여 현상의 의미와 근원을 밝히고자 한다.

과학은 관찰 주체와 관찰 대상이 존재해야 한다. 융은 정신현상에 대한 상징적인 이해를 통하여 자기라고 명명한 전체 정신에 대한 통찰에 이르렀다. 이러한 통찰을 통하여 자아 집착성의 소실이 유도되고 의식의 확대가 이루어지나 주관과 객관의 이분적 인식 구도를 벗어날 수는 없다. 이분적 인식 구도를 벗어나는 순간 과학이기를 그만두는 것이다. 과학은 분별이며 유식불교는 분별에서 벗어나는 것을 목표로 한다. 이러한 기본 입장의 차이에서 두 사상

---

10) Jung CG(1967) : *Introduction to the Religious and Psychological Problems of Alchemy*. C. W. 12, p17.

을 비교하여 우열을 가늠하는 것은 의미가 없어 보인다. 유식불교
는 철저한 관찰과 분석을 통하여 이분법적인 분별을 초월하였다.

　다섯째, 두 사상의 차이는 동서양의 문화 전통의 차이를 통해
이해할 수도 있다. 융은 동서양의 태도의 비교를 통하여 동양은 의
식의 세계를 소홀히 하였고 서양은 '일심'의 세계를 소홀히 함으로
써 양측 다 세상의 반을 잃었다고 하였다. 그는 서양은 삶의 아름
다움과 보편성을 외면하였고, 동양은 정신의 근원으로의 회귀를 통
하여 지혜와 평화와 초연함과 조용함은 있지만 존재의 기쁨과 슬
픔을 외면하였다 하였다. 이것 역시 의식의 일방성의 결과이고 다
양성의 원천이나 두 측면을 다 이해하는 것도 나쁘지 않을 것이라
하였고 자신의 입장을 동서양의 일방성을 통합하는 입장으로 생각
하였다. [11] 유식불교는 의식성은 중시하였으나 의식 세계의 다양성
은 오히려 고통의 원인이었다. 동양의 내향적·회귀적 태도는 유식
불교에도 해당된다. 융의 통합적 태도는 문화적 차이에도 불구하
고 동서양이 만날 수 있는 정신적 공간을 마련해 주고 있다.

　《유식삼십송》과 분석심리학은 시대적·공간적·문화적으로 서
로 다른 여건 속에서도 정신현상의 관찰을 통하여 인간의 정신 구
조와 기능에 대하여 놀라울 정도로 유사한 이해에 이르렀으나 종
교와 과학이라는 기본 전제의 차이, 동양과 서양이라는 문화의 차
이로 인한 차이점을 드러내고 있다. 그러나 이러한 차이점은 상호

---

11) Jung CG(1969) : *Psychology and Religion*. C. W. 11, p493.

배타적으로 작용하기보다 상호 보완적인 다양한 관점과 해석의 가능성을 보여 줌으로써 인간 정신에 대한 이해를 넓힐 수 있는 유용한 확충의 자료로 생각된다.

이 연구를 통하여 유식불교의 사상을 분석심리학적으로 재해석하고 분석심리학과 비교함으로써 유식불교를 분석심리학적으로 이해할 수 있게 되었고, 분석심리학에 유식불교의 분석적이며 개념적인 세계를 보완함으로써 상호 간에 비판적 · 보완적인 관계에 이르게 되었다.

참고문헌

1) 佛敎 經典

成唯識論 : 護法等 菩薩 造. 玄奘譯. 大正新脩大藏經(大正藏經) 31권

瑜伽師地論 : 彌勒菩薩 說. 玄奘譯. 大正藏經 30권.

唯識三十論頌 : 世親菩薩 造. 玄奘譯. 大正藏經 31권

入愣伽經 : 보리유지 역. 大正藏經 16권

解深密經 : 玄奘譯 大正藏經 16권.

中阿含經 : 瞿曇僧伽提婆 譯 大正藏經 1권.

김재근 역(1983) :《大乘入愣伽經》, 명문당, 서울.

김묘주 역(1995) : 成唯識論 外,《한글대장경》, 동국역경원, 서울.

이운허 역(1976) : 瑜伽師地論.《한글대장경》, 128~131권, 동국역경원, 서울.

이운허 역(1973) : 解深密經,《한글대장경》 12권, 동국역경원, 서울.

Wei Tat(1973) : Cheng Wei-Shin Lun(成唯識論)-The Doctrine of
     Mere-Consciousness. Hong Kong, The Cheng Wei-Shin Lun
     Publication Committee.

2) 단행본

김동화(1973) :《唯識哲學》, 보련각, 서울.

불교학 대사전(1994) : 홍법원, 서울.

오형근(1983) :《唯識思想硏究》, 불교사상사, 서울.

오형근(1993) :《唯識과 心識思想硏究》, 유가사상사, 서울.

이동식(1974) :《한국인의 主體性과 道》, 일지사, 서울, pp175-184.

이부영(1979) :《分析心理學-C.G. Jung의 인간 심성론》, 일조각, 서울.

이부영 編(1995) :《의학개론》, 서울대학교 출판부, 서울.

이중표(1991) :《아함의 중도체계》, 불광출판사, 서울.

정승석 編(1991) :《佛典解說事典》, 민족사, 서울.

다케무라 마키오(1995) :《유식의 구조》, 정승석 옮김, 민족사, 서울.

쓰까모도 게이쇼 외 2인(1990) :《불교의 역사와 기본사상》, 박태원, 이영근
　　　　역, 대원정사, 서울.

高崎直道 외 8인(1993) :《唯識思想》, 이만 역, 경서원, 서울.

方倫(1993) :《唯識學 講義》, 김철수 역, 불광출판사, 서울

服部正明(1993) :《認識과 超越》, 이만 역, 민족사, 서울.

梶川乾堂(1994) :《俱舍論大綱》, 전명성 譯, 불광출판사, 서울.

三枝充悳(1993) :《세친의 삶과 사상》, 송인숙 역, 불교시대사, 서울.

中村 :《佛敎語 辭典》.

太田久紀(1992) :《불교의 심층심리》, 정병조 역, 현음사, 서울.

平川 彰(1994) :《인도불교의 역사》 상권, 하권, 이호근 역, 민족사, 서울.

橫山紘一(1989) :《唯識哲學》, 묘주 역, 경서원, 서울.

Anacker S(1984) : *Seven Works of Vasubandhu,* Delhi, Motilal Banarsidass.

Ellenberger HF(1970) : *The Discovery of the Unconscious,* New York, Basic
　　　　Books INC Publishers

Jaffe A(1990) :《C. G. 융의 회상, 꿈 그리고 사상》, 이부영 역, 집문당, 서울.

Jung CG 編(1983) :《人間과 無意識의 象徵》, 이부영 외 공역, 집문당, 서울.

Kawai H(1996) : *Buddhism and the Art of Psychotherapy,* Texas A&M
　　　　University Press.

Watts AW(1961) : *Psychotherapy East and West,* New York. Pantheon
　　　　Book.

3) 논문

김사업(1989) : "第七 末那識의 成立과 그 體性 연구", (석사논문) 동국대학

교 대학원.

김성관(1983) : "物心관계에 대한 불교유식학과 분석심리학의 견해 비교",
《한국종교》, 제8집 : pp93-121.

김성관(1986) : "心性說에 관한 연구-원불교 사상과 융사상의 비교고찰을
중심으로-", (박사논문) 원광대학교 대학원.

김용정(1987a) : "陽子場 이론과 불교의 中道의 論理. 불교와 제과학", (동국
대학교 개교 80주년 기념논총), pp97-118.

김용정(1987b) : "生命科學과 佛敎". 불교학보 24집 : pp385-406.

김종욱(1990) : "용수와 칸트에 있어서 자유의 문제",《불교사상과 서양철
학》, 민족사 부록 I, pp278-314.

문홍세(1977) : "불교와 정신치료",《신경정신의학》, 16 : pp1-7.

신옥희(1983) : "서구의 정신요법과 대승불교-L.Binswanger의 現存在분석과
大乘佛敎의 覺 思想, 학생생활연구(이화여대), pp1-45.

윤호균(1970) : "Buddhism and Counselling",《한국심리학회지》1(3) :
pp103-115.

이 만(1975) : "유식학상의 種子說에 관한 연구", (석사논문) 동국대학교 대
학원.

이 만(1981) : "제팔아뢰야 식과 無意識에 관한 비교-C.G. Jung의 無意識
觀을 중심으로-",《한국불교학》제6집 : pp103-119.

이부영(1984) : "元曉의 神話와 眞實-분석심리학적 시론을 위하여",《불교
연구》3, 한국불교연구원, pp97-115.

이부영(1986) : "佛敎와 分析心理學-自己實現을 중심으로-".《불교와 諸 科
學》(동국대학교 개교 80주년 기념 논총) : pp261-286.

이부영(1991) : "C. G. Jung의 同時性論",《신경정신의학》, 30 : pp797-804.

이부영(1994) : "'一心'의 分析心理學的 照明 -元曉 大乘起信論 疏,別記를
中心으로-", 구연 논문.

이죽내(1979) : "公案의 분석심리학적 小考",《신경정신의학》18 : pp171-
178.

이죽내(1981) : "禪과 분석심리학적 정신치료에 있어서 基本前提와 態度의 대비", 《道와 人間科學》, 삼일당, 서울, pp67-77.

이죽내(1982) : "불교유식학과 분석심리학에 있어서 정신 개념의 一對比"(1), 《경북의대잡지》, 23 : pp178-183.

이죽내(1983) : "禪佛敎와 分析心理學에 있어서 정신의 全體性", 《신경정신의학》, 22 : pp212-217.

이죽내(1991) : "분석심리학에 있어서 象徵의 의미", 《신경정신의학》, 30 : pp805-814.

이죽내(1993) : "元曉가 본 止觀에 대한 分析心理學的 考察", 《心性研究》, 8 : pp11-27.

이죽내, 김현준(1994) : "元曉가 본 아뢰야 식의 분석심리학적 고찰", 《신경정신의학》, 33 : pp342-351.

이지수(1983) : "世親의 二十頌, 三十頌, 三性論의 梵韓 對譯", 《불교연구》, 2 : pp147-170.

정영근(1994) : "圓測의 唯識哲學-新.舊 唯識의 批判的 綜合-", (박사논문) 서울대학교 대학원.

최훈동, 이부영(1986) : "佛敎의 唯識思想과 分析心理治療 理論의 比較試論", 《신경정신의학》, 25 : pp101-113.

한기수(1965) : "불교철학, 실존철학, 정신분석학에 대한 비교 검토", 《명주 완 박사 환력기념 논문집》, 제1집 : pp107-127.

황욱(1990) : "현대 분석심리학과 유식학의 識觀 비교연구", (석사논문) 동국 대학교 대학원.

Bowman RL, & Baylen D(1994) : "Buddhism as a second-order change psychotherapy", *International Journal for the Advancement of Counselling,* 17(2) : pp101-108.

Coward H(1979) : "Mysticism in the Analytical Psychology of Carl Jung and the Yoga psychology of Patanjali", *Philosophy East and West,* 29 : pp323-336.

Drake D(1966) : "The Logic of the One-Mind Doctrine", *Philosophy East and West*, 16 : pp207-219.

De Martino RJ(1991) : Karen Horney, Daisetz T. Suzuki, and Zen Buddhism. *Amer J Psychoanalysis*, 51(3) : pp267-283.

Epstein M(1995) : "Thoughts without a thinker : Buddhism and Psychoanalysis", *Psychoanalytic review*, 82(4) : pp391-406.

Frey-Rohn L(1990) : *From Freud to Jung*, Boston, Shambhala.

Fromm E, Suzki, De Martino(1960) : *Zen Buddhism and Psychoanalysis*, New York, Harper & Row.

Haartman K(1994) : "Beyond the nirvana principle : Buddhist themes in the Psychoanalytic Writings of M.D. Faber and Jacques Lacan", *Melanie Klein and Object relation*, 12(2) : pp41-63.

Hillman J(1992) : "An Introductory Note : C.G.Carus-C.G.Jung", *Carl Gustav Jung* (Critical Assessment) vol. 1 London and New York, Routledge, pp93-99.

Inada KK(1959) : "Vijnanavada and Whitehedian Philosophy", 《印度學佛教學研究》, 7 : pp83-96.

Kondo A(1958) : "Zen in Psychotherapy : The virtue of Sitting", *Chicago Rev.*, 12(2) : pp57-64.

Larrabee MJ(1981) : "The one and many : Yogacara Buddhism and Husserl", *Philosophy East and West*, 31(1) : pp3-15.

Leone G(1995) : "Zen meditation : A Psychoanalytic Conceptualization", *Journal of Transpersonal Psychology*, 27(1) : pp87-94.

Loy D(1922) : "Avoiding the void : The lack of self in Psychotherapy and Buddhism", *Journal of Transpersonal Psychology*, 24(2) : pp151-179.

Lusthaus D(1989) : A Philosophic Investigation of The "Ch'eng Wei-Shin Lun" : Vasubandhu, Hsuan-tsang and the Transmission of Vijnapti-matra from India to China. Ph. D. dissertation. Temple

University.

Miyuki M(1980) : "A Jungian approach to the Pure Land practice of Nien-Fo.", *J Analy Psycho*, 25 : pp265-274.

Miyuki M(1982) : "Self-realization in the Ten Oxherding pictures", *Quadrant Spring* : pp25-46.

Osaki A(1978) : "What is meant by destroying the Alayavijnana?", 《印度學佛教學研究》, 26(2) : pp15-20.

Osaki A(1986) : "Jung's collective unconsciousness and the Alayavijnana", 《印度學佛教學研究》, 35(1) : pp46-51.

Papadopoulos RK(1992) : "The structure and dynamics of the psyche", *C.G. Jung-Critical Assessments* Vol 2. Routledge, London and New York.

Sato K(1958) : "Psychotherapeutic implications of Zen", *Psychologia*, pp213-218.

Shaw M(1987) : "William James and Yogacara philosophy : A comparative inquiry", *Philosophy East and West*, 37(3) : pp223-244.

Suler J(1995) : "In search of the self : Zen Buddhism and Psychoanalysis", *Psychoanalytic Review*, 82(4) : pp407-426.

Tro RP(1993) : "Karen Horney, Psychoanalysis and Morita Therapy", *International Bulletin of Morita Therapy*, 6(1-2) : pp30-46.

Ueda D(1959) : "Basic Doctrines of Buddhism and Modern Science", 《印度學佛教學研究》, 7 : pp54-61.

4) C. G. Jung Collective Works

Jung CG(1974) : *The Dual Mother*, C. W. 5 London, Routledge & Kegan Paul, pp306-393.

Jung CG(1971) : *The Type Problem in Poetry*, C. W. 6 London, Routledge & Kegan Paul, pp166-272.

Jung CG(1971) : *Definitions,* C. W. 6 London, Routledge & Kegan Paul, pp408-486.

Jung CG(1977) : *The Personal and the Collective Unconscious,* C. W. 7 London, Routledge & Kegan Paul, pp63-78.

Jung CG(1977) : *The Relations between the Ego and the Unconscious,* C. W. 7 London, Routledge & Kegan Paul, pp121-240.

Jung CG(1969) : *On Psychic Energy,* C. W. 8 London, Routledge & Kegan Paul, pp3-66.

Jung CG(1969) : *The Transcendent Function,* C. W. 8 London, Routledge & Kegan Paul, pp67-91.

Jung CG(1969) : *Instinct and the Unconscious,* C. W. 8 London, Routledge & Kegan Paul, pp129-138.

Jung CG(1969) : *The Structure of the Psyche,* C. W. 8 London, Routledge & Kegan Paul, pp139-158.

Jung CG(1969) : *On the Nature of the Psyche,* C. W. 8 London, Routledge & Kegan Paul, pp159-236.

Jung CG(1969) : *General Aspects of Dream Psychology,* C. W. 8 London, Routledge & Kegan Paul, pp237-280.

Jung CG(1969) : *Spirit and Life,* C. W. 8 London, Routledge & Kegan Paul, pp319-337.

Jung CG(1969) : *Basic Postulates of Analytical Psychology,* C. W. 8 London, Routledge & Kegan Paul, pp338-357.

Jung CG(1969) : *The Real and the Surreal,* C. W. 8 London, Routledge & Kegan Paul, pp382-386.

Jung CG(1969) : *The Stage of Life,* C. W. 8 London, Routledge & Kegan Paul, pp389-403.

Jung CG(1969) : *Synchronicity : An Acausal Connecting Principle,* C. W. 8 London, Routledge & Kegan Paul, pp417-519.

Jung CG(1969) : *Concerning Rebirth*, C. W. 9(1) London, Routledge & Kegan Paul, pp113-150.

Jung CG(1969) : *The Psychology of Child Archetype*, C. W. 9(1) London, Routledge & Kegan Paul, pp151-181.

Jung CG(1969) : *Conscious, Unconscious and Individuation*, C. W. 9(1) London, Routledge & Kegan Paul, pp275-289.

Jung CG(1969) : *A Study in the Process of Individuation*, C. W. 9(1) London, Routledge & Kegan Paul, pp290-354.

Jung CG(1969) : *Concerning Mandala Symbolism*, C. W. 9(1) London, Routledge & Kegan Paul, pp355-384.

Jung CG(1969) : *The Ego*, C. W. 9(2) London, Routledge & Kegan Paul, pp4-7.

Jung CG(1969) : *The Self*, C. W. 9(2) London, Routledge & Kegan Paul, pp23-35.

Jung CG(1969) : *Christ, a Symbol of Self*, C. W. 9(2) London, Routledge & Kegan Paul, pp36-71.

Jung CG(1969) : *The Structure and Dynamics of the Self*, C. W. 9(2) London, Routledge & Kegan Paul, pp222-265.

Jung CG(1969) : *Mind and Earth*, C. W. 10 London, Routledge & Kegan Paul, pp29-49.

Jung CG(1969) : *Psychology and Religion*, C. W. 11 London, Routledge & Kegan Paul, pp3-106.

Jung CG(1969) : *Yoga and the West*, C. W. 11 London, Routledge & Kegan Paul, pp529-587.

Jung CG(1969) : *A Psychological Approach to the Dogma of the Trinity*, C. W. 11 London, Routledge & Kegan Paul, pp107-200.

Jung CG(1969) : *Psychotherapists or the Clergy*, C. W. 11 London, Routledge & Kegan Paul, pp327-347.

Jung CG(1969) : *Psychological commentary on the Tibetan book of the Great Liberation*, C. W. 11 London, Routledge & Kegan Paul, pp475-508.

Jung CG(1969) : *Yoga and the West*, C. W. 11 London, Routledge & Kegan Paul, pp529-587.

Jung CG(1969) : *Foreword to Suzuki's Introduction to Zen Buddhism*, C. W. 11 London, Routledge & Kegan Paul, pp538-557.

Jung CG(1969) : *Psychology of Eastern meditation*, C. W. 11 London, Routledge & Kegan Pauls, pp558-575.

Jung CG(1969) : *Foreword to the I Ching*, C. W. 11 London, Routledge & Kegan Paul, pp598-608.

Jung CG(1967) : *Introduction to the Religious and Psychological Problems of Alchemy*, C. W. 12 London, Routledge & Kegan Paul, pp1-38.

Jung CG(1967) : *The Psychic Nature of Alchemical Work*, C. W. 12 London, Routledge & Kegan Paul, pp242-287.

Jung CG(1967) : *Commentary on The Secret of the Golden Flower*, C. W. 13 London, Routledge & Kegan Paul, pp1-56.

Jung CG(1967) : *The Natural Transformation Mystery*, C. W. 13 London, Routledge & Kegan Paul, pp157-172.

Jung CG(1974) : *Principle of Practical Psychotherapy*, C. W. 16 London, Routledge & Kegan Paul, pp3-20.

Jung CG(1974) : *Psychotherapy Today*, C. W. 16 London, Routledge & Kegan Paul, pp94-110.

Jung CG(1974) : *Psychology of the Transference*, C. W. 16 London, Routledge & Kegan Paul, pp163-320.

Jung CG(1974) : *The Development of Personality*, C. W. 17 London, Routledge & Kegan Paul, pp165-18.

Jung CG(1973) : *The Tavistock Lecture*, C. W. 18 London, Routledge & Kegan Paul, pp5-182.

Jung CG(1973) : *Psychology and Spiritualism*, C. W. 18 London, Routledge
& Kegan Paul, pp312-316.
Jung CG(1973) : *On the Discourses of the Buddha*. C. W. 18 London,
Routledge & Kegan Paul, pp697-699.

《육조단경》에 대한 분석심리학적 이해 : 識心見性 自成佛道를 중심으로

-이문성-

서 론

분석심리학에서 말하는 자기실현自己實現은 분석심리학 이론에 대한 지적인 이해만으로는 불가능하고 자신의 꿈이나 적극적 명상을 통하여 자신의 마음속에 존재하지만 자아를 초월하는 자기원형自己原型의 작용에 대한 직접적인 체험을 통하지 않고서는 이루어질 수 없다. 이와 마찬가지로 선불교에서도 불립문자不立文字 직지인심直指人心 견성성불見性成佛이라 하여 문자를 내세운 알음알이가 아닌 사람의 마음을 직접 가리켜 본성本性을 보아 부처가 되고자 한다. 마음에 대한 직접적인 체험을 강조하는 이러한 유사점으로 인하여 선불교를 분석심리학적으로 이해해 보고 싶었다.

《육조단경》은 중국 선종禪宗의 육조六祖라고 일컬어지는 혜능慧能이 조계산에서 문인들에게 설법한 것을 기록한 자서전적 경전이다. 이 경은 불교에 대한 중국적인 수용 형태를 대변해 주는 고전이며 불교가 중국화하는 과정에서 매우 큰 역할을 담당했음은 육조 혜능의 멸후 이백여 년 만에 이른바 오가칠종五家七宗의 선종이 중국을 풍미할 때, 거의 모든 후학이 혜능을 잇고 있다고 자부하고 있음에서 알 수 있다. [1)]

한국 불교에 대한 혜능의 영향력도 절대적이다. 고려시대 보조

국사 지눌이 혜능이 머물던 조계산曹溪山의 이름을 따서 조계산 송광사의 정혜결사를 도모하였으며, 그때 그가 후학을 지도하던 귀감이 된 것은 바로《육조단경》과《금강경》이었다. 그리고 고려 말의 선승禪僧 태고 보우太古 普愚, 나옹 혜근懶翁 惠勤 등이 중국에 유학하였다가 귀국한 후, 모두 육조 혜능의 후예 임제의 법손法孫임을 자부하였으며[2] 태고 보우가 전래한 임제종은 조선 선종의 주류가 되었다. 한국불교의 최대종단인 조계종의 이름도 태고 보우 국사가 구산선문을 통합하여 조계종이라 한 데서 연유된다.[3]

혜능慧能, 638~713은 중국 당나라 시절의 승려로서 그 당시 일반적으로 사람들이 경시한 남방의 소수민족 출신이었다. 혜능의 집안은 매우 가난하였으며, 부친은 일찍 죽어 노모老母와 서로 의지하여 살다가 뒷날 남해南海, 지금의 광동성 광주시廣東省 光州市로 가게 되었다. 혜능은 무일푼이어서 땔나무를 팔아서 생활하였다고 전해진다. 이러한 과장된 표현은 혜능의 조사선祖師禪[4]과 신수계의 여래선如來禪[5]을 구별하게 만들었으며, 또한 혜능이 평민으로서 종교의 영

1) 정병조 역해(1996) :《육조단경》, 한국불교연구원, 서울, p7.
2) 정병조 역해(1996) : 앞의 책, pp8-9.
3) 조계종 略史, 대한불교조계종 홈페이지, http://www.buddhism.or.kr.
4) 넓은 의미의 조사선은 혜능이 세운 선법을 가리키며 남악계와 청원계를 거치는 오가분등의 선법을 포괄한다. 좁은 의미의 조사선은 혜능 자신의 선법과 기본적인 혜능 선법의 풍격을 가진 선승들의 선법이다. 이러한 선승은 주로 하택신회와 대주혜해를 일컫는다. 오가분등의 선법을 분등선이라고 따로 나누기도 한다. 董群(2000) :《祖師禪》, 김진무 역, 운주사, pp21-22.
5) 여래선은 인도불교 중의 선법 및 중국에 전래된 불교가 선종을 창립하기 전의 선법, 특히 혜능남종 창립 이전의 선법을 포괄한다. 그러나 혜능의 남종선 창종 이후에도 선의 직지인심(直指人心)과 돈오무수(頓悟無修) 등의 종지를 엄격하게 준

수領袖가 될 수 있다는 기본 특징을 부각시키고 있다. 실제로 여래 선이 항상 귀족 계층에서 유행한 반면에 조사선은 늘 외진 곳의 일 반 민중 속에서 유행되었고, 특히 초기 단계에는 원시 기독교처럼 하층민의 종교였다. [6]

신수 등의 여래선은 점수적漸修的인 면에서 달마 이래의 선법을 발휘하였고, 혜능의 조사선은 돈오頓悟와 무수無修의 각도에서 선의 기본 정신을 세웠다. 신수 등이 선과 정치의 결합을 일으킬 때, 혜 능은 오히려 선과 보통 사람들의 생활을 결합시키고, 신수가 진심 眞心에 대해 형식상의 토론을 하고 있을 때, 혜능은 열정적으로 중 생의 구체적인 염심染心에 관심을 보였다. 또한 신수가 이념離念해탈 을 추구할 때, 혜능은 진염塵染을 떠나지 않고 직지인심直指人心으로 해탈할 것을 선양했으며, 신수가 일반적으로 내적인 선지식善知識을 담론할 때, 혜능은 자증자오自證自悟를 거듭 강조하였다. [7] 이후 혜 능의 제자인 신회가 혜능의 정통성을 추진하자 남방에서 유행하였 던 혜능의 남종南宗과 북방에서 유행하였던 신수의 북종北宗과의 대 립이 심화되었지만 결국 혜능의 남종이 종파를 통일하여 전국적으

수하지 않았던 일련의 선사들이 있었는데, 이들도 여래선 계통에 속한다고 볼 수 있다. 능가경에 나열된 사종선 가운데 앞의 세 가지 선은 자연히 여래선이고, 그 최고 선법, 즉 네 번째의 '여래선'은 조사선과 확실히 대립되는 의의로서의 여래 선이다. 이 여래선은 경전상의 선일 뿐 아니라 경교(經敎) 내의 선으로서 여래지 (如來地)에 오입(悟入)함을 목표로 하여, 여래지를 초월하는 것은 아니다. 董群 (2000), 앞의 책, p20.

6) 董群(2000) : 《祖師禪》, 김진무 역, 운주사, pp110-112.
7) 董群(2000) : 앞의 책, p109.

로 넓게 퍼졌으며,[8] 만당晚唐, 송宋, 원元 불교에서는 조사선을 선학의 최고 단계로 보고, 선종의 가장 높은 단계로 삼았다.[9]

이렇게 중국과 한국 선불교에 큰 영향을 미친 혜능의《육조단경六祖壇經》을 분석심리학적으로 이해해 보려고 하는 것이 이 글의 목적이다. 그러나《육조단경》을 필자가 가지고 있는 분석심리학적인 관점에서만 이해한다면 그것은《육조단경》에 대한 진정한 이해가 될 수 없을 것이다. 왜냐하면《육조단경》의 참뜻은 그것에 나타나 있는 문자를 통해서가 아니고 자신의 마음을 통해서 깨달을 수 있는 것이기 때문이다.[10] 그러므로 가능한 한 분석심리학적 관점을 떠나서 아무런 선입견 없는 상태에서 실시된 선불교 특유의 참선수행을 통해서《육조단경》을 이해할 필요가 있다. 이런 과정을 통해서 필자가《육조단경》에 대하여 이해한 바를 분석심리학적 관점과 비교하여 이해할 때 비로소《육조단경》에 대한 이해가 비교적 적절한 것이 될 것이며, 역으로 필자의 분석심리학적 시야를 넓히게 되고 궁극적으로 자기실현에도 도움이 될 것이다. 앞으로 서술할《육조단경》에 대한 이해는 필자의 분석 수련과 참선수행 경험의 폭과 깊이에 좌우될 수밖에 없는 한계가 있음을 밝히고 이 글을 시작

---

8) 董群(2000) : 앞의 책, p23.
9) 董群(2000) : 앞의 책, p13.
10) 선불교의 이러한 특징은 혜능의 다음과 같은 말에서도 잘 나타나 있다. "금강경, 이 한 권의 경이 중생의 자성 속에 본래 있으니, 스스로 보지 못하는 이는 다만 문자만 독송할 것이요, 만약 본래 마음을 깨치면 이 경이 문자 속에 있지 않음을 비로소 알지니라(此一卷經 衆生性中本有 不自見者 但讀誦文字 若悟本心 始知此 經 不在文字)"- 無比 譯解,《금강경오가해》, 불광출판부, pp37-39.

하고자 한다.

《육조단경》에는 여러 이본異本이 있으나 이 글에서는 최고본最古本으로 알려져 있는 《돈황본》을 대상 문헌으로 삼았으며 오락誤落된 부분을 교정한 본문과 번역은 성철 편역장경각 발행을 따랐다.

《육조단경》에 대한 분석심리학적 이해

識心見性 自成佛道

불교의 궁극적인 목표는 부처가 되는 것인데, 혜능은 "마음을 알아 자성을 보면 스스로 부처의 도를 성취한다."고 한다.

> 一切經書及文字 小大二乘 十二部經 皆因人置
>
> 因智惠性故 故能建立 我若無 智人一切萬法 本無不有
>
> 故知萬法 本因人興 一切經書因人說有
>
> 緣在人中 有愚有智 愚爲小故 智爲大人
>
> 迷人問於智者 智人與愚人說法 令使愚者 悟解心開
>
> 迷人若悟心開 與大智人無別 故知不悟 卽佛是衆生
>
> 一念若悟 卽衆生是佛
>
> 故知一切萬法 盡在自身心中 何不從於自心 頓現眞如本性
>
> 菩薩戒經云 我本源自性淸淨 識心見性 自成佛道
>
> 卽時豁然 還得本心(172)[1]

---

1) 《육조단경》에서 이 글에 인용된 구절의 끝에 제시된 숫자는 단행본《육조단경》 (성철 편역)의 쪽수다.

모든 경서 및 문자와 소승과 대승과 십이부의 경전이 다 사람으로 말미암아 있게 되었나니, 지혜의 성품에 연유한 까닭으로 능히 세운 것이니라. 만약 내我가 없다면 지혜 있는 사람과 모든 만법이 본래 없을 것이다. 그러므로 만법이 본래 사람으로 말미암아 일어난 것이요, 일체 경서가 사람으로 말미암아 '있음'을 말한 것임을 알아야 하느니라.

사람 가운데는 어리석은 이도 있고 지혜로운 이도 있기 때문에, 어리석으면 작은 사람이 되고 지혜로우면 큰 사람이 되느니라.

미혹한 사람은 지혜 있는 이에게 묻고 지혜 있는 사람은 어리석은 사람을 위하여 법을 설하여 어리석은 이로 하여금 깨쳐서 알아 마음이 열리게 한다. 미혹한 사람이 만약 깨쳐서 마음이 열리면 큰 지혜 가진 사람과 더불어 차별이 없느니라.

그러므로 알라, 깨치지 못하면 부처가 곧 중생이요 한 생각 깨치면 중생이 곧 부처니라. 그러므로 알라, 모든 만법이 다 자기의 몸과 마음 가운데 있느니라. 그럼에도 어찌 자기의 마음을 좇아서 진여의 본성을 단박에 나타내지 못하는가? 《보살계경》에 말씀하기를 '나의 본래 근원인 자성이 청정하다.'고 하였다. 마음을 알아 자성을 보면 스스로 부처의 도를 성취하나니, 당장 활연히 깨쳐서 본래의 마음을 도로 찾느니라.

불교에서 법이라고 할 때는 진리나 종교적 가르침을 뜻하기도 하고 어떤 현상을 성립시키고 있는 특성이나 성질 및 그러한 성질을 지닌 존재 현상 하나하나를 말한다.[2] 그러므로 만법萬法은 모든 경서뿐만이 아니라 모든 현상이나 존재를 뜻한다.

혜능은 이런 '만법이 사람으로 말미암아 일어난 것'임을 밝히고 있다. 이는 법을 어원적으로 살펴보아도 그러하다. 법을 산스크리트어로는 '다르마dharma'라고 한다. 다르마의 '다르dhar'는 '드리dhṛ'라는 동사에서 유래하였는데, 이를 명사형으로 만든 것이 '다르마dharma'다. '드리dhṛ'는 '손에 쥔다to hold'는 뜻이므로, 법dharma은 사람이 파악한 것, 생각한 것, 본 것, 만든 것과 다 관련이 있게 된다.[3]

다음 구절에서 "만약 내我가 없다면 지혜 있는 사람과 모든 만법이 본래 없을 것이다."라고 하였다. 여기서 혜능은 아我의 역할에 대해 긍정적인 측면을 강조하고 있다. 물론 내我가 스스로 그렇게 한 것이 아니고 지혜의 성품으로 인하여 지혜 있는 사람과 모든 만법이 있게 된 것이다. 그러나 지혜의 성품이 있다고 해도 이를 깨닫지 못하면 지혜로운 사람이 되지 못한다. 하지만 미혹한 사람, 즉 중생이라고 하더라도 '모든 만법이 다 자기의 마음 가운데 있음[4]'을 깨쳐서 알아 마음이 열리면 큰 지혜를 가진 사람, 즉 부처가 된다.

---

2) 이기영(1998) : 《불교개론 강의》, 상권, 한국불교연구원, 서울, p145.
3) 이기영(1998) : 앞의 책, pp146-147.
4) 自身心中에서 身이라는 글자는 宗寶本 《육조단경》(故知 萬法盡在自心 何不從自心中 頓見眞如本性 정병조 역해(1998), 《육조단경》, 한국불교연구원, p64)에는 없으며, 돈황본의 다음 구절에도 何不從於自心이라고 하여 역시 身이라는 글자가 없으므로 대상 문헌의 自身心中에서 身의 의미는 무시하고 自心中으로 이해하기로 한다.

그렇기 때문에 '자기의 마음自心을 좇아서 진여의 본성을 단박에 나타내라.'고 하였다. 그리하여 결론적으로 말하기를 "마음을 알아 자성을 보면 스스로 부처의 도를 성취하여識心見性 自成佛道 당장 활연히 깨져서 본래의 마음本心을 도로 찾는다."라고 하였다.

혜능은 심心을 알고 성性5)을 보면 스스로 부처의 도를 성취한다고 하였기 때문에 심心과 성性에 대한 그의 언급을 알아볼 필요가 있다.

摩訶般若波羅蜜者 西國梵語 庸言 大智惠彼岸到

此法 須行 不在口念 口念不行 如幻如化 修行者 法身與

佛等也

何名摩訶 摩訶者是大 心量廣大 猶如虛空 莫空心坐 卽

落無記空

虛空能含日月星辰 大地山河 一切草木 惡人善人 惡法善法

天堂地獄 盡在空中 世人性空 亦復如是(158)

性含萬法是大 萬法盡是自性 見一切人及非人 惡之與善

---

5) 혜능은 자기의 본래 마음(本心)을 아는 것이 본래의 성품(本性)을 보는 것이라고 하여 심(心)을 알고 성(性)을 보는 것이 같은 것임을 밝히고 있다.
善知識 法無頓漸 人有利純 迷卽漸契 悟人頓修 識自本心是見本性
悟卽元無差別 不悟卽長劫輪廻(126)
선지식들아, 법에는 단박에 깨침과 점차로 깨침이 없다. 그러나 사람에 따라 영리하고 우둔함이 있으니, 미혹하면 점차로 계합하고 깨친 이는 단박에 닦느니라. 자기의 본래 마음을 아는 것이 본래의 성품을 보는 것이다. 깨달으면 원래로 차별이 없으나 깨닫지 못하면 오랜 세월을 윤회하느니라.

惡法善法 盡皆不捨 不可染著 猶如虛空 名之爲大 此是
摩訶行
迷人口念 智者心行 又有迷人 空心不思 名之爲大 此亦
不是
心量廣大 不行是小 莫口空說 不修此行 非我弟子(159)

마하반야바라밀이란 서쪽 나라의 범어다. 당나라 말로는 '큰
지혜로 저 언덕에 이른다.'는 뜻이다. 이 법은 모름지기 실행할
것이요, 입으로 외는 데 있지 않다. 입으로 외고 실행하지 않으
면 꼭두각시와 같고 허깨비와 같으나 닦고 행하는 이는 법신과
부처와 같으니라. 어떤 것을 마하라고 하는가? 마하란 큰 것이
다. 마음의 한량이 넓고 커서 허공과 같으나 빈 마음으로 앉아
있지 말라. 곧 무기공에 떨어지느니라. 허공은 능히 일월성신과
대지산하와 모든 초목과 악한 사람과 착한 사람과 악한 법과
착한 법과 천당과 지옥을 그 안에 다 포함하고 있다. 세상 사람
의 자성이 빈 것도 또한 이와 같으니라.

자성이 만법을 포함하는 것이 곧 큰 것이며 만법 모두가 다
자성인 것이다. 모든 사람과 사람 아닌 것과 악함과 착함과 악
한 법과 착한 법을 보되, 모두 다 버리지도 않고 그에 물들지도
아니하여 마치 허공과 같으므로 크다고 하나니, 이것이 곧 큰
실행이니라.

미혹한 사람은 입으로 외고 지혜 있는 이는 마음으로 행하느

니라. 또 미혹한 사람은 마음을 비워 생각하지 않는 것을 크다고 하나, 이도 또한 옳지 않으니라.

　마음의 한량이 넓고 크다고 하여도, 행하지 않으면 곧 작은 것이다. 입으로만 공연히 말하면서 이 행을 닦지 아니하면 나의 제자가 아니니라.

혜능은 심心과 성性은 허공과 같이 비었으나 선악善惡과 같은 대극을 비롯해서 만법을 포함하고 있다고 하였다. 이는 《대승기신론》과 원효가 말하는 인간의 마음이 일심이문一心二門의 구조를 갖고 있음과 유사하다. 이문二門 가운데 생멸문生滅門은 의식과 자아에 상응하고, 진여문眞如門은 융의 집단적 무의식과 원형으로서의 자기에 상응하고, 생멸문과 진여문을 포괄하는 일심一心은 자아의 식과 무의식의 대극적 관계가 지양합일止揚合一하는 전일全一의 정신에 부합한다. [6) 그런데 이 전일의 정신으로서의 일심一心은 분석심리학에서 말하는 자기自己와 같다. [7)

혜능이 심心과 성性은 허공과 같이 비었다고 한 것은 진여문에

6) 이죽내(2002): "원효의 一味思想의 분석심리학적 음미", 《심성연구》, 17(1) : pp1-14.
7) 이부영(1995): "'一心'의 分析心理學的 照明―원효 대승기신론 소・별기를 중심으로", 《불교연구》, 11・12월호, p289. '一心之源'을 '自己元型'으로, '一心'을 全一의 경지인 '自己'라고 간주할 수 있다면, '一心'과 '一心之源'의 관계는 '自己'와 '自己元型'의 관계와 같은 것인가? 또 '하나인 마음'(der Eine Geist)을 無意識이라고 본다면, '一心二門'의 眞如門은 自己原型을 포함한 原型으로 채워진 집단적 무의식을 대변하는 것이며 生滅門은 그 無意識의 의식에 대한 작용을 말하는 것이라고 볼 수 있겠는가?

해당되는 설명이라고 볼 수 있을 것인데, 이러한 설명은 원형이 그 자체로는 텅 빈 조건이라는 융의 다음 설명과 비슷하다.

원형은 그 자체로는 텅 빈, 형식상의 조건인데, 그 조건은 '미리 형식을 만드는 능력'으로, 즉 선천적으로 주어진 관념 형식의 가능성이다. 유전되는 것은 관념들이 아니라 형식들이며 마찬가지로 이것은 이런 관점에서 형식상 결정된 본능에 바로 해당된다. 원형 그 자체의 존재와 마찬가지로 본능도 구체적으로 활동하지 않는 한 그 존재를 증명하기 어렵다. 유전되는 형식은 수정의 축계와 비교할 수 있는 것이다. 축계는 그 자체가 질료적 존재를 갖추지 않은 채 모액母液 속에서 결정의 형성을 미리 준비하고 있다. 질료적 존재는 먼저 이온들이, 그다음에 분자가 결정을 이루어 가는 방식에 따라 비로소 나타난다. 형식의 특정성을 수정 형성과 관련지어 비교하는 것은 그 축을 이루는 체계가 단지 입체 기하학적 구조를 결정하지, 개별 수정의 구체적인 모양을 결정하지 않는다는 점에서 설득력이 있다. 그 하나하나의 수정은 클 수도 있고 작을 수도 있는데 그 표면이 여러 가지로 다르게 이루어지거나 수정이 서로 뒤섞여 자라기 때문에 그 모양이 다양하게 변할 수 있다. 다만 변하지 않는 것은 원칙적으로 불변의 기하학적 관계를 고수하고 있는 축계다. 그것은 원형에서도 마찬가지다. 원형은 원칙적으로 명명될 수 있고, 변하지 않는 의미의 핵을 가지고 있다. 그러나 이것은 항상 원칙적으로만 그러하며, 구체적으로 나타나는 양식을 결코 결정하지는 않는다. 예를 들면, 모성 원형이 어떻게 경험적으로 나타나는가 하는 것은 원형만으로 유도되는 것이 아니라 다른 요인들에 근거를 두고 있다. [8]

원형은 태곳적부터 현대에 이르는 긴 시간에 수없이 반복되었으며, 또한 반복되어 갈 인류의 근원적인 행동 유형을 가능하게 하는 선험적 조건이다. 어떠한 나라의, 어떠한 문화권의, 어떠한 종족의 인간도 어떠한 시대의 사람도 한결같이 생각하였고, 느꼈고, 행동하였고, 말한 것의 유형들이다. [9]

또한 심心과 성性이 비었다는 것은 '진여법신眞如法身은 일체 형상과 모양이 없어 육안으로 능히 볼 수 없다.'[10]고 한 것에 해당될 수 있을 것이다. 그러므로 심心과 성性이 비었다는 것은 자아로서는 파악할 수 없는 진여를 설명한 것인데, 이러한 설명은 자기自己는 자아가 파악할 수 있는 그 무엇이 아니라는 융의 다음 설명과 상통한다.

자기自己는 우리가 이것이라고 포착할 수 없는 인식 불가능한 본체를 표현하게 될 하나의 구조다. 이 구조는 벌써 그 정의로

8) Jung CG(2002) : "모성원형의 심리학적 측면", 《원형과 무의식》 C.G. 융 기본저작집 2, 한국융연구원 번역위원회 역, 솔, 서울, pp200-201.
9) 이부영(1998): 《분석심리학》, 일조각, 서울, p101.
10) 無比 역해(2003): 《금강경오가해》, 불광출판부, 서울, pp157-158.

미루어 알 수 있듯이 우리의 이해 능력을 넘어서는 것이다. [11]

그리고 심心과 성性이 선악善惡과 같은 대극을 비롯해서 만법을 포함한다는 것은 생멸문에 해당하는 설명이라고 볼 수 있으며, 이러한 설명은 융의 다음 글에서 유사점을 발견할 수 있다.

집단정신에는 인간의 고유한 미덕과 악덕이 다른 모든 것과 같이 포함되어 있다. 그런데 어떤 사람은 집단적 미덕을 개인적으로 성취된 것으로 돌리고 어떤 사람은 집단적 악덕을 개인의 죄로 돌린다. 그러나 양자가 모두 과대망상과 열등감과 마찬가지로 착각이다. 왜냐하면 공상된 미덕도 공상된 악덕도 단지 집단정신 속에 내포되어 있어 느낄 수 있게 된, 또는 인공적으로 의식화된 도덕적 대극의 짝이기 때문이다. 만약 정신의 개인적 발전이 일어나서 이성이 대극이 지니고 있는 융합할 수 없는 성질을 알게 될 때 그때 비로소 모순이 고개를 든다. 이러한 인식은 결과적으로 억압을 둘러싼 다툼이다. 사람은 선하고자 하여 악을 억압해야만 한다. [12]

원형은 본질적으로 무의식의 내용을 나타내며 그것이 의식화

---

11) Jung CG(2004): "자아와 무의식의 관계", 《인격과 전이》 C.G. 융 기본저작집 3, 한국융연구원 번역위원회 역, 솔, 서울, p59.
12) Jung CG(2004) : 앞의 책, p46.

되고 지각됨으로써 변하는 것이다. 즉, 원형의 무의식적 내용은 나타나는 그때그때의 개인의 의식에 맞추어 변한다. [13)]

혜능은 심心과 성性이 허공과 같이 비었지만 만법萬法을 포함하고 있다고 하였다. 그리고 만법 모두가 다 자성自性이라고 하였다.

혜능은 마음을 논할 때, 본체本體적인 면에서는 본심本心이라 하고 작용作用적인 면에서는 개인의 구체적인 마음으로서 자심自心이라 하였다. [14)] 그리고 성性은 본질적인 뜻이고, 사람 마음의 본질적인 성性으로 간주하며, 혜능은 이를 자성自性이라고 칭하였으며 일반적인 불교학에서는 이를 불성이라고도 칭한다. [15)] 불성은 열반경에서 다음과 같이 설해져 있다.

십이인연을 불성이라 하니 불성은 곧 제일의공이요, 제일의공은 중도라 하고 중도는 부처라 하며 부처는 열반이라 하느니라 十二因緣 名爲佛性 佛性者 卽第一義空 第一義空 名爲中道 中道者 卽名爲佛 佛者 名爲涅槃. [16)]

---

13) Jung CG(2002) : "집단적 무의식의 원형에 관하여", 《원형과 무의식》 C.G. 융 기본저작집 2, 한국융연구원 번역위원회 역, 솔, 서울, p108. 이 구절에 대한 융의 각주: 엄밀하게 해서 '원형'과 '원형적 표상'과는 구별되어야 한다. 원형 그 자체 말로는 가설적인, 볼 수 없는 원래의 본보기를 표현하며 그것은 생물학에서 '행동 유형'이라고 하는 것과 같은 것이다.
14) 董群(2000) : 앞의 책, p140.
15) 董群(2000) : 앞의 책, pp146-147.
16) 大正藏 12, p768 下. 성철, 백일법문 上, 장경각. p322에서 인용.

혜능이 자성自性이라고 표현한 불성을 제일의공第一義空이라고 하였다. 불성佛性이 가장 으뜸가는 뜻에서의 공空이라고 하는 것은 불성佛性이 아무것도 없이 비었다는 것이 아니라 혜능이 말한 대로 심心과 성性이 비었지만 만법을 포함하고 있음을 뜻한다. 이러한 공空은 또한 중도라고 하였다. 중도中道란 부처가 근본적으로 깨달은 내용[17]으로서《열반경》에 다음과 같이 설해져 있다.

불성은 있는 것도 아니며 없는 것도 아니며, 또한 있는 것이며 또한 없는 것이니 있는 것과 없는 것이 합하는 까닭에 중도라고 한다佛性 非有非無 亦有亦無 有無合故 名爲中道.[18]

'유무有無'의 범주는 중국 고대사상가에게 세계의 존재 문제로 해석되고 대답되는 것이며, 그것은 종종 우주와 세계, 천지만물의 '시종始終' 등을 탐구하는 문제와 밀접하게 연계되어 있다. 노자는 우주와 천지에 시始가 있음을 인정하고, '도道', '무無'는 '시始'로서 일체의 본本이 된다는 것이다. 그러나 장자는 이를 부정하고 무시무종無始無終을 제시하고 다시 유무有無의 통일, 즉무즉유卽無卽有를 말한다.[19]

한편 융은 노자老子가 도道의 본질을 '무無'로 명명하여 감각적

---

17) 성철(1971) :《백일법문》상, 장경각, p135.
18) 성철(1971) : 앞의 책, p78.
19) 徐小躍(2000) :《선과 노장》, 김진무 역, 운주사, pp120-122.

'유有'의 세계와 확연히 구별하면서 '무無'가 '유有'를 유용케 하는 근거가 되고 있음에 주목하고 있다. 그리고 융은 무無는 의미 혹은 목적으로서 그 자체는 감각 세계에 나타나지 않고, 오직 감각 세계를 규정하고 있기 때문에 무無로 불리고 있다고 하였다. 이로써 '무無'로서의 도道는 융의 전일성 사상에서 말해지는 '하느임'에 상응한다. 그 '하나임'은 비가시적인 것으로서 개념적으로는 파악될 수 없고, 오직 체험될 수 있는 작용 혹은 의미다. 그 작용이나 의미는 '자기自己 그 자체'의 작용과 의미다. [20]

그러므로 무無는 체험할 수 있는 정신현상의 근거로서 자기원형이라 할 수 있을 것이다. 그리고 체험할 수 있는 모든 정신현상은 유有라고 할 수 있을 것이다.

모든 정신현상으로서의 유有는 혜능의 경우 만법萬法으로 이해할 수 있을 것이다. 혜능은 "만약 내가 없다면 모든 만법이 없을 것이다."라고 하였는데, 이러한 만법은 아我가 파악한 모든 것으로 이해될 수 있음은 앞에서 논의된 바가 있다. 아我를 자아自我라고 볼 수 있다면, 아我가 파악한 모든 것으로서의 만법은 분석심리학적인 용어로는 자아-콤플렉스 또는 간단하게 자아라고 할 수 있을 것이다. 물론 만법을 자아가 파악한 대상이라고만 볼 때, 만법에는 자아가 포함되어 있지 않을 것이다. 그러나 불교에서 아我는 그 자체

---

20) 이죽내(2005) : 《융 심리학과 동양사상》, 하나의학사, 서울, pp114-115. Jung CG(1952) : "Synchronicity: An Acausal Connecting Principle", The Structure and Dynamics of the Psyche, C. W. 8, pp486-487.

로서 존재하는 자성이 없다고 보며, 마나스식은 아라야식의 견분見分을 대상으로 끊임없이 아我라는 생각을 일으키는 식識이라고 본다. 마나스식을 분석심리학적 자아와 같은 개념이라고 단정할 수는 없지만[21] 마나스식이 일으키는 '아我라는 생각'은 '자아라는 생각'에 해당된다고 볼 수 있을 것이다. 그러므로 자아는 실체가 없고 다만 자아가 자아라고 파악한 어떤 개념을 자아라고 본다면, 자아도 만법에 포함될 수 있을 것이다. 그러므로 자아라는 개념을 포함하여 자아가 파악한 모든 것, 즉 만법은 인류가 자아의식을 통해서 경험해 왔거나 또는 경험하게 될 모든 것이라고 볼 수 있을 것이다. 이는 심心과 성性이 만법을 포함하는 것이 생멸문에 해당하고 이는 자아와 의식에 상응한다고 앞에서 살펴본 것에 부합한다. 그러나 자아는 각성 상태뿐만 아니라 꿈에서도 활동하고 있기 때문에 유有를 자아-의식이라고 단정할 수는 없다.

하지만 유有를 자아 혹은 의식으로, 무無를 무의식 혹은 자기원형으로 볼 수 있다면 중도란 무엇일까? '유有도 아니며 무無도 아니며, 또한 유有이며 또한 무無이니 유有와 무無가 합하는 까닭에 중도라고 한다.'고 하였다. 유有도 아니며 무無도 아니라는 것은 양변兩邊을 모두 부정하는 것이다. 유有가 아니라는 것은 유有가 스스로 그 자체로서 존재하는 것이 아니며, 또한 영원히 존재하는 것이

---

21) 서동혁(1998) : "唯識三十頌에 나타난 아라야식과 마나스식에 대한 분석심리학적 연구", 《심성연구》, 13(2) : pp98-99.

아니라는 것이다. 무無가 아니라는 것은 유有를 부정한다 하더라도 유有가 없는 무無만으로서의 무無를 부정하는 것이다. 유有를 자아로 볼 수 있다면, 유有가 아니라는 것은 자아 스스로 그 자체로서 존재하는 것이 아니고 또한 영원히 존재하는 것이 아니라는 것이 된다. 그리고 무無가 궁극적으로 무의식의 자기원형과 같은 것이라고 볼 수 있다면, 무無가 아니라는 것은 자아가 없는 자기원형을 부정하는 것이다. 자기원형이란 자기自己가 될 수 있는 가능성이다. 그러므로 무無가 아니라는 것은 자아가 없이는 자기실현이 될 수 없다는 것으로 이해될 수 있다. 그리하여 유有도 아니며 무無도 아닌 것은 분석심리학적으로 자아는 그 자체로 존재하는 것이 아니고 자기원형에서 유래된 것이며, 자기실현은 자아가 없이는 불가능하다는 것이 될 것이다.

그리고 중도는 또한 유有이며 또한 무無이니 유有와 무無가 합하는 것이다. 다른 말로 의식과 무의식의 통합이다. 이는 양변兩邊을 모두 긍정하고 모두를 합한 전체를 뜻한다. 유有를 자아의식으로, 무無를 무의식의 전체 또는 그 근원의 자기원형으로 볼 수 있다면, 중도는 또한 유有이며 또한 무無라는 것은 자아의식이기도 하고 또한 자기원형을 포함한 무의식이기도 하다는 말이 된다. 이 말의 뜻은 자아가 스스로 그 자체로서 존재하는 것이 아니라고 하더라도 그런 존재를 긍정하는 동시에 그러한 자아가 자기실현을 할 수 있도록 하는 자기원형의 존재도 긍정한다는 것이 된다. 그리고 유有와 무無가 합한다는 것은 자아가 자기실현의 가능성을 실현하여 자기自己가 된 것이라고 할 수 있을 것이다. 그러므로 중도는 자아가 자기실현을 성취한 상태, 즉 자기自己라고 할 수 있을 것이다. 심心과 성性은 불성佛性이고 중도라고 하였으므로 심心과 성性은 또한 자기自己로 이해될 수 있다.

혜능은 심心과 성性은 허공과 같이 비었으나 선악善惡과 같은 대극을 비롯해서 만법을 포함하고 있다고 말한 뒤, '모든 사람과 사람 아닌 것과 악함과 착함과 악한 법과 착한 법을 보되, 모두 다 버리지도 않고 그에 물들지도 아니하여 마치 허공과 같으므로 크다고 하나니, 이것이 큰 실행이니라.'고 하였다. 여기서 '모든 사람'이란 유有에 상응하고 '사람 아닌 것'은 무無에 상응하는 것으로 볼 수 있다면, '모든 사람'과 '사람 아닌 것'을 모두 버리지도 않고 그에 물들지도 아니한다는 것은 앞에서 살펴본 바로 그 중도中道다. '악함과 착함과 악한 법과 착한 법을 보되, 모두 다 버리지도 않고 그에 물들지도 아니한다.'는 것도 대극합일의 중도를 가리키는 것이다. 그러므로 큰 실행이란 바로 중도행中道行이며 분석심리학적으로 볼 때 자기실현에의 수행 방법이라 할 수 있을 것이다. 큰 실행이란 마하반야바라밀행을 가리키는 것으로서 뒤에서 살펴볼 '저 언덕에 이르는 큰 지혜'의 행行이다.

그러므로 '마음을 알아 자성을 보면 스스로 부처의 도를 성취한다識心見性 自成佛道'는 말을 분석심리학적인 용어로 바꾸어 본다면 무엇이라고 할 수 있을까? '식심견성識心見性'에서 심心과 성性은 중도로서 자아가 자기실현을 성취한 상태, 즉 자기自己라고 볼 수 있었다. 심心과 성性은 말 그대로 사람의 마음과 본성을 뜻하는 말이기도 할 것이다. 그러므로 '식심견성 자성불도識心見性 自成佛道'는 사람의 마음과 본성이 원래 자기自己라는 것을 알고 보면 스스로 자기실현을 성취하게 된다는 것이 될 것이다. 자성불도自成佛道의 결과, 당장 깨쳐서 본래의 마음을 도로 찾는다卽時豁然 還得本心는 구절은 분석심리학적으로 볼 때 자기실현을 성취하면 자신의 본래 마음인 자기自己를 도로 찾게 된다는 것으로 볼 수 있을 것이다. 사람의 마음과 본성이 원래 자기自己인데도 불구하고 그것을 모르고 지냈을 뿐이지, 만약 자신이 원래 자기自己라는 것을 알고 본다면 자기실현이 된 것이라고 이해할 수 있을 것이다. 그러므로 자아가 새로이 자기自己라고 할 수 있는 어떤 상태를 만들어 냈다고 볼 수 없을 것이다. 이와 반대로 자아는 자기自己로부터 생겨났을 뿐이고 자기自己는 원래부터 변함없이 자기自己였다고 볼 수 있다.

> 의식 속에서 자기Self를 나타내는 것이 자아다. 자아와 자기의 관계는 피동자被動者, the moved와 능동자能動者, the mover 또는 객체와 주체다. 자기는 자아가 생겨나는 선험적 존재다.[22]

우리의 의식적이고 개인적인 정신 그 자체는 무의식적이고 유전

---

22) Jung CG(1954) : "Transformation Symbolism in the Mass", *Psychology and Religion: West and East*, C. W. 11, p259.

된, 그리고 보편적인 정신적 소인素因[23)]이라는 넓은 기초 위에 세워져 있음[24)]에도 불구하고 우리는 이를 알고 보지를 못한다. 그 결과, 우리는 자아가 경험한 것에 집착하고 그것이 전체인 것으로 착각하고 살게 된다. 이렇게 자아의식에만 집착하고 살다 보면 고태적인 원형상이 엄청난 에너지를 가지고 무의식으로부터 의식으로 올라와 자신의 존재를 자아에게 강제로 인식시키게 된다. 그러나 이런 경우에만 원형이 우리에게 영향을 미치는 것은 아니다. 일상적인 우리의 자아의식의 내용 중에서 궁극적으로 자기원형에서 비롯되지 않은 것은 없을 것이다. 그러나 우리가 이러한 사실을 인식하기는 매우 어려운 것 같다. 하지만 우리의 마음과 본성이 원래 자기自己라는 것을 분명히 알고 보면 자기실현을 성취하게 될 것이며, 자신이 원래 자기自己임을 깨닫게 될 것이다.

자신이 원래 자기自己임을 깨닫게 된다는 말은 "자기自己는 우리가 이것이라고 포착할 수 없는 인식 불가능한 본체를 표현하게 될 하나의 구조다. 이 구조는 벌써 그 정의로 미루어 알 수 있듯이 우리의 이해 능력을 넘어서는 것이다."라는 융의 말에 집착하는 사람들에게는 이해하기 어려운 말이 될 것이다. 그러나 융이 이 같은 말을 한 의도는 자아에 대한 집착을 버리지 못한 자아의 입장에서 자

23) 여기서 보편적인 정신적 소인이란 원형들로 이루어진 집단무의식을 뜻하며, 모든 원형은 궁극적으로 자기원형과 관계된다.
24) Jung CG(2004) : "자아와 무의식의 관계", 《인격과 전이》, C.G. 융 기본저작집 3, 한국융연구원 번역위원회 역, 솔, 서울, p42.

기自己를 이해하려고 할 때 그것은 영구히 불가능하다는 것을 강조한 것이지, 자신이 원래 자기임을 깨달을 수 있다는 것과 배치된다고 볼 수 없을 것이다. 그리고 자신이 원래 자기임을 깨달았다고 하는 사람을 보면 자기원형에 의한 자아팽창이지 자기실현이 아니라고 비판할 수도 있을 것이다. 그러나 융은 동양적 관점에서 보면 이 말에는 전혀 오만이 없으며 오히려 완벽하게 수긍할 수 있는 진리라고 하였다.

> 실제로는 어떠한 이원성二元性도 존재하지 않기 때문에 다원성은 진실이 아니다. 이 말은 확실히 동양의 기본적인 진리 가운데 하나다.
> ……
> 윤회와 열반과 같은 양립할 수 없는 두 요소가 하나가 된 마음은 궁극적으로 우리의 마음이다.[25] 이 말은 깊은 겸손에서 나오는 것인가? 아니면 지나친 오만에서 나오는 것인가? 동양적 관점에서 본다면 이 말에는 어떠한 오만도 있지 않고 오히려 완벽하게 수긍할 수 있는 진리인데, 우리 서양인에게는 '나는 신이

---

[25] 이 말에 해당하는 '티베트의 대해탈경(大解脫經)'의 본문은 다음과 같다.
[초월적 합일]
사실 이원성은 존재하지 않으며 다원론은 진실이 아니니,
이원성을 초월한 합일경을 알지 못하는 한 깨달음에 이를 수 없노라.
윤회와 열반은 분리될 수 없는 하나이며, 자신의 마음이로다.
파드마 삼바바(에반스 웬츠 편집 2000) : 《티베트 解脫의 書》, 정신세계사, 서울, p326.

다.'라고 말하는 것에 해당될 것이다. 이것은 논의의 여지가 없는 '신비한mystical' 체험이지만, 서양인은 아주 심하게 반대할 만한 것이다. 그러나 동양에서 이 말은 본능적인 모체와의 관계가 단절된 적이 전혀 없었던 마음으로부터 나온 것이다. 그러므로 이 말은 전혀 다른 가치를 가진다.

......

만약에 하나가 된 마음이 모든 사람에게 내재되어 있다고 동양인이 말한다면, 이러한 언급이 사실들facts에 대한 유럽인의 믿음보다 더 오만하다든지 또는 더 겸손하다든지 할 수가 없다.[26]

융도 자신이 원래 자기임을 깨달아서 자기自己의 입장에서 하는 말이라고 추측해 볼 수 있는 언급이 있다. 개성화의 목표에 도달한 상태에 대해서 융은 다음과 같이 말한다.

자기自己를 어떤 비합리적인 것, 정의할 수 없으나 존재하는 것, 그것에 대해 자아가 대항하지도 굴복하지도 않으며 다만 밀착해 있는 것, 그리고 지구가 태양 주위를 도는 것처럼 그 주위를 도는 것이라고 감각할 때, 개성화의 목표는 도달된 것이다. 나는 자아와 자기의 관계가 지닌 지각적 성격을 나타내기 위하

---

26) Jung CG(1954) : "Psychological Commentary on The Tibetan Book of the Great Liberation", *Psychology and Religion: West and East*, C. W. 11, pp498-499. 김성관 역(1995) : 《융 심리학과 동양종교》, pp36-37.

여 감각이라는 용어를 사용한다. 이 관계에서는 알 수 있는 것
은 아무것도 없다. 우리가 자기自己의 내용에 관하여 말할 것이
아무것도 없기 때문이다. 자아는 우리가 아는 자기의 유일한 내
용이다. 개성화된 자아는 알지 못하는 상위 주체의 객체로서 자
신을 지각한다.[27]

만약 자신이 원래 자기임을 깨닫게 되면 자아는 아무런 할 일이
없을 것이다. 융은 그의 '회고回顧'에서 다음과 같이 말한다.

사람들이 나를 현자賢者라거나 지자智者라고 한다면 나는 이
것을 받아들일 수 없다. 어떤 사람이 어느 날 강물에서 모자 하
나에 가득히 물을 퍼냈다고 하자. 그게 뭐 그리 대단한 일이냐?
나는 그 강물이 아니다. 나는 강江에 있지만 아무것도 만들지
않는다. 다른 사람들도 같은 강가에 있다. 그러나 대부분의 사
람은 자신이 그 강물을 가지고 무엇인가를 해야 한다고 느끼고
있다. 나는 아무것도 하지 않는다. 나는 한 번이라도 버찌가 줄
기 위에 달리도록 보살펴야 할 사람이라고 생각해 본 적이 없다.
나는 그저 거기에 서서 자연이 이룰 수 있는 것을 놀라운 마음으
로 바라볼 뿐이다.[28]

27) Jung CG(2004) : 앞의 책, p162.
28) 아니엘라 야훼(1989) :《C. G. Jung의 回想, 꿈 그리고 思想》, 이부영 역, 집문당,
   서울, p400.

앞에서 주장한 것처럼 융이 '자신이 원래 자기임'을 깨달았다고 하면, 사람들은 융에 대한 또 하나의 신화를 만들어 낸다고 할 것이다. 아마도 그들의 말이 맞을지도 모른다. 저자의 무의식에 있는 자기원형을 융에게 투사하여 융을 깨달은 사람으로 보았을 가능성도 있을 것이다. 또한 융이 불교에서 말하는 깨달은 사람이었는지도 확인할 길은 없다. 그러나 다음과 같은 융의 일화는 조사선의 풍격風格을 충분히 나타내는 것으로 보인다. 그는 강의 중에 자기自己의 개념에 관해 질문을 받고 이렇게 말했다고 한다.

> 여기 내가 있고 여러분이 있고 여러분과 함께 이렇게 있는 것,
> 이 모든 것이 자기自己라 할 수 있습니다. [29]

강의를 듣고 있었던 사람들이 자기의 개념이 각자의 전체인격이라는 것을 모르는 사람은 없었을 것 같다. 만약에 사람들이 그것을 몰랐다면, 융은 이렇게 말하지 않고 그의 학설을 강의하였을 것이다. 질문을 한 사람은 그의 학설에 대한 지식이 있었음에도 계속해서 지적인 입장에서만 자기自己를 이해하려고 하자 융이 이와 같이 대답을 했을 것이라고 추측할 수 있다. 만약 그랬었다면 융의 일화는 조사들의 선문답에 비교될 만한 것이 될 것이다.

이렇게 자기실현을 지적으로 알 수는 있다고 하더라도 실제로

---

29) 이부영(2002) : 《자기와 자기실현》, 한길사, 경기, p23.

자기실현을 성취하는 것은 매우 어려운 것이다. 그러므로 자기실현의 지혜와 실천이 필요하다고 볼 수 있다. 혜능은 성불에의 지혜이자 수행 방법으로서 반야바라밀을 설하고 있다.

何名般若 般若是智惠 一切時中 念念不愚 常行智惠 卽名般若行

一念愚 卽般若絶 一念智 卽般若生 心中常愚 自言我修般若無形相 智惠性卽是

何名波羅蜜 此是西國梵音 言彼岸到 解義離生滅

著境生滅起 如水有波浪 卽是於此岸 離境無生滅 如水承長流

故卽名到彼岸 故名波羅蜜 迷人口念 智者心行 當念時有妄有妄卽非眞有 念念若行 是名眞有

悟此法者 悟般若法 修般若行 不修卽凡 一念修行 法身等佛

善知識 卽煩惱是菩提 捉前念迷卽凡 後念悟卽佛

善知識 摩訶般若波羅蜜 最尊最上第一 無住無去無來

三世諸佛從中出 將大智惠到彼岸 打破五陰煩惱塵勞

最尊最上第一

讚最上 最上乘法修行 定成佛 無去無住無來往

是定惠等 不染一切法 三世諸佛 從中變三毒 爲戒定惠

善知識 我此法門 從八萬四千智惠 何以故 爲世有八萬

四千塵勞

若無塵勞 般若常在不離自性 悟此法者 卽是無念

無憶無著 莫起誑妄 卽自是眞如性 用智惠觀照 於一切法

不取不捨 卽見性成佛道(161, 163)

어떤 것을 반야라고 하는가?

반야는 지혜다. 모든 때에 있어서 생각마다 어리석지 않고 항상 지혜를 행하는 것을 곧 반야행이라고 하느니라.

한 생각이 어리석으면 곧 반야가 끊기고 한 생각이 지혜로우면 곧 반야가 나거늘, 마음속은 항상 어리석으면서 나는 닦는다고 스스로 말하느니라.

반야는 형상이 없나니, 지혜의 성품이 바로 그것이니라.

어떤 것을 바라밀이라고 하는가?

이는 서쪽 나라의 범음으로서 저 언덕에 이른다는 뜻이니라.

뜻을 알면 생멸을 떠난다. 경계에 집착하면 생멸이 일어나서 물에 파랑이 있음과 같나니, 이는 곧 이 언덕이요, 경계를 떠나면 생멸이 없어서 물이 끊이지 않고 항상 흐름과 같나니, 곧 저 언덕에 이른다고 이름하며, 그러므로 바라밀이라고 이름하느니라.

미혹한 사람은 입으로 외고 지혜로운 이는 마음으로 행한다. 생각할 때 망상이 있으면 그 망상이 있는 것은 곧 진실로 있는 것이 아니다. 생각마다 행한다면 이것을 진실이 있다고 하느니라.

이 법을 깨친 이는 반야의 법을 깨친 것이며 반야의 행을 닦는

것이다. 닦지 않으면 곧 범부요 한생각 수행하면 법신과 부처와
같으니라.

선지식들아, 번뇌가 곧 보리니, 앞생각을 붙잡아 미혹하면 곧
범부요 뒷생각에 깨달으면 곧 부처이니라.

선지식들아, 마하반야바라밀은 가장 높고 가장 으뜸이며 제일
이라, 머무름도 없고 가고 옴도 없다. 삼세의 모든 부처님이 다
이 가운데로부터 나와 큰 지혜로써 저 언덕에 이르러 오음의 번
뇌와 진로를 쳐부수나니 가장 높고 가장 으뜸이며 제일이니라.

가장 으뜸임을 찬탄하여 최상승법을 수행하면 결정코 성불하
여 감도 없고 머무름도 없으며 내왕 또한 없나니, 이는 정과 혜
가 함께하여 일체법에 물들지 않음이라. 삼세의 모든 부처님이
이 가운데서 삼독을 변하게 하여 계·정·혜로 삼느니라.

선지식들아, 나의 이 법문은 팔만 사천의 지혜를 좇느니라. 무
엇 때문인가?

세상에 팔만 사천의 진로가 있기 때문이다. 만약 진로가 없으
면 반야가 항상 있어서 자성을 떠나지 않느니라. 이 법을 깨친
이는 곧 무념이니라. 기억과 집착이 없어서 거짓되고 허망함을
일으키지 않나니. 이것이 곧 진여의 성품이다. 지혜로써 보고 비
추어 모든 법을 취하지도 아니하고 버리지도 않나니, 곧 자성을
보아 부처님 도를 이루느니라.

반야바라밀이란 저 언덕에 이르는 지혜로서 삼세의 모든 부처의

지혜다. 그러므로 저 언덕에 이르는 것은 성불成佛에의 지혜이자 수행이라고 할 수 있다. '저 언덕에 이른다.' 함은 '경계를 떠나면 생멸이 없어서 물이 끊이지 않고 항상 흐르는 것과 같은 상태'라고 하였다. 그러므로 저 언덕에 이르는 것을 이 언덕을 떠나서 완전히 저 언덕으로 가서 거기에 머무는 것으로 이해하거나 세속을 떠나 버리는 것으로 오해해서는 안 될 것이다.

저 언덕에 이르는 것에 해당할 만한 것으로 융은 '중앙the middle; center으로 다가가는 것'에 대하여 다음과 같이 말한 적이 있다.

중앙으로 차차 다가감으로써 '비어 있는' 중앙의 영향 때문에 자아의 값이 떨어집니다. '비어 있는' 중앙은 결코 원형과 동일한 것이 아니고 원형의 존재를 가리키는 근거라 할 수 있습니다. 중국식으로 표현해서 원형이란 도道의 '이름'일 뿐 도道 그 자체는 아닌 것입니다. 예수회 신부들이 도를 '신'이라 번역하였듯이 우리는 이 중앙의 '비어 있음虛'을 신이라 부를 수 있습니다. 비어 있다고 해서 결손이라든가 부재不在를 말하는 것이 아니고 오히려 최고의 강도를 지닌 인식할 수 없는 것을 말합니다. 30)

융은 이 인식할 수 없는 것을 '자기自己'라고 부를 수 있을 것이라고 했다. 31) 중앙으로 다가감으로써 자아의 값이 떨어진다는 그

---

30) 이부영(2002) : 《자기와 자기실현》, p58. C. G. Jung, Briefe II, p496에서 인용됨.

의 말은 이 언덕에서 저 언덕에 이름으로써 성불하는 것과 관계가 있어 보인다. 자아중심적인 삶에서 중심, 즉 자기를 향해서 다가가면 자아의 가치는 떨어지게 되고 궁극적으로 자기중심적인 삶이 되어 자기실현이 될 것이다. 이러한 자기실현은 이 언덕에서 저 언덕에 이르는 것에 해당될 수 있을 것이다.

융은 또한 자신이 취한 모든 발걸음이 하나의 점, 즉 중심점中心點으로 되돌아간다는 것을 알게 되었다고 했는데, 중심점으로 되돌아가는 것도 저 언덕에 이르는 것에 해당되는 것으로 보인다. 융은 1918과 1919년에 그가 수없이 많은 만다라를 그렸을 때 이러한 경험을 하였다고 하면서 다음과 같이 회상한다.

만다라 그림을 그리면서 내 마음속에는 되풀이해서 의문이 솟았다. 이 과정이 인도하는 목적이 무엇인가? 어디에 그 목표가 있는가? 나의 경험에 비추어 볼 때 나는 이제까지 내가 믿을 만한 가치가 있는 목표를 스스로 선택할 수 있었던 적이 없음을 알고 있었다. 나는 자아가 최고의 위치에 있다는 생각을 포기해야 한다는 사실을 경험했다. 나는 그런 생각을 하다가 좌절했던 것이다. 나는 '리비도의 변환과 상징'에서 시작한 것과 같은 신화의 학문적 연구를 계속하고 싶었다. 그것은 나의 목표였다. 그러나 그건 문제가 되지 않았다. 나는 무의식의 과정을 스스로 거쳐 지

---

31) 이부영(2002) : 앞의 책, p58.

나가도록 강요되었다. 나는 먼저 내 자신을 이 무의식의 흐름에 내맡기는 도리밖에 없었고 그것이 나를 어디로 데려갈지 알 수가 없었다. 내가 만다라를 그리기 시작하자 나는 그 모든 것, 내가 따라온 모든 길, 내가 취한 모든 발걸음이 하나의 점, 즉 중심점 中心點으로 되돌아간다는 것을 알게 되었다. 만다라가 중심임이 내게 더욱 분명해졌다. 그것은 모든 길의 표현이다. 그것은 중심을 향한 길, 개성화를 향한 길이다. [32]

융은 만다라 상징에 관한 논문에서 만다라는 사람이 외부적인 것을 배제하고 내면적인 것을 보존하면서 중심으로 집중하도록 하는 그림이며, 만다라에 표현된 명상 과정의 목표는 요가수행자가 신 안에 받아들여지는 것, 즉 관조를 통하여 그가 자신을 신으로 재인식하고 그로써 개별적 존재의 착각에서 신의 상태라는 보편적 전체성으로 되돌아가는 것이라고 했다. [33] 그러므로 저 언덕에 이르는 것은 만다라 명상 과정의 목표와 같은 것이며, 개성화 과정으로 이해될 수 있을 것이다.

혜능은 또한 '뜻을 알면 생멸을 떠난다. 경계에 집착하면 생멸이 일어난다.'고 하였다. 이 구절에서 사용된 '뜻'義이란 '경계'와 대비되는 용어로 사용된 것으로 보인다. '경계'를 감각이나 인식작용의

32) 아니엘라 야훼(1989) : 앞의 책, pp223-224.
33) 이부영(2002) : 앞의 책, p70.

대상이라고 본다면, '뜻'이란 겉으로 드러난 현상의 본질적 의미를 나타낸 것으로 이해할 수 있다. 그러므로 해의解義는 인식작용 대상의 배후에 있는 본질적인 의미를 아는 것이라고 볼 수 있을 것이다. 융도 현실적인 정신현상의 의미에 대해서 다음과 같이 말한 적이 있다.

모든 정신적 산물은 인과적 관점에서 볼 때 앞서 일어난 정신적 내용의 결과라는 것을 우리는 알고 있다. 더 나아가 모든 정신적 산물은 목적론적 관점에서 볼 때 현실적인 정신현상 속에 고유의 의미와 목적을 가지고 있음을 알고 있다. 또한 이 기준은 꿈에도 적용할 수 있다.

......

어떤 심리적 사실을 설명하여야 할 때 심리학적인 것은 이중적인 관찰 방식을 요구한다는 사실을 기억할 필요가 있다. 즉, 인과성과 목적성이 그것이다. 목적성이라는 말로 나는 단지 내재하는 심리학적 목표 지향성을 규정하고자 한다. '목표 지향성'이라는 말 대신에 '목적 의미'라고도 한다. 모든 심리학적 현상 속에는 그러한 목적 의미가 살아 있다. [34]

---

34) Jung CG(2001) : "꿈의 심리학에 관한 일반적 관점", 《정신요법의 기본문제》, C.G. 융 기본저작집 1, 솔, 서울, p153, p155.

분석심리학에서 꿈에 나타난 상징의 의미가 무엇인지, 그리고 꿈 전체의 의미가 무엇인지를 아는 것이 매우 중요하다. 우리가 인식하는 꿈의 상像들은 정신적 현상으로서 이 언덕이라고 볼 수 있다면, 꿈을 만들어 내는 무의식은 저 언덕에 해당될 것이다. 그러므로 꿈의 의미를 안다는 것은 저 언덕에 이르는 것이라고 할 수 있다. 그러나 꿈의 의미는 지적으로 해석되는 것이 아니다. 꿈의 해석은 하나의 체험이다. 꿈은 생물학자가 세포의 기능을 설명하는 것처럼 해석되는 것이 아니고 몸소 느끼고 묻고 해답을 구하고 깨닫는 매개체다.[35] 이와 마찬가지로 '뜻을 알면 생멸을 떠난다.'에서 뜻을 안다는 것도 지적인 앎이 아닐 것이다. 그것은 경계에 대한 집착을 버리고 만법을 포함하는 심心과 성性에 대한 자증자오自證自悟일 것이다. 그러므로 뜻을 알아 생멸을 떠나서 부처의 도를 이루는 것과 자신의 꿈의 해석을 통하여 무의식의 목적 의미를 알아서 자기실현을 이루려는 노력은 서로 유사한 것으로 보인다.

　　'뜻을 알면 생멸을 떠난다.'는 것이 자기실현과 관련이 있다고 본다면, 혜능의 이 말은 융의 '의식적인 삶'과도 비교될 수 있을 것이다. 융은 빌헬름이 도道를 의미Sinn, Meaning로 번역한 것에 공감을 표현하면서 의식적인 삶의 획득에 대해 다음과 같이 말한다.

　　도道라는 한자漢字는 '머리'와 '가다going'라는 글자로 구성되어

---

35) 이부영(1998) : 앞의 책, p193.

있다. '머리'는 의식으로, 그리고 '가다'는 길을 가는 것으로 취급
될 수 있으므로 도道는 의식화to go consciously 또는 의식적 방법
the conscious way이 될 것이다.

......

만약 우리가 분리된 것을 하나로 만드는 수단 또는 의식적 방
법을 도道라고 한다면, 도道에 대한 심리학적 의미에 가까이 갔
다고 할 수 있을 것이다.

......

무의식 속에 숨겨진 대극의 다른 한쪽opposite을 인식하는 것은
우리 존재의 무의식적 법칙들과 다시 하나가 된다는 것을 뜻하
고, 이러한 재결합의 목적은 의식적인 삶conscious life의 획득이며,
도道의 실현the realization of the Tao이다. [36]

그러므로 '뜻을 알아 생멸을 떠나 저 언덕에 이른다.'는 것은 무
의식 속에 숨겨진 대극의 다른 한쪽을 인식함으로써 의식과 무의식
의 대극합일을 이루는 것이요, 자기실현을 성취하는 것이라고 이해
될 수 있을 것이다.

---

36) Jung CG(1957) : "Commentary on 'The Secret of the Golden Flower'",
Alchemical Studies, C. W. 13, pp20-21.

無念爲宗 無相爲體 無住爲本

혜능은 자신의 가르침에는 세 가지 근본적인 요소가 있다고 말
한다. 무념無念, 무상無相, 무주無住가 그것이다.

善知識 我自法門 從上已來 皆立 無念爲宗 無相爲體 無
住爲本

何名無相 無相者 於相而離相 無念者 於念而不念

無住者 爲人本性 念念不住 前念今念後念 念念相續 無
有斷絶

若一念斷絶 法身 卽是離色身 念念時中 於一切法上無住

一念若住 念念卽住 名繫縛 於一切法上 念念不住 卽無
縛也

是以無住爲本(126)

善知識 外離一切相是無相 但能離相 性體淸淨 是以無相
爲體

於一切境上不染 名爲無念 於自念上離境 不於法上念生

莫百物不思 念盡除却 一念斷絶 別處受生

學道者用心 莫不息法意 自錯尙可 更勸他人 迷不自見
又謗經法

是以立無念爲宗 卽緣迷人 於境上有念 念上便起邪見

一切塵勞妄念 從此而生(128)

然此敎門 立無念爲宗 世人離見 不起於念 若無有念 無

念亦不立

無者 無何事 念者 念何物 無者 離二相諸塵勞 念者 念眞
如本性

眞如是念之體 念是眞如之用 自性起念 雖卽見聞覺知

不染萬境而常自在

維摩經云 外能善分別諸法相 內於第一義而不動(130)

선지식들아, 나의 이 법문은 옛부터 모두가 생각 없음無念을
세워 종宗을 삼으며 모양 없음無相으로 본체를 삼고 머무름 없
음無住으로 근본을 삼느니라.

어떤 것을 모양이 없다고 하는가? 모양이 없다고 하는 것은
모양에서 모양을 떠난 것이다. 생각이 없다고 하는 것은 생각에
있어서 생각하지 않는 것이요, 머무름이 없다고 하는 것은 사람
의 본래 성품이 생각마다 머무르지 않는 것이다. 지나간 생각과
지금의 생각과 다음의 생각이 생각 생각 서로 이어져 끊어짐이
없나니, 만약 한 생각이 끊어지면 법신이 곧 육신을 떠나느니라.

순간순간 생각할 때에 모든 법 위에 머무름이 없나니, 만약
한 생각이라도 머무르면 생각마다에 머무는 것이므로 얽매임이
라고 부르며, 모든 법 위에 순간순간 생각이 머무르지 아니하면
곧 얽매임이 없는 것이다. 그러므로 머무름이 없는 것으로 근본
을 삼느니라.

선지식들아, 밖으로 모든 모양을 떠나는 것이 모양이 없는 것

이다. 오로지 모양을 떠나기만 하면 자성의 본체는 청정한 것이다. 그러므로 모양이 없는 것으로 본체를 삼느니라.

모든 경계에 물들지 않는 것을 생각이 없는 것이라고 하나니, 자기의 생각 위에서 경계를 떠나고 법에 대하여 생각이 나지 않는 것이니라. 일백 가지 사물을 생각하지 않고서 생각을 모두 제거하지 말라. 한 생각이 끊어지면 곧 다른 곳에서 남生을 받게 되느니라.

도를 배우는 이는 마음을 써서 법의 뜻을 쉬도록 하라. 자기의 잘못은 그렇다 하더라도 다시 다른 사람에게 권하겠는가. 미혹하여 스스로 보지 못하고 또한 경전의 법을 비방하느니라.

그러므로 생각 없음을 세워 종을 삼느니라. 미혹한 사람은 경계 위에 생각을 두고 생각 위에 곧 삿된 견해를 일으키므로 그것을 반연하여 모든 번뇌와 망령된 생각이 이로부터 생기느니라.

그러므로 이 가르침의 문은 무념無念을 세워 종宗을 삼느니라.

세상 사람이 견해를 떠나고 생각을 일으키지 않아서 만약 생각함이 없으면 생각 없음도 또한 서지 않느니라.

없다 함은 무엇이 없다는 것이고 생각함이란 무엇을 생각하는 것인가?

없다 함은 두 모양의 모든 번뇌를 떠난 것이고, 생각함은 진여의 본성을 생각하는 것으로서, 진여는 생각의 본체요 생각은 진여의 작용이니라. 그러므로 자기의 성품이 생각을 일으켜 비록 보고 듣고 느끼고 아나, 일만 경계에 물들지 않아서 항상 자재하느니라. 《유마경》에 말씀하시기를 '밖으로 능히 모든 법의 모양을 잘 분별하나 안으로 첫째 뜻에 있어서 움직이지 않는다.' 하였느니라.

사람들은 생각을 한다. 이 생각이라는 것을 어떻게 보고 어떻게 다루어야 할까? 혜능은 생각念을 진여의 작용이라고 본다. 이 말을 분석심리학적 입장에서 풀이하면 진여는 자기원형으로 이해할 수 있으며 생각念은 자기원형에서 유래한 모든 정신현상 중에서 한 가지 예를 든 것으로 이해될 수 있다. 그런데 혜능은 우리가 진여의 작용인 생각에 얽매이기 쉽다고 말한다. 혜능의 이 말은 분석심리학적으로 볼 때 우리의 생각이 자기원형에서 유래하기는 하였지만, 그것이 전체인 자기의 일부임을 모르고 그것이 전체인 양 착각하고 그것을 소유하고 집착하게 된다는 것으로 이해할 수 있을 것이다. '진여의 작용인 생각에 얽매이기 쉽다.'고 말한 혜능의 입장은 다음과 같이 말한 융의 입장과 비슷하다.

사람들이 어떤 사실에서 개념을 만드는 순간, 그들은 그 여러 측면 중의 하나를 포착하는 것에 성공한 것이다. 그러나 사람들은 이때 통상적으로 전체를 파악했다는 착각에 빠져든다. 전체적 파악이 절대로 불가능하다고 자신에게 변명하는 일도 없다. 전체적이라고 규정된 개념조차 전체적인 것이 아니다. 왜냐하면 그것은 여전히 예견할 수 없는 성질들을 지닌 고유의 존재이기 때문이다. 이러한 자기기만은 물론 안정과 마음의 평화를 가져다준다. 왜냐하면 미지의 것에 이름을 붙였고, 멀리 있는 것이 이제는 손에 올려 놓을 수 있을 정도로 가까워졌기 때문이다. 사람들이 그것을 소유하게 되었고, 그것은 마치 죽임을 당해 더 이상 도망가지 못하는 야생동물과 같은 부동不動의 소유물이 되었다. 그것은 원시인이 사물에 대해, 심리학자가 심혼에 대해 행하는 마법의 과정이다. 사람들은 더 이상 그것을 포기하지 않는다. 왜냐하면 만약 사람들이 해석을 통해서 그것을 속박하지 않았더라면 전혀 모습을 드러내지 않았을 모든 특성을, 바로 객체를 개념적으로 파악함으로써 발달시킬 가장 좋은 기회를 얻는다는 것을 의심치 않기 때문이다. [37)]

의식의 규정성definiteness과 정향성directedness은 값비싼 희생의 대가를 치르고 획득된 것이고 인류의 편에서 보면 가장 위대한 임무를 수행하여 얻은 매우 중요한 성과인 것이다. 그 성과가 없었다면 과학과 기술, 문명은 불가능했을 것이다. 그것이 정신적 과정의 신뢰할 수 있는 영속성과 균형성 그리고 목적 지향성을 모두 전제하고 있기 때문이다. 그러나 이러한 특성들이 지니고 있는 장점은 또한 엄청난 단점에 결부되어 있다. 즉, 의식이 특정한 목표로 방향을 잡는다는 사실은 겉보기에나 실제로 그

---

37) Jung CG(2002) : 《원형과 무의식》, p24.

방향에 어울리지 않는 모든 정신적 요소들, 경우에 따라서는 미리 정해진 방향을 위해 임의로 굽히고, 의도하지 않은 목표로 정신 과정을 이끌어 가려는 모든 정신적 요소들을 억제하고 배제함을 뜻한다. 그러나 무엇으로써 부차적 · 심리적 자료들이 어울리지 않는다고 인식되는가? 그 인식은 원하는 길의 방향을 확정 짓는 판단행위에 근거를 두고 있다. 그 판단은 편파적이고 선입견에 사로잡혀 있다. 그것은 모든 다른 가능성을 희생하여 선택한 단독적인 것이기 때문이다.

......

우리의 문명화된 삶은 고도의 집중력과 정향적 의식의 활동을 요구하고 그 때문에 무의식과의 현저한 분리라는 위기에 처하게 된다.[38]

융은 여기서 사람들이 어떤 사실에서 개념을 만드는 순간, 그것에 집착한 나머지 전체를 파악했다고 착각하는 경우가 흔히 있음을 지적하고 있다. 그런데 그 심적 사실이란 무의식에서 유래된 것으로 전체 정신과 결부된 것일 것이다. 그러나 그것이 개념화하고 사람들이 그 개념을 절대시함으로써 전체성과의 연계를 보지 못하고 부분적인 것을 전체라고 착각하는 상태에 빠지게 된다. 의식의 규정성과 정향성은 그 일방성 때문에 의식의 뿌리인 집단적 무의식

---

38) Jung CG(2002) : 앞의 책, pp340-342.

과의 관계를 단절할 위험성을 갖고 있다. 그러므로 개념에 대한 집착을 극복하며 의식의 일방성과의 동일시를 지양하고 전체 정신, 즉 자기自己로 향해야 한다. 이러한 생각은 곧 혜능이 '진여의 작용인 생각에 머물러 얽매이지 말라.'고 한 것과 같은 목표를 지향하고 있는 것 같다. 즉, 진여의 작용인 생각을 자아가 받아들여서 구체화하는 과정에서 그 생각에 집착하여 생각의 본체인 진여 또는 법신과 분리된 것이라고 볼 수 있는데, 이러한 상태를 혜능은 '만약 한 생각이 끊어지면 법신이 곧 육신을 떠나느니라.'라고 하였다. 왜냐하면 '사람의 본래 성품은 생각마다 머무르지 않는 것이어서 지나간 생각과 지금의 생각과 다음의 생각이 생각 생각 서로 이어져 끊어짐이 없어야' 하기 때문이다.

한 생각이 끊어진다는 것은 그 생각에 집착한다는 것을 뜻한다. 한 생각에 집착하게 되었을 때, 사람의 본래 성품은 다른 생각을 만들어 내기 때문에 그 생각에 집착하고 있는 육신은 진여법신과 분리되는 것이다. 그러므로 혜능은 '일백 가지 사물을 생각하지 않고서 생각을 모두 제거하지 말라.'고도 하였다. 이 구절은 이념離念하여 깨달음[39]을 얻으려는 신수神秀의 선법禪法을 비판한 것이다. 생각이 진여의 작용이라는 혜능의 관점에서는 생각을 제거한다는 것은 있을 수 없는 일이다. 다만 한순간에 의식된 생각에 집착하여 새로운 생각, 즉 다음 순간에 진여의 작용으로 생긴 다른 생각을

---

39) 董群(2000) : 앞의 책, p92.

억압하고 배제하지 않도록 하여 새로운 생각이 계속 이어져 끊어짐이 없도록 하는 것이 혜능의 선법이다. 그러므로 무념無念이란 자아가 자신의 생각에 대한 집착을 버리고 자신의 생각은 그를 초월하는 자기원형에서 유래된 것임을 알아서 자아를 포함하는 자신의 전체인 자기自己가 되는 지혜임을 알 수 있다.

무념無念에 이어서 두 번째로 무주無住에 대하여 살펴보자. 혜능은 종보본宗寶本《육조단경》에 의하면 "《금강경》의 '마땅히 머무는 바 없이 그 마음을 내어라.' 하는 구절을 듣고는 곧 마음을 깨달았다能一聞經 應無所住而生其心 心卽開悟."고 한다.[40]《금강경》의 이 구절을 좀 더 자세히 살펴보면 다음과 같다.

是故 須菩提 諸菩薩摩訶薩 應如是生淸淨心. 不應住色生心. 不應住聲香味觸法生心. 應無所住 而生其心.[41]

그런 까닭에 수보리여, 모든 보살마하살은 응당 이와 같이 청정한 마음을 낼 것이니 마땅히 색色에 머물러서 마음을 내지 말며, 소리와 냄새와 맛과 느낌과 법에 머물러서 마음을 내지 말며, 마땅히 머무는 바 없이 그 마음을 낼지니라.

---

40) 정병조 역해(1998) : 앞의 책, p36.
41) 이기영 역해(1997) :《반야심경 금강경》, 한국불교연구원, p211.

이 구절에 해당하는 산스크리트어 원본의 번역은 다음과 같다.

그러므로 수보리여, 구도자 · 훌륭한 사람들은 집착 없는 마음을 일으키지 않으면 안 된다. 무엇인가에 집착된 마음을 일으켜서는 안 된다. 형태에 집착된 마음을 일으켜서는 안 된다. 소리나 냄새나 맛이나 감촉이나 마음의 대상에 집착된 마음을 일으켜서는 안 된다. [42]

한역《금강경》에 보면 머물지 말아야 할 대상은 색성향미촉법이며 머물지 않는다는 것無住은 산스크리트 원본에서 보면 집착하지 않는다는 뜻이라는 것을 알 수 있다. 그러므로 색성향미촉법에 집착하는 바 없이 그 마음을 내라는《금강경》의 한 구절을 듣고 혜능의 마음이 열리고 깨닫게 되었다고 볼 수 있다. 이렇듯 무주無住는 혜능 선법의 출발점이자 목적지라고 할 수 있다. 이러한 무주에 대하여 혜능은 "순간순간 생각할 때에 모든 법 위에 머무름이 없나니 만약 한 생각이라도 머무르면 생각마다에 머무는 것이므로 얽매임이라고 부르며 모든 법 위에 순간순간 생각이 머무르지 아니하면 곧 얽매임이 없는 것이다. 그러므로 머무름이 없는 것으로 근본을 삼느니라."라고 하였다. 그리고 "머무름이 없다無住고 하는 것은 사람의 본래 성품이 생각마다 머무르지 않는 것이다."라고 하였

42) 이기영 역해(1997) : 앞의 책, p210.

다. 이 말의 뜻은 진여는 순간순간 다른 생각을 만들어 내기 때문에 자아가 한순간의 생각에 집착하지 말아야 한다는 것으로 이해할 수 있다. 그러므로 무주無住는 자아가 한순간의 생각에 대한 집착을 버리고, 순간순간의 생각이 모두 자신을 초월하는 자기원형에서 유래된 것임을 알아서 순간순간의 생각을 받아들임으로써 순간순간마다 자신의 전체인 자기自己가 되는 지혜임을 알 수 있다.

그리고 "순간순간 생각할 때에 모든 법 위에 머무름이 없나니." 라고 하여 자아가 한순간에 파악한 어떠한 생각에도 집착하지 말라고 한 것은 융이 정신치료의 기본 원칙으로 제시하는 변증법적 방법과 비슷하다.

정신치료가 사람들이 처음에 이해했던 것처럼 간단하면서 틀림없는 방법이 아니라 어떤 의미로는 변증법적 과정, 즉 두 사람 사이의 대화 또는 토론임이 점차 명백해졌다. 변증법은 원래 고대 그리스 철학의 대화술의 하나였는데, 예로부터 새로운 합성合成을 만들어 내는 과정을 일컫는 명칭이 되었다.[43]

그러므로 내가 개별적인 인간의 정신치료를 하고자 하는 한 좋든 싫든 간에 모든 권위, 영향을 주고자 하는 마음이나 내가 더 잘 안다는 온갖 마음을 포기해야만 한다. 어쩔 수 없이 나는 서로의 소견을 비교하는 변증법적 방법을 택해야만 한다. 이

---

43) Jung CG(2001) : 《정신요법의 기본 문제》, p13.

것은 다른 사람이 나의 전제로 인해 제약받지 않고 그의 소견을 완전히 표현하는 기회를 갖도록 해 줌으로써 가능하다.[44]

개인적인 것은 일회적인 것, 예측할 수 없는 것, 해석할 수 없는 것이기 때문에 이 경우 치료자는 그의 모든 가정과 기법을 포기해야만 하고, 모든 방법을 피하는 태도를 취하면서 순수한 변증법적 과정에만 국한시켜야 한다.[45]

치료자 자신의 모든 가정과 기법은 과거의 것이며 일반적인 것으로서 지금 치료자와 피치료자의 만남에서 일어나고 있는 것에 대한 가장 적절한 이해의 수단이 될 수 없다. 그러므로 치료자는 자신이 가지고 있는 어떠한 가정이나 기법에도 집착하지 말아야 할 것이다.

무념無念, 무상無相, 무주無住의 세 가지 원칙 중에서 마지막으로 무상無相에 대해서 살펴보자. 혜능은 "모양이 없다고 하는 것은 모양에서 모양을 떠난 것이다無相者 於相而離相."라고 하였다. 그러므로 무념無念이 생각을 제거하는 것이라고 오해하지 말아야 하는 것과 마찬가지로 무상無相도 상相을 제거하는 것으

---

44) Jung CG(2001) : 앞의 책, p16.
45) Jung CG(2001) : 앞의 책, p19.

로 인식하지 말아야 할 것이며, 모양을 떠난다離相는 것도 상相
을 집착하지 않는다는 것으로 받아들여야 할 것이다. 상相이라
고 하는 것은 겉으로 나타난 모습을 말하는데,[46] 《금강경》에
'무릇 모든 상相이 다 허망한 것이니라. 만약 모든 상이 상 아님
을 보면 곧 여래를 보는 것이니라凡所有相 皆是虛妄 若見諸相非相 卽
見如來.'[47]라는 구절이 있다. 이는 "밖으로 모든 모양을 떠나는
것이 모양이 없는 것이다. 오로지 모양을 떠나기만 하면 자성의
본체는 청정한 것이다外離一切相是無相 但能離相 性體淸淨."라고 혜
능이 무상無相에 대해 언급한 것과 일맥상통한다. 그러므로 겉으
로 나타난 모습相은 모두 허망한 것이므로 집착해서는 안 되며,
만약 상相에 대한 집착을 버리면 여래를 본다고 할 수 있다. 그
러므로 무상無相은 상相에만 집착하지 말고 상相의 본성本性을 보
도록 하여 부처의 도를 이루게 하는識心見性 自成佛道 지혜임을 알
수 있다.

그리고 혜능은 《금강경오가해》에서 상相에 대하여 다음과 같이
말하고 있다.

色身卽有相 法身卽無相

46) 이기영(1998) : 앞의 책, 하, p57.
47) 이기영 역해(1997) : 《반야심경 금강경》, 한국불교연구원, p173.

色身者 四大和合 父母所生 肉眼所見

法身者 無有形段 非有靑黃赤白 無一切相貌

非肉眼能見 慧眼乃能見之

색신은 곧 상相이 있음이요 법신은 곧 상相이 없음이니, 색신이란 사대四大, 地水火風가 화합하여 부모가 낳았기에 육안으로 볼 수 있거니와 법신이란 형상이 없어서 청, 황, 적, 백이 있지 않으며 일체 형상과 모양이 없어 육안으로 능히 볼 수 없으므로, 혜안이라야 능히 볼 수 있음이니라.[48]

또한 '색신시상 법신시성色身是相 法身是性'이라[49] 하였다. 그러므로 《금강경》과 《금강경오가해》를 종합해 볼 때 혜능의 무상無相은 겉으로 드러난 모습인 상相, 즉 색신色身에 집착하지 않고 법신을 볼 수 있는 지혜임을 알 수 있다. 색신은 자아이고 법신은 자기원형이라고 할 수 있다. 그러므로 무상無相은 자아가 자신에 대한 집착을 버리고, 그 자신은 그를 초월하는 자기원형에서 유래된 것임을 알아서 자아를 포함하는 자신의 전체인 자기가 되는 지혜임을 알 수 있다.

겉으로 드러난 모습인 상相뿐만이 아니라 마음의 심층에서 유

---

48) 無比 역해(2003) : 앞의 책, pp157-158.
49) 無比 역해(2003) : 앞의 책, p159.

래된 심적인 모습인 상징象徵도 이와 같다. 상징은 원형에서 유래되어 우리에게 나타난 상相이다. 상징이 우리에게 나타났을 때, 상징을 통한 원형의 작용을 체험하고 상징의 의미를 알 필요가 있을 것이다. 융은 상징으로 선택된 표현이 상징이라고 할 수 있는 전제 조건은 그것이 비교적 알려지지 않은 요소에 대한 가장 잘 묘사된 표현이어야 한다고 하였다.[50] 그리고 그는 살아 있는 상징과 죽은 상징에 대하여 다음과 같이 말하였다.

> 살아 있는 상징은 다른 어떤 더 좋은 방식으로도 그 특징을 표현할 수 없는 어떤 것의 표현이다. 상징은 의미를 잉태하고 있는 동안에만 살아 있다. 그러나 상징의 의미가 밝혀지게 되거나 지금까지 상징으로 받아들여지던 것보다 더 나은 표현이 발견되면, 그 상징은 죽은 것이 되고 오직 역사적인 중요성만 간직하게 된다.[51]

다시 말해서 상징은 그 의미를 남김없이 구체적으로 설명할 수 없는 것이다. 만약 남김없이 설명했다고 믿는다면 그것은 상징symbol이 아니고 징후sign다. 징후는 생명이 없다. 즉, 의식을 변화시킬 효력이 없다. 상징을 징후로 간주한다면 그것은 상징의 깊

---

50) Jung CG(1921) : "Defintions", *Psychological Types*, C. W. 6, p474.
51) Jung CG(1921) : 앞의 책, p474.

은 불가해한 궁극적인 뜻을 생각하지 않는 태도로서 상相에 집착하는 태도와 같다. 왜냐하면 상相은 밖에 보이는 구체적 현상外相, 色身이나 형상일 뿐 '의미를 잉태하고' 있지 않기 때문이다. 또한 하나의 상징이 더 이상 정신 상황에 대한 충분한 표현이 되지 못할 경우, 새로운 상징이 출현할 수 있음을 융은 말하고 있다.

무의식은 항상 의식이 처한 상황에 가장 적절한 상징을 의식에게 보여 준다. 이러한 상징이 표현하려고 했던 무의식의 알려지지 않은 어떤 것의 의미를 자아가 인식하면 무의식으로부터 새로운 상징이 나타난다는 것을 융의 말에서 알 수 있다.

자아의식이 원래의 상징이 가진 의미를 인식하게 되면 원래 알려지지 않았던 어떤 것의 내용도 달라지고 의식 상황도 달라질 것이다. 그리하여 이러한 상황에 가장 적절한 상징이 새로 태어날 것이다. 그러나 원래의 상징이 자아에게 준 영향에 매혹된 결과, 자아가 이미 죽어 버린 상징에 매달려 새롭게 태어나 살아 있는 상징을 보지 못하게 되어서는 아니 될 것이다.

이런 상황의 변화는 꿈을 해석할 때 자주 나타난다. 꿈이 의식에게 전해 주는 상징의 의미는 때에 따라 달라지고 경우에 따라서는 정반대가 될 수가 있다. 그러므로 과거 어느 한때 자아가 처한 상황을 해결하는 데 도움이 되었던 상징이었지만 상황이 바뀌었는데도 그 상징만을 따르다 보면 오히려 해를 입을 수 있다. 예를 들면, 종교적 상징인 도그마도 마찬가지다.

우리가 종교적 상징인 도그마를 통하여 누미노줌을 체험한다면 이때 우리는 원형의 작용을 체험하는 것이며 그 체험을 통해서 원형의 의미가 저절로 나타날 것이다. 이때 도그마는 살아 있는 상징이다. 그러나 도그마가 개인에게 누미노줌을 일으키지 못하면서도 형식적인 의례로서만 남아 있는 경우라면 그것은 죽은 상징이 될 수밖에 없다. 그러므로 도그마가 어떤 사람에게는 살아 있는 상징이 될 수 있지만, 어떤 사람에게는 죽은 상징이 될 수 있다. 한 개인이 죽은 상징에만 매달릴 때, 자신의 내부에서 올라오는 새로운 종교적인 상징은 억압되거나 무시될 수밖에 없다. 개인의 무의식에서 유래되는 종교적 체험을 하기 위해서는 죽은 상징에 집착하지 말아야 할 것이다. 그러므로 융은 기독 모방이 개인의 개성화 과정에 장애가 될 수 있음을 말하고 있다.

그리스도의 모방, 즉 그의 본을 따르고 닮아가라는 요구는 고유한 내적 인간의 발전과 고양을 목적으로 해야 한다. 그러나 그것은 피상적이고 기계적인 상투성에 빠져드는 신자들에 의해 외적인 예배 대상이 되어 버렸다. 바로 그런 식의 숭배 때문에 예배의 대상은 심혼 깊은 곳을 파고들어 심혼을 본보기에 부응하는 전체성으로 거듭나게 하는 데 실패한다. 그로서 신적인 중재자는 외부의 像으로 존재하고, 인간은 깊은 본성이 변화되지 않은 채 조각난 존재로 남아 있는 것이다. 인간을 변화시키지 못하는, 한낱 인공물에 지나지 않는 그러한 단순한 모방이 중요한 것이 아니다. 중요한 것은 개인이 삶의 영역에서 자기의 고유

한 방법으로—신의 용인 아래Deo concedente—본보기를 실현시켜

가는 일이다. [52)]

또한 융은 예언자의 제자가 되는 것이 집단정신과 동일시할 위

험성이 있다고 본다.

예언자의 제자가 되는 것의 장점은 겸손하게 스승의 발밑에

앉아서 자기 고유의 생각을 삼간다. 정신적 게으름은 미덕이 되

고 적어도 절반은 신神이 된 것 같은 존재의 빛을 받는 기쁨이 허

용된다. 무의식적 환상의 고태성과 유아성은 스스로의 노력의 대

가를 치르지 않고도 완전히 자기의 기대대로 된다. 왜냐하면 모

든 책무는 스승 쪽에 전가되기 때문이다. 이런 경우 집단적 무의

식에 의한 팽창이 나타난다. 그리고 개성의 자립성은 손상을 입

는다. [53)]

여래선은 단지 여래지如來地에 오입悟入하려는 것으로 부처 모방이

라 할 수 있다. 그러므로 조사선이 여래선을 비판하는 것은 부처의

원래 깨달음을 부정하는 것이 아니라, 부처의 가르침에만 의지하여

자신의 본성에서 멀어지는 것을 비판하고 각자가 스스로 자신 마

52) Jung CG(2002) : "연금술의 종교심리학적 문제 서론",《꿈에 나타난 개성화 과정
   의 상징》, C.G. 융 기본저작집 5, 한국융연구원 역, 솔, 서울, pp14-15.
53) Jung CG(2004) :《인격과 전이》, pp73-74.

음의 본성을 보아 깨달음을 얻기를 촉구한 것으로 이해할 수 있다.

지금까지 살펴본 무념無念, 무상無相, 무주無住의 내용이 다음 구
절에 잘 요약되어 있다.

自性心地 以智惠觀照 內外明徹 識自本心 若識本心 卽
是解脫
旣得解脫 卽是般若三昧 悟般若三昧 卽是無念
何名無念 無念法者 見一切法 不著一切法 遍一切處
不著一切處 常淨自性
使六賊 從六門走出 於六塵中 不離不染
來去自由 卽是般若三昧 自在解脫 名無念行
莫百物不思 常令念絶 卽是法縛 卽名邊見 悟無念法者 萬
法盡通
悟無念法者 見諸佛境界 悟無念頓法者 至佛位地(178)

자성의 마음자리가 지혜로써 관조하여 안팎이 사무쳐 밝으면
자기의 본래 마음을 알고, 만약 본래 마음을 알면 이것이 곧 해
탈이며, 이미 해탈을 얻으면 이것이 곧 반야삼매이며, 반야삼매
를 깨치면 이것이 곧 무념이니라.
어떤 것을 무념이라고 하는가?
무념법이란 모든 법을 보되 그 모든 법에 집착하지 않으며, 모

든 곳에 두루 하되 그 모든 곳에 집착치 않고 항상 자기의 성품을 깨끗이 하여 여섯 도적[54]으로 하여금 여섯 문[55]으로 달려 나가게 하나 육진[56] 속을 떠나지도 않고 물들지도 않아서 오고 감에 자유로운 것이다. 이것이 곧 반야삼매이며 자재해탈이니 무념행이라고 이름하느니라.

온갖 사물을 생각하지 않음으로써 항상 생각이 끊어지도록 하지 말라. 이는 곧 법에 묶임이니 곧 변견이라고 하느니라.

무념법을 깨친 이는 만법에 다 통달하고, 무념법을 깨친 이는 모든 부처의 경계를 보며, 무념의 돈법을 깨친 이는 부처의 지위에 이르느니라.

定慧等; 定慧體一不二

정定은 선정으로 선종에서 닦는 행行이고, 혜慧는 지혜로서 선종에서 따르는 이치다.[57] 정혜는 중국 전통에서 보면, 지행知行의 문제다.[58] 이러한 문제를 혜능은 어떻게 보는지 살펴보고자 한다.

善知識 我此法門 以定慧爲本 第一勿迷言惠定別 定惠體

---

54) 육식(六識)으로 이해된다. 안식(眼識), 이식(耳識), 비식(鼻識), 설식(舌識), 신식(身識), 의식(意識).
55) 육근(六根). 안이비설신의(眼耳鼻舌身意).
56) 육경(六境). 색성향미촉법(色聲香味觸法).
57) 董群(2002) : 앞의 책, p225.
58) 董群(2002) : 앞의 책, p235.

一不二

卽定是惠體 卽惠是定用 卽惠之時 定在惠 卽定之時 惠
在定

善知識 此義 卽是定惠等 學道之人 作意 莫言先定發惠
先惠發定 定惠各別 作此見者 法有二相 口說善 心不善
惠定不等

心口俱善 內外一種 定惠卽等 自悟修行 不在口諍

若諍先後 卽是迷人 不斷勝負 却生法我 不離四相(120)

一行三昧者 於一切時中 行住坐臥 常行直心是

淨名經 云 直心是道場 直心是淨土

莫心行諂曲 口說法直 口說一行三昧 不行直心 非佛弟子

但行直心 於一切法 無有執著 名一行三昧

迷人 著法相 執一行三昧 直心 坐不動

除妄不起心 卽是一行三昧

若如是 此法同無情 却是障道因緣 道須通流 何以却滯

心不住在 卽通流 住卽被縛

若坐不動是 維摩詰 不合呵舍利弗 宴坐林中

善知識 又見有人 教人坐 看心看淨 不動不起 從此置功

迷人 不悟 便執成顚 卽有數百般 如此教道者故知大
錯(121)

善知識 定惠 猶如何等 如燈光 有燈卽有光 無燈卽無光
燈是光之體 光是燈之用

名卽有二 體無兩般 此定惠法 亦復如是(124)

선지식들아, 나의 이 법문은 정과 혜로써 근본을 삼나니, 첫째로 미혹하여 혜와 정이 다르다고 말하지 마라. 정과 혜는 몸이 하나여서 둘이 아니니라. 곧 정은 이 혜의 몸이요 혜는 곧 정의 씀이니, 곧 혜가 작용할 때 정이 혜에 있고 곧 정이 작용할 때 혜가 정에 있느니라.

선지식들아, 이 뜻은 곧 정과 혜를 함께함이니라. 도를 배우는 사람은 짐짓 정을 먼저 하여 혜를 낸다거나 혜를 먼저 하여 정을 낸다고 해서 정과 혜가 각각 다르다고 말하지 마라. 이런 소견을 내는 이는 법에 두 모양이 있는 것이다. 입으로는 착함을 말하면서 마음이 착하지 않으면 혜와 정을 함께함이 아니요, 마음과 입이 함께 착하여 안팎이 한 가지면 정과 혜가 곧 함께함이니라.

스스로 깨쳐 수행함은 입으로 다투는 데 있지 않다. 만약 앞뒤를 다투면 이는 곧 미혹한 사람으로서 이기고 지는 것을 끊지 못함이니, 도리어 법의 아집이 생겨 네 모양四相[59]을 버리지 못함이니라.

일행삼매란 일상 시에 가거나 머물거나 앉거나 눕거나 항상 곧은 마음을 행하는 것이다. 《정명경》에 말씀하기를 "곧은 마음

---

[59] 금강경에 나오는 我相, 人相, 衆生相, 壽者相. 정성본 역주(2003) :《돈황본 육조단경》, 한국선문화연구원, p84.

이 도량이요 곧은 마음이 정토다."라고 하였느니라.

마음에 아첨하고 굽은 생각을 가지고 입으로만 법의 곧음을 말하지 말라.

입으로는 일행삼매를 말하면서 곧은 마음으로 행동하지 않으면 부처님 제자가 아니니라. 오직 곧은 마음으로 행동하여 모든 법에 집착하지 않은 것을 일행삼매라고 한다. 그러나 미혹한 사람은 법의 모양에 집착하고 일행삼매에 국집하여 앉아서 움직이지 않는 것이 곧은 마음이라고 하며, 망심을 제거하여 마음이 일어나지 않는 것을 일행삼매라고 한다. 만약 이와 같다면 이 법은 무정과 같은 것이므로 도리어 도를 장애하는 인연이니라.

도는 모름지기 통하여 흘러야 한다. 어찌 도리어 정체할 것인가? 마음이 머물러 있지 않으면 곧 통하여 흐르는 것이요, 머물러 있으면 곧 속박된 것이니라.

만약 앉아서 움직이지 않음이 옳다고 한다면 사리불이 숲 속에 편안히 앉아 있는 것을 유마힐이 꾸짖었음이 합당하지 않느니라.

선지식들아, 또한 어떤 사람이 사람들에게 '앉아서 마음을 보고 깨끗함을 보되, 움직이지도 말고 일어나지도 말라.'고 가르치고 이것으로써 공부를 삼게 하는 것을 본다. 미혹한 사람은 이것을 깨닫지 못하고 문득 거기에 집착하여 전도됨이 곧 수백 가지이니, 이렇게 도를 가르치는 것은 크게 잘못된 것임을 짐짓 알아야 한다.

선지식들아, 정과 혜는 무엇과 같은가? 등불과 그 빛과 같으니라. 등불이 있으면 곧 빛이 있고 등불이 없으면 곧 빛이 없으므로, 등불은 빛의 몸이요 빛은 등불의 작용이다. 이름은 비록 둘이지만 몸은 둘이 아니다. 이 정, 혜의 법도 또한 이와 같으니라.

정과 혜가 같다定慧等는 것은 정혜상즉定慧相卽으로 표현하며, '상즉相卽'에서 '즉卽'의 의미는 상시相是, 상재相在, 불리不離다. 정이 바로 혜이고 정은 혜를 떠나지 않으며 정은 혜 속에 있다. 달리 말하면, 혜는 바로 정이고 혜는 정 속에 있으며 혜는 정을 떠나지 않는 것이다. 이 양자는 통일되고 있다. 다만 정혜등定慧等과 정혜체일불이定慧體一不二는 정혜 양자가 완전히 하나라는 것은 아니다. 이는 양자의 통일성과 양자의 상호 투과성과 상호 의존성을 나타내는 것이다.

정과 혜는 체용體用의 관계로 표현하며, 체용 관계에서 보면 체용은 같으며 서로 떠난 적이 없다. 이러한 체용의 관계는 선후 관계를 사용하여 이해할 수 없다. 선후 관계는 철학에서 보면 일종의 생성生成 관계인데, 신수는 이러한 생성론의 틀로서 정혜 관계를 기계적으로 적용한 것이다. 그러므로 신수의 선정발혜禪定發慧와 선혜발정先慧發定을 정혜의 통일 관계가 분리된 것이라고 비판하고 있다.

또한 정혜에 대한 두 사람의 관점도 다르다. 혜능이 말한 정定은 닦음이 없는 닦음無修之修이고 규법과 형식을 준수하는 좌선이 아니며 간심간정看心看淨이 아니다. 또한 그가 말한 혜는 심체心體가 본유本有한 대지혜다. 그러나 신수는 정定을 마음의 부동 상태, 마음이 하나의 경계에 집중하는 것으로 이해하였다. 이러한 의미로 볼 때 정定은 체體를 말한 것이고, 또한 이근耳根의 부동不動과 안근眼根의 부동을 혜로 여긴 것이다.

정과 혜를 혜능의 선종 이전의 교문教門에서는 지관止觀 혹은 적조寂照 혹은 명정明靜이라고 하였는데, 일반적으로는 지관으로 불렀다. 지止는 마음을 분산시키지 않는 것이며, 관觀은 지의 기초를 바탕으로 사법事法의 실상을 명백히 통찰하는 것이다. 지는 선정의 뛰어난 원인이고, 관은 지혜의 근거로 보았다.

천태지의는 지관쌍수론止觀雙修論을 제시하면서 지와 관의 관계를 새의 두 날개와 수레의 두 바퀴처럼 어느 하나가 문제를 일으켜도 안 되는 것으로 보았다. 혜능의 정혜등학定慧等學과 비교하여 천태의 지관쌍수는 매우 큰 차이가 있다. 혜능은 체용體用의 관계에서 정혜의 관계를 논했으나, 지의는 둘을 모두 중시하는並重 관계에서 논하여 지관병중止觀並重이 된 것이다. 여기서 혜능이 서술한 상즉相卽과 같은 관계는 없으며, 또한 혜능의 정혜합일定慧合一이 아니다. 지의의 지관학설은 지성분석식이고 경전에 의지하여 설하는 것이나, 혜능의 정혜이론은 순수하게 자기 마음속에서 우러나오는 것으로 심성 일반을 직접적으로 체현한 것이다.[60]

신수는 이념離念하여 깨닫고, 이오離汚하여 정淨하며, 이동離動하여 정靜함을 주장하여 이른바 망념의 장애됨을 과장한 것이나, 혜

---

60) 董群(2002) : 앞의 책, pp225-234.

능은 즉망卽妄에서 깨닫고, 즉염卽染에서 정靜하며, 즉물卽物에서 공空하는 것이다. [61]

신수는 망념과 더러움을 제거하려고 하였다. 망념과 더러움이란 아집我執과 법집法執이라고 볼 수 있는데, 신수는 집착하는 아我와 집착의 대상인 법法을 모두 없애 버리려고 했지만 혜능은 집착하는 데 잘못이 있지 아我와 법法 자체에는 잘못이 없다고 보아 아我와 법法을 없애려고 하지 않았고, 다만 집착하지 않으면 된다고 보았다. 그러므로 혜능은 망념과 더러움에서 깨닫는다고 하였다. 또한 혜능은 "항상 허물을 드러내어 자기에게 있게 하라. 도와 더불어 서로 합하는도다常現在己過 與道卽相當." [62]라고 하여 자신의 허물도 없애려고 하지 않았다.

여기서 말하는 허물은 분석심리학의 그림자에 해당하는 것으로 보인다. 그림자는 원래 자신에게 속하는 것이지만 자아의식이 자신에게 어울리지 않기 때문에 무의식으로 억압해 버린 것이다. 그러므로 원래의 자신이 되기 위해서는 그림자도 자신의 일부임을 인식하고 통합하여 그것을 다시는 무의식으로 억압하지 말도록 해야 한다. 그림자에 대한 분석심리학적 태도는 혜능의 선법과 유사하다.

혜능은 타인의 잘못에 대해서도 언급하고 있다.

---

61) 董群(2002) : 앞의 책, p92.
62) 성철 편역(1967) :《육조단경》, p205.

若眞修道人 不見世間愚 若見世間非 自非却是左

他非我有罪 我非自有罪 但自去非心 打破煩惱碎(205)

만약 참으로 도를 닦는 사람이라면

세간의 어리석음을 보지 않나니

만약 세간의 잘못을 보면

자기의 잘못이라 도리어 허물이로다.

남의 잘못은 나의 죄과요

나의 잘못은 스스로 죄 있음이니

오직 스스로 잘못된 생각을 버리고

번뇌를 처부수어 버리는도다.

세간世間은 파괴되게끔 되어 있는 세상을 뜻하는 말인데,[63] 참으로 도를 닦는 사람이라면 그러한 세상의 어리석음을 보지 않는다고 하였다. 즉, 파괴되게끔 되어 있는 세상에 집착하는 중생의 어리석음을 보지 않는다는 말이 될 것이다. 만약 중생의 어리석음을 본다면 그것은 내가 어리석기 때문이다. 그리고 나의 잘못은 나 자신의 잘못된 생각 때문이지만 '남의 잘못' 또한 나의 잘못된 생각 때문이라는 것을 분명히 하고 있다. 이 구절은 남의 잘못을 볼 때 그 잘못은 남의 것이 아니라 나의 잘못된 생각 때문이라는 것이다. 잘

---

63) 이기영(1998) :《불교개론 강의》, 상권, p124.

못된 생각이란 바로 나의 그림자를 남에게 투사하여 그것을 남의 것이라고 착각하는 것으로 이해될 수 있다.

혜능은 욕심도 또한 부정하지 않는다. "자기의 마음이 깨달음에 귀의하여 삿되고 미혹이 나지 않고 적은 욕심으로 넉넉한 줄을 알아 재물을 떠나고 색을 떠나는 것을 양족존이라고 한다自心歸依覺 邪迷不生 少欲知足 離財離色 名兩足尊."[64]라고 하여 깨달음에 이른 부처는 적은 욕심으로 넉넉한 줄을 안다고 하였다. 그러므로 재물을 떠나고 색을 떠난다고 한 것도 재색財色을 부정하는 금욕주의를 뜻하는 것이 아니라 그것에 집착하지 않는 것임을 알 수 있다. 만약 재물에 집착하는 것을 탐욕이라고 한다면, 소욕少欲은 자성에서 유래된 욕심이 자연스럽게 작용하게 둘 뿐 그것에 집착하지 않는 것으로 이해할 수 있다. 만약 배가 고프면 밥을 먹되 배고프다는 생각이나 맛있는 음식에 집착하지 않는다면 배고픔이 사라졌을 때 먹고 싶은 욕심도 사라질 것이다. 깨달음에 귀의한 부처는 생각이 진여의 작용인 것과 같이念是眞如之用 재물을 향하고 색을 향하는 욕심도 진여의 작용임을 알기 때문에 이를 부정하지 않는다. 다만 재물과 색에 대한 욕심에 집착하지 않게 되어 적은 욕심으로 넉넉한 줄 알게 된다.

혜능은 이처럼 결코 자아를 부정하거나 만법을 제거하려고 하지 않았음을 알 수 있다. 다만 집착하지 말라고 말할 뿐이다. 그

---

64) 성철 편역(1967) : 앞의 책, p155.

러나 실제로 자신의 집착을 버리려고 노력해 본 사람이라면 누구나 그것이 결코 쉬운 일이 아니라는 것을 알 것이다. 만약 부정하지 않는다면 집착하기 쉽고, 집착하지 않는다면 부정하기 쉽게 된다. 그렇기 때문에 부정하지도 않고 집착하지도 않을 수 있는 반야지혜는 소수의 상근기의 사람만이 얻을 수 있는 것으로 보인다. 이러한 경지에 도달하지 못한 대부분의 사람에게는 신수선법이 필요한 것으로 보인다. 융의 다음과 같은 말도 이러한 필요성과 관련이 있어 보인다.

> 인류는 대체로 심리학적으로는 아직 소아기小兒期 상태에 있다는 것이다—이것은 뛰어넘을 수 없는 단계다. 더 나아가 대다수의 사람은 권위, 지도 그리고 율법을 필요로 한다. 이 사실을 간과해서는 안 된다. [65]

그렇다면 집착에 대한 융의 입장을 알아보자. 혜능은 불교의 궁극적인 목적인 성불을 하려면 집착을 버려야 한다고 말하고, 융은 "자기실현은 한편으로는 페르소나, 다른 한편으로는 무의식적 상像들의 암시적 강제력의 그릇된 굴레에서 자기self를 해방시키는 것과 다름없다."고[66] 하였다. 즉, 자아가 페르소나와의 동일시에서

---

65) Jung CG(2004) : 《인격과 전이》, p160.
66) Jung CG(2004) : 앞의 책, p77.

벗어나서 페르소나와 자신을 구별할 줄 알아야 하며, 무의식적 상을 투사하여 그 대상에 집착하거나 또는 무의식적 상에 사로잡혀 자기팽창에 빠져서 마치 자신이 그런 존재인 것처럼 착각에 빠지지 말아야 한다. 이러한 동일시나 사로잡힘은 불교에서 말하는 집착에 해당된다.

그러나 페르소나를 없애려고 해서는 안 된다. 페르소나는 자아가 외부 현실 세계와의 관계 형성에 필수적인 것이므로 잘 발달시켜야만 한다. 다만 그것과 동일시하지 말고 구별해야 할 뿐이다. 이와 마찬가지로 무의식의 상들인 아니마, 아니무스, 마나 인격의 상들을 투사하거나 이러한 것들에 사로잡히지 않도록 자신과 구별하여야 하며, 그런 연후에 이러한 상들이 환상이 아니라 우리의 정신 속에 실제로 존재하는 현실임을 보아야 한다. 이러한 과정이 결코 쉬운 일이 아니라는 것은 그것을 시도해 본 사람이라면 누구나 알 것이다. 이런 과정의 출발점이 그것들과 자신을 구별하는 일이다. 이러한 구별이 필요한 이유는 그것들에게 매혹되어 동일시하거나 사로잡히지 않도록 하기 위해서다. 그렇게 하기 위해서는 우선 그것들에 집착하지 말아야 한다. 그러나 그것들을 긍정하면서 그것들에 대한 집착을 버리는 것은 매우 어렵다. 그래서 이런 어려운 문제를 해결하기 위해서는 그것들을 일단 부정하고 없애 버려야만 할지도 모른다. 이념離念하여 깨닫고, 이오離汚하여 정淨하려는 여래선은 바로 이런 태도를 나타내고 있다.

융이 접해서 알고 있었던 선불교도 이런 여래선이었던 것으로 보인다. 융은 스즈키의 《선불교입문》의 서문에서 깨달음悟의 예비 단계가 '자신에게서 상像, image과 생각을 비우는 것'으로 알고 있는데 [67] 이는 여래선의 선법이다. 이와 달리 혜능은 "빈 마음으로 앉아 있지 말라. 곧 무기공에 떨어지느니라."라고[68] 하였다. 융의 다음 과 같은 언급도 여래선에 대한 것이라고 보아야 마땅할 것이다.

만일 의식이 가능한 그 내용을 비우게 된다면, 최소한 당분 간은 무의식 상태에 빠지게 될 것이다. 선禪에서 이러한 강제적 인 배제는 일반적으로 의식의 내용에서 철수시킨 에너지를 공空 또는 공안으로 이전시킨 결과다. 이러한 것들이 확고해지면, 상 의 연속the succession of images은 사라지고 그와 함께 의식의 동력 을 유지시키는 에너지도 사라진다. 이렇게 절약된 에너지는 무의 식으로 흘러가서 폭발점에 이르기까지 충전이 강화된다. 이리하 여 무의식적 내용이 의식으로 뚫고 나올 준비가 강화된다. 그러 나 의식을 비우고 닫아버리는 것은 결코 쉬운 일이 아니기 때문 에 무의식의 내용이 마지막 순간에 뚫고 나올 수 있도록 최대한 의 긴장을 만들기 위해서는 무한한 시간의 특별한 훈련이 필요 하다. [69]

---

67) Jung CG(1939) : Foreword to Suzuki's "Introduction to Zen Buddhism", *Psychology and Religion; Westand East*, C. W. 11.
68) 莫空心坐 即落無記空. 성철 편역(1967) : 앞의 책, p158.
69) Jung CG(1939) : 앞의 책, p551.

융이 접한 선불교가 조사선이 아니고 여래선이었던 것은 아마도 스즈키가 서양에 전한 선불교가 여래선이었기 때문일 가능성이 있다. 물론 이에 대해서는 보다 면밀한 연구가 진행되어야 할 것이다. 그러나 스즈키가 서양에 소개한 것이 여래선이었다고 주장하는 근거를 두 가지 제시할 수 있다. 첫째로는 그가 번역하여 서양에 소개한 불경이 《능가경》과 《대승기신론》이었다는 점이다. 《능가경》은 여래장과 알라야식의 사상을 결합하여 뒤에 발전하는 《대승기신론》 사상의 선구가 된 경전으로서 이들은 모두 여래장사상의 경전으로 분류된다.[70] 《능가경》은 달마와 여래선에서 중요시한 경전이다. 둘째로 무無자 화두에 대한 스즈키의 설명이다.

> '무'의 의미를 따지는 것이 아니고 무의미한 '무'라는 소리에 마음을 집중시켜야 한다. 이와 같이 '무'라고 하는 소리의 단순한 반복은 그의 온 마음이 이 반복 속에 젖어들어 일점의 다른 어떠한 잡념도 허용하지 않는 그러한 경지에 다다를 때까지 반복해야 할 것이다.[71]

화두에 대한 스즈키의 이러한 태도는 여래선법에서 유래된 것으로 추정된다. 융의 자기실현은 이러한 여래선법과 다르다. 페르

---

70) 이기영(1998) : 앞의 책, 하권, p223.
71) 스즈키 외(1992) : 《선과 정신분석》, 원음사, pp190-191.

소나와 무의식의 상은 제거해야 할 것이 아니고, 다만 거리를 두고 대화를 통해서 그들의 자아에 대한 암시적 강제력을 없애 나가도록 해야 한다고 했던 융의 입장은 혜능의 조사선과 서로 통하는 바가 있어 보인다.

마군이 변하여 부처가 된다는 혜능의 선법 또한 악하게 보이는 무의식의 상들을 제거하려고만 하지 말고 그것들과 대화를 해 나가면 무의식의 파괴적인 면이 긍정적인 면으로 바뀔 수 있다는 융의 경험과 서로 통하는 바가 있다.

眞如淨性是眞佛 邪見三毒是眞魔

邪見之人 魔在舍 正見之人 佛則過

性中邪見三毒生 卽是魔王來住舍

正見自除三毒心 魔變成佛眞無假

……

婬性本身淸淨因 除婬卽無淨性身

性中但自離五欲 見性刹那卽是眞(278)

진여의 깨끗한 성품이 참 부처요

삿된 견해의 삼독이 곧 참 마군이니라.

삿된 생각 가진 사람은 마군이 집에 있고,

바른 생각 가진 사람은 부처가 곧 찾아오는도다.

성품 가운데서 삿된 생각인 삼독이 나나니

곧 마왕이 와서 집에 살고

바른 생각이 삼독의 마음을 스스로 없애면

마군이 변하여 부처 되나니 참되어 거짓이 없도다.

……

음욕의 성품은 본래 몸의 깨끗한 씨앗이니

음욕을 없애고는 깨끗한 성품의 몸이 없다.

다만 성품 가운데 있는 다섯 가지 욕심을 스스로 여의면

찰나에 성품을 보나니, 그것이 곧 참이로다.

참 마군은 탐진치貪瞋癡 삼독三毒인데, 삼독은 성품 가운데서 나온다고 하였다. 이는 심心과 성性이 만법을 포함하고 있다는 것에 해당되는 말이다. 심心과 성性은 자기自己로, 진여는 자기원형으로 이해할 수 있음은 앞에서 언급한 적이 있다.

자기원형에는 밝은 면과 어두운 면이 있다. 즉, 창조적인 측면과 파괴적인 측면이 있다. 이 두 측면은 고정불변의 것이 아니고 서로 바뀔 수 있는 것이다. 파괴적이고 위험하며 부정적인 그림자를 창조적인 것으로 전환시킬 수 있는 열쇠는 자아의식이 무의식에 대하여 어느 만큼 관심을 가지고 그림자의 존재를 깨닫고자 노력하느냐에 달려 있다. 그것을 깨달을 때 의식의 변화가 생기며 그림자의 부정적 작용이 해소된다.[72] 이러한 융의 입장은 '마군이 변하여

---

72) 이부영(1998) : 앞의 책, p78.

부처가 된다.'는 혜능의 선법과 비슷해 보인다. 이러한 변화는 바른 생각으로 삼독을 없앰으로써 생긴다고 하였다.

여기서 삼독을 없앤다는 것도 그 자체를 없애는 것이 아니고 삼독을 바른 생각으로 보면 삼독이 변하여 부처가 되는 것이다. 바른 생각이란 삼독이 본성에서 나오는 것임을 알고 삼독에 집착하지 않는 생각, 즉 무념無念을 뜻하는 것으로 보인다.

이와 마찬가지로 음욕의 성품도 본래 몸의 깨끗한 씨앗이기 때문에 없애려고 해서는 안 된다고 한다. 여기서 음욕의 성품姪性이란 뒤에 나오는 오욕五欲이라는 말이 오온五蘊, 色受想行識[73]에 대한 욕심이라고 본다면, 색욕色慾을 일으키는 본성本性이라고 볼 수 있다. 그런데 색욕을 포함한 다섯 가지 욕심五欲을 없애기만 하면 찰나에 견성見性한다고 하였다. 이 말은 곧 오온이 공함을 보면照見五蘊皆空 견성함을 뜻한다. 고대 인도의 불교에서는 일체의 존재는 오온으로 구성되어 있다고 생각하였다.[74] 그러므로 삼독이나 음욕은 집착했기 때문에 삼독이고 음욕이지, 그것이 공空함을 보면[75] 삼독이 변하여 부처가 되고 음욕의 성품이 변하여 깨끗한 몸이 된다고 한 혜능의 선법은 원형의 파괴적인 측면에 대한 융의 태도와 비슷하

---

73) 색(色)은 물질적 현상으로 존재하는 것, 수(受)는 감각 작용, 상(想)은 표상(表象), 행(行)은 작위(作爲), 식(識)은 외계의 사물을 식별하는 작용, 육식(六識)을 뜻한다. 이기영 번역(1997) : 앞의 책, p46, pp50-51.
74) 이기영 번역(1997) : 앞의 책, p44.
75) 여기서의 공(空)도 아무것도 없다는 것이 아니라 중도로서의 제일의공(第一義空)으로 이해해야 한다.

다. 융은 파괴적인 측면을 무조건 없애려고 할 것이 아니라 그것이 우리의 마음속에 선천적으로 주어진 하나의 자연적인 조건이며 인간 본성에 포함되는 원초적인 특성임을 인식하여 렐리기오, 즉 주의 깊은 성실한 관조의 태도를 취하면 원형의 파괴적인 측면은 창조적으로 바뀌고 자기실현을 이룰 수 있다고 하였다.

그렇다면 혜능선법과 달리 자아의 모든 생각을 없애 버리려는 여래선법의 존재 의의는 무엇일까? 이 세상의 모든 만법이 진여의 작용이 아님이 없을진대 여래선법도 진여에서 유래하였음이 분명하다고 본다면, 여래선법도 어떤 효용이 있을 것이다. 여래선법의 효용을 알아보기 위해서 분석 수련 과정에서 이와 비슷한 점이 있는지를 살펴보고자 한다. 개성화 과정에서 자아는 페르소나와 무의식의 상像에 매혹당하여 동일시하거나 사로잡히지 않기 위해서는 이들과 자신을 구별해야만 한다. 그런데 이런 구별을 하기 위해서는 자아가 우선 페르소나와 무의식의 상에 매혹당하지 않을 수 있어야만 한다.

인생의 전반기에 무의식적 상, 특히 부정적인 모성상母性像이 자아를 집어삼켜 버림으로써 자아가 외부 세계에 적응할 수 없게 되는 것을 방지하기 위해서는 자아가, 신수의 선법이 모든 상像과 생각을 없애 버리려고 했던 것처럼 부정적인 모성상의 영향력을 제거할 필요가 있다. 이러한 것을 잘 보여 주는 것이 영웅신화다. 약한 자아는 페르소나뿐만이 아니라 무의식의 상들의 유혹에도 빠지기 쉽다. 그러므로 신수의 선법은 자기실현보다는 오히려 자아 강화에 해당한다고 볼 수 있으며, 자아가 약한 사람에게 또는 수행의 초기에 도움이 될 수 있을 것이다. 그러나 자아가 자신을 부정할 수 있을 만큼 충분히 강하거나 수련의 후반기에 있는 사람에게는 혜능의 조사선이 보다 적절할 것이다. 그러므로 '법에는 점과 돈이 없으나 사람에게는 영리함과 우둔함이 있는 까닭으로 점과 돈이라고 이름한 것이다法無漸頓 人有利鈍故 名漸頓.'[76]라는 말에서 '사람에게는 영리함과 우둔함이 있다.'는 것은 영리한 사람과 우둔한 사람이 따로 있다는 말이라기보다는 한 사람에게 영리함과 우둔함이 모두 있다는 것으로 이해하고 싶다.

歸依自性三寶와 四弘誓願

　　善知識 見自性自淨 自修自作 自性法身
　　自行佛行 自作自成 佛道(135)

　　선지식들아, 자기의 성품이 스스로 깨끗함을 보아라. 스스로 닦아 스스로 지음이 자기 성품인 법신이고, 스스로 행함이 부처님의 행위이며, 스스로 짓고 스스로 이룸이 부처님의 도이니라.

　　스스로 짓고 스스로 이룬다는 것은 자신의 마음의 작용을 실제

---

76) 성철 편역(1967) : 앞의 책, pp217-218.

로 체험함이 중요함을 강조하고 있는데, 이를 자세히 살펴보자.

今旣懺悔已 與善知識 授無相三歸依戒

大師言 善知識 歸依覺兩足尊 歸依正離欲尊, 歸依淨衆
中尊

從今已後 稱佛爲師 更不歸依餘邪迷外道

願自性三寶 慈悲證明 善知識 惠能勸善知識 歸依自性三寶

佛者覺也 法者正也 僧者淨也(154)

自心歸依覺 邪迷不生 少欲知足 離財離色 名兩足尊

自心歸正 念念無邪故 卽無愛著 以無愛著 名離欲尊

自心歸淨 一切塵勞妄念 雖在自性 自性不染著 名衆中尊

凡夫不解 從日至日 受三歸依戒 若言歸佛 佛在何處

若不見佛 卽無所歸 旣無所歸 言却是妄

善知識 各自觀察 莫錯用意 經中 只卽言自歸依佛

不言歸他佛 自性不歸 無所歸處(155)

지금 이미 참회하기를 마쳤으니 선지식들을 위하여 무상삼귀
의계를 주리라.

대사께서 말씀하셨다. 선지식들아, "깨달음의 양족존[77])께 귀

---

77) 양족존은 두 발을 가진 인간 중에서 가장 위대한 인간을, 이욕존은 부처님의 법
이 욕심을 떠나 있음을, 중중존은 많은 무리 가운데 가장 훌륭한 집단을 뜻한다.
이기영(1998) : 앞의 책, 상, pp272-273.

의하오며, 바름의 이욕존께 귀의하오며, 깨끗함의 중중존께 귀의합니다. 지금 이후로는 부처님을 스승으로 삼고 다시는 삿되고 미혹한 외도에게 귀의하지 않겠사오니, 바라건대 자성의 삼보께서는 자비로써 증명하소서." 하라.

선지식들아, 혜능이 선지식들에게 권하여 자성의 삼보에게 귀의하게 하나니 부처란 깨달음이요, 법이란 바름이며, 승이란 깨끗함이니라.

자기의 마음이 깨달음에 귀의하여 삿되고 미혹이 나지 않고 적은 욕심으로 넉넉한 줄을 알아 재물을 떠나고 색을 떠나는 것을 양족존이라고 한다. 자기의 마음이 바름으로 돌아가 생각마다 삿되지 않으므로 곧 애착이 없나니 애착이 없는 것을 이욕존이라고 한다. 자기의 마음이 깨끗함으로 돌아가 모든 번뇌와 망념이 비록 자성에 있어도 자성이 그것에 물들지 않는 것을 중중존이라고 하느니라. 범부는 이것을 알지 못하고 날이면 날마다 삼귀의계를 받는다. 그러나 만약 부처님에게 귀의한다고 할진대는 부처가 어느 곳에 있으며, 만약 부처를 보지 못한다면 곧 귀의할 바가 없느니라. 이미 귀의할 바가 없으면 그 말이란 도리어 허망할 뿐이니라.

선지식들아, 각각 스스로 관찰하여 그릇되게 마음을 쓰지 마라. 경의 말씀 가운데 "오직 스스로의 부처님께 귀의한다." 하였고 다른 부처에게 귀의한다고 말하지 않았으니, 자기의 성품에 귀의하지 아니하면 돌아갈 바가 없느니라.

경의 말씀 가운데 '오직 스스로의 부처님께 귀의한다.' 하였고 다른 부처에게 귀의한다고 말하지 않았으니, 자기의 성품에 귀의하지 아니하면 돌아갈 바가 없다고 하였다. 그러나 사람들은 이것을 깨닫기 힘들다.

> 사람들은 어딘가에 구체적으로 촉지할 수 있는 영웅 또는 탁월한 현인, 지도자, 아버지, 의심할 바 없는 권위를 찾으려 한다. 그래서 사람들은 기꺼이 작은 신들에게 신전을 세워 주고 향을 피우며 칭송한다. 이것은 분별력 없는 맹종자의 가련한 어리석음일 뿐 아니라 예전에도 있었고 앞으로도 계속 되풀이해서 있을 심리학적 자연 법칙이기도 하다. 의식이 원상源像의 순진한 구체화를 중단하지 않는 한, 그것은 항상 그렇게 될 것이다.[78]

융의 이러한 말처럼 외부에 있는 어떤 훌륭한 지도자에게 의지해서는 자기실현을 할 수 없다. 자기실현은 본래의 자기self가 되는 것이다. 이는 자신의 마음에 있는 자기원형의 작용에 따르는 것이지 그것을 외부로 투사하여 그것에 의지하여 자신의 문제를 해결하려고 하는 것은 아니다.

今旣自歸依三身佛已 與善知識 發四弘大願

---

78) Jung CG(2004) : 앞의 책, p153.

善知識 一時逐惠能道

衆生無邊誓願度 煩惱無邊誓願斷

法門無邊誓願學 無上佛道誓願成

善知識 衆生無邊誓願度 不是惠能度善知識

心中衆生 各於自身自性自度

何名自性自度 自色身中 邪見煩惱 愚癡迷妄 自有本覺性

將正見度 旣悟正見 般若之智 除却愚癡迷妄 衆生各各自度

邪來正度 迷來悟度 愚來智度 惡來善度 煩惱來菩提度

如是度者 是名眞度

煩惱無邊誓願斷 自心除虛妄 法門無邊誓願學 學無上正法

無上佛道誓願成 常下心行 恭敬一切 遠離迷執 覺知生般若

除却迷妄 卽自悟佛道成 行誓願力(148)

이제 이미 스스로 삼신불에 귀의하여 마쳤으니, 선지식과 더불어 네 가지 넓고 큰 원을 발하리라.

선지식들아, 다 함께 혜능을 따라 말하라.

무량한 중생 다 제도하기를 서원합니다.

무량한 번뇌 다 끊기를 서원합니다.

무량한 법문 다 배우기를 서원합니다.

위 없는 불도 이루기를 서원합니다.

선지식들아, 무량한 중생을 맹세코 다 제도한다 함은 혜능이 선지식들을 제도하는 것이 아니라 마음속의 중생을 각기 자기의 몸에 있는 자기의 성품으로 스스로 제도하는 것이니라.

어떤 것을 자기의 성품으로 스스로 제도한다고 하는가?

자기 육신 속의 삿된 견해와 번뇌와 어리석음과 미망에 본래의 깨달음의 성품을 스스로 가지고 있으므로 바른 생각으로 제도하는 것이니라.

이미 바른 생각인 반야의 지혜를 깨쳐서 어리석음과 미망을 없애 버리면 중생들 저마다 스스로 제도한 것이니라. 삿됨이 오면 바름으로 제도하고 미혹함이 오면 깨침으로 제도하고, 어리석음이 오면 지혜로 제도하고 악함이 오면 착함으로 제도하며 번뇌가 오면 보리로 제도하나니, 이렇게 제도함을 진실한 제도라고 하느니라.

무량한 번뇌를 맹세코 다 끊는다 함은 자기의 마음에 있는 허망함을 제거하는 것이다. 무량한 법문을 맹세코 다 배운다 함은 위 없는 바른 법을 배우는 것이다. 위 없는 불도를 맹세코 이룬다 함은 항상 마음을 낮추는 행동으로 일체를 공경하여 미혹한 집착을 멀리 여의고, 깨달아 반야가 생겨 미망함을 없애는 것이다. 곧 스스로 깨쳐 불도를 이루어 맹세코 바라는 힘을 행하는 것이니라.

상구보리上求菩提 하화중생下化衆生은 개인적인 깨달음에 머물지 않고 다른 모든 중생을 깨닫게 하는 것으로, 대승불교의 특징이다. 그러나 혜능은 중생이 밖에 있지 않고 자신의 마음속에 있으므로 각자 스스로 제도하라고 한다. 이는 다른 중생의 구제에 관심이 없는 것이 아니고 궁극적으로는 모든 중생이 '본래의 깨달음의 성품을 스스로 가지고 있으므로' 각자 스스로 제도해야 하며 타력에 의한 제도는 불가능함을 말한다.

이는 분석심리학에서도 마찬가지다. 자기실현은 각자 자신의 마음속에 있는 자기원형의 작용을 체험함으로써 이루어지는 것이지 결코 다른 사람에 의지해서 이루어질 수 없는 것이다. 이 사회를 바르게 바꾸는 것도 어떤 좋은 이념이나 교육으로 바꾸어질 수 있는 것이 아니라 각 개인의 자기실현을 통해서만 사회 전체가 바뀔 수 있다는 것이 융의 입장이다. 그렇다면 다른 중생들을 어떻게 제도할 것인가?

若不能自悟者 須覓大善知識 示導見性

何名大善知識 解最上乘法 直示正路 是大善知識 是大因緣

所謂 化導令得見佛 一切善法 皆因大善知識能發起

故三世諸佛 十二部經 云在人性中 本自具有

不能自性悟 須得善知識示導 見性

若自悟者 不假外善知識 若取外求善知識 望得解脫 無有是處

識自心內善知識 卽得解脫

若自心邪迷 妄念顚倒 外善知識 卽有敎授 不得自悟

當起般若觀照 刹那間 妄念俱滅 卽是自眞正善知識

一悟卽知佛也(175)

만약 능히 스스로 깨치지 못하는 이는 모름지기 큰 선지식을 찾아서 지도를 받아 자성을 볼 것이니라. 어떤 것을 큰 선지식이라고 하는가? 최상승법이 바른 길을 곧게 가리키는 것임을 아는 것이 큰 선지식이며 큰 인연이다. 이는 이른바 교화하고 지도하여 부처를 보게 하는 것이니 모든 착한 법이 다 선지식으로 말미암아 능히 일어나느니라.

그러므로 삼세의 모든 부처와 십이부의 경전들이 사람의 성품 가운데 본래부터 스스로 갖추어져 있다고 말할지라도, 능히 자성을 깨치지 못하면 모름지기 선지식의 지도를 받아서 자성을 볼지니라.

만약 스스로 깨친 이라면 밖으로 선지식에 의지하지 않는다. 밖으로 선지식을 구하여 해탈 얻기를 바란다면 옳지 않다. 자기 마음속의 선지식을 알면 곧 해탈을 얻느니라.

만약 자기의 마음이 삿되고 미혹하여 망념으로 전도되면 밖의 선지식이 가르쳐 준다 하여도 스스로 깨치지 못할 것이니, 마땅히 반야의 관조를 일으키라. 잠깐 사이에 망념이 다 없어질 것이니 이것이 곧 자기의 참 선지식이라 한 번 깨침에 곧 부처를 아느니라.

이는 분석 수련에서도 마찬가지다. 훌륭한 분석가는 자기실현의 바른 길을 알아서 피분석자가 자기실현을 하도록 도와주는 사람이다. 그러나 피분석자가 자신의 마음에 있는 자기원형의 작용을 체험하지 못한다면 훌륭한 분석가가 아무리 노력하더라도 소용이 없을 것이다. 자기실현의 궁극적인 주체는 분석가가 아니라 자신의 본성, 즉 자기다.

出語盡雙 皆取法對

大師遂喚門人 法海 志誠 法達 智常 志通 志徹 志道 法珍
法如 神會
大師言 汝等拾弟子 近前 汝等不同餘人 悟滅度後 汝各爲
一方頭
悟敎汝說法 不失本宗 擧三科法門 動用三十六對 出沒卽
離兩邊
說一切法 莫離於性相 若有人問法 出語盡雙 皆取法對
來去相因 究竟二法盡除 更無去處
三科法門者 蔭界入 蔭是五蔭 界是十八界 入是十二入
何名五蔭 色蔭 受蔭 想蔭 行蔭 識蔭是
何名十八界 六塵六門六識
何名十二入 外六塵 中六門 何名六塵 色聲香味觸法是
何名六門 眼耳鼻舌身意是
法性起 六識 眼識 耳識 鼻識 舌識 身識 意識 六門 六塵

自性 含萬法 名爲含藏識

思量卽轉識 生六識 出六門 見六塵 是三六十八

由自性邪 起十八邪 含自性正 起十八正

含惡用卽衆生 善用卽佛 用由何等 由自性對(243)

　　대사께서 드디어 문인 법해, 지성, 법달, 지상, 지통, 지철, 지
도, 법진, 법여, 신회 등을 불렀다. 대사께서 말씀하셨다. 너희
열 명의 제자들은 앞으로 가까이 오너라. 너희는 다른 사람들과
같지 않으니, 내가 세상을 떠난 뒤에 너희는 각각 한 곳의 어른
이 될 것이다. 그러므로 내가 너희에게 법 설하는 것을 가르쳐서
근본종취를 잃지 않게 하리라. 삼과법문을 들고 동용삼십육대를
들어서 나오고 들어감에 곧 양변을 여의도록 하여라. 모든 법을
설하되 성품과 모양을 떠나지 말라. 만약 사람들이 법을 묻거든
말을 다 쌍으로 해서 모두 대법을 취하여라. 가고 오는 것이 서
로 인연하여 구경에는 두 가지 법을 다 없애고 다시 가는 곳마
저 없게 하라. 삼과법문이란 음, 계, 입이다. 음은 오음이요 계
는 십팔계요 입은 십이입이니라. 어떤 것을 오음이라고 하는가?
색음, 수음, 상음, 행음, 식음이니라. 어떤 것을 십팔계라고 하
는가? 육진, 육문, 육식이니라. 어떤 것을 십이입이라고 하는가?
바깥의 육진과 안의 육문이니라. 어떤 것을 육진이라고 하는가?
색, 성, 향, 미, 촉, 법이니라. 어떤 것을 육문이라고 하는가? 눈,
귀, 코, 혀, 몸, 뜻이니라. 법의 성품이 육식인 안식, 이식, 비식,

설식, 신식, 의식의 육식과 육문과 육진을 일으키고 자성은 만법을 포함하나니, 함장식이라고 이름하느니라. 생각을 하면 곧 식이 작용하여 육식이 생겨 육문으로 나와 육진을 본다. 이것이 삼육십팔이니라. 자성이 삿되기 때문에 열여덟 가지 삿됨이 일어나고, 자성이 바름을 포함하면 열여덟 가지 바름이 일어나느니라. 악의 작용을 지니면 곧 중생이요, 선이 작용하면 곧 부처이니라. 작용은 무엇들로 말미암는가? 자성의 대법으로 말미암느니라.

혜능은 제자들에게 설법에 대하여 가르치면서 '사람들이 법을 묻거든 말을 다 쌍으로 해서 모두 대법을 취하여라. 가고 오는 것이 서로 인연하여 구경에는 두 가지 법을 다 없애고 다시 가는 곳마저 없게 하라.'고 하였다. '가고 오는 것'은 대법의 대표적인 예로 제시한 것으로 보인다.

대법은 대극이라 할 수 있을 것이다. 깨닫지 못한 사람이 법을 물어올 때는 대극의 어느 한쪽에 집착하고 있는 경우이므로 다른 한쪽의 대극을 제시하라고 한 것이다. 대극은 서로 인연하여 생기는 것이다. 법을 물어올 때 대법을 취하는 목적은 이 두 가지 법을 없애고 다시 가는 곳마저 없게 하기 위해서다.

여기서 '가는 곳'을 두 가지 법을 없앤 결과 또는 상태로 본다면, '가는 곳마저 없게 하라.'는 것은 양변兩邊을 떠나게 되면 원래 자신의 본심을 도로 찾는 것이기 때문에 새로운 어떤 결과나 다른 상태를 추구하지 말라는 뜻으로 볼 수 있다. 양변을 떠나는 것은 중도이고, 중도는 자기自己라고 할 수 있었다. 그러므로 '사람들이 법을 묻거든 말을 다 쌍으로 해서 모두 대법을 취하여라. 가고 오는 것이 서로 인연하여 구경에는 두 가지 법을 다 없애고 다시 가는 곳마저 없게 하라.'고 한 말을 분석심리학적으로 이해해 본다면 자아가 대극의 어느 한쪽에 집착하고 있는 사람에게는 대극의 다른 한쪽을 제시함으로써 대극의 합일을 이루도록 하여 결과적으로 자기실현을 성취하도록 하라는 것이 될 수 있을 것이다.

단절되었던 대극이 함께하게 되면 상호 조정을 통하여 균형을 이룰 수 있다는 융의 다음과 같은 말은 '대법을 취하여라.'고 한 혜능의 말과 일맥상통한다고 볼 수 있다.

리비도가 정체되었을 때는 항상 대극의 쌍이 단절되어 분리된 것을 볼 수 있다. 그러나 리비도가 진행progression하는 동안에는 대극의 쌍은 정신적 과정의 상호 조정된co-ordinated 흐름 속에서 통합된다. 대극의 공동 작업은 이러한 과정에 대한 균형 잡힌 조화를 가능하게 하지만, 이러한 내면의 대극이 없다면 일방적이거나 비이성적이 될 것이다. 그러므로 우리는 지나치게 과장된 모든 행동을 대극적인 충동의 상호 조정 효과coordinating effect가 분명히 결핍되었기 때문에 생기는 균형의 상실이라고 보는 것을 정당화할 수 있다.[79]

그러므로 "말을 다 쌍으로 해서 모두 대법을 취하여라."라고 한
것은 바로 이러한 균형의 상실을 회복시켜 대극의 균형 잡힌 조화
를 가능하게 하기 위한 것으로 이해할 수 있다.

79) Jung CG(1948) : "On Psychic Energy", *The Structure and Dynamics of the Psyche*,
   C. W. 8, pp32-33.

결 론

혜능은 "마음을 알아 자성을 보면 스스로 부처의 도를 성취한다識心見性 自成佛道."라고 하였다. 식심견성識心見性의 심心과 성性은 중도로서 자아가 자기실현을 성취한 상태, 즉 자기自己라고 볼 수 있다. 심心과 성性은 말 그대로 사람의 마음과 본성을 뜻하는 말이기도 할 것이므로, '식심견성 자성불도識心見性 自成佛道'는 분석심리학적으로 볼 때, 사람의 마음과 본성이 원래 자기自己라는 것을 알고 보면 자기실현을 성취하게 된다는 것으로 이해할 수 있다. 혜능은 또한 "자성불도自成佛道의 결과, 당장 깨쳐서 본래의 마음을 도로 찾는다卽時豁然 還得本心"라고 하였다. 이 구절은 분석심리학적으로 볼 때 자기실현을 성취하면 자신의 본래 마음인 자기自己를 도로 찾게 된다는 것으로 볼 수 있다. 사람의 마음과 본성이 원래 자기自己인데도 그것을 모르고 지냈을 뿐이지 만약 자기실현을 성취하면 자신이 원래 자기自己라는 것을 알게 될 것이기 때문이다.

혜능은 성불할 수 있는 지혜이자 수행 방법으로 무념無念, 무상無相, 무주無住를 제시하였는데, 이러한 삼무三無는 자아가 자신에 대한 집착을 버리고, 그 자신은 그를 초월하는 자기원형에서 유래된 것임을 알아서 자아를 포함하는 자신의 전체인 자기自己가 되는 자기실현, 즉 개성화 과정에의 지혜이자 실천 방법으로 이해할 수 있다.

성불에 이르기 위한 참선수행과 자기실현을 목표로 하는 분석 수련은 서로 다른 점이 분명히 있겠지만 자신의 마음을 대상으로 한다는 데 공통점이 있다. 각자 자신의 마음을 철저히 있는 그대로 볼 수 있다면, 각자의 수행 방법으로 족할 것이다. 그러나 자신의 마음을 본다는 것이 사실은 매우 어려운 일이므로 다른 수행 방법이 서로에게 도움이 될 수 있을 것이다.

참선수행에는 무의식에서 의식에 보내 주는 상징을 살펴보는 장치가 없다. 그러므로 자아가 무념無念, 무상無相, 무주無住의 수행을 한다고 하지만 사실은 그렇지 못하고 어떤 것에 집착하고 있음에도 불구하고 자신은 이를 전혀 모를 수 있다. 이럴 경우에는 꿈을 보면 이를 알 수 있을 것이다.

분석수련에서도 참선수행이 도움이 될 수 있을 것이다. 꿈을 통하여 무의식을 본다고 하더라도 자신의 선입견으로 무의식을 보고 있는 줄 모르는 경우가 있을 것이다. 이런 경우에는 혜능의 무념無念, 무상無相, 무주無住의 철저한 수행을 통하여 자신의 모든 가정과 기법에 대한 집착을 버리고 변증법적인 태도로서 자신의 마음을 볼 수 있을 것이다.

혜능이 설하는 무념無念, 무상無相, 무주無住는 깨달음에 이르는 지혜이자 동시에 수행 방법이다. 또한 자기실현에 이르는 지혜이자 수련 방법이 될 수 있을 것이다.

참고문헌

董群(2000) :《祖師禪》, 김진무 역, 운주사.

無比 譯解(2003) :《금강경오가해》, 불광출판부, 서울.

서동혁(1998) : "唯識三十頌에 나타난 아라야식과 마나스식에 대한 분석심리
학적 연구",《심성연구》, 13(2) : pp67-106.

徐小躍(2002) :《선과 노장》, 김진무 역, 운주사.

성철 편역(1967) :《육조단경》, 장경각.

성철(1971) :《백일법문》, 上, 장경각.

스즈키 외(1992) :《선과 정신분석》, 원음사.

아니엘라 야훼(1989) :《C. G. Jung의 回想, 꿈 그리고 思想》, 이부영 역,
집문당, 서울.

이기영 역해(1997) :《반야심경 금강경》, 한국불교연구원.

이기영(1998) :《불교개론 강의》상, 한국불교연구원.

이기영(1998) :《불교개론 강의》하, 한국불교연구원.

이부영(1995) : "'一心'의 分析心理學的 照明-원효 대승기신론 소·별기를
중심으로",《불교연구》, 11·12월호, pp277-305.

이부영(1998) :《분석심리학》, 일조각, 서울.

이부영(2002) :《자기와 자기실현》, 한길사, 서울.

이죽내(2002) : "원효의 一味思想의 분석심리학적 음미",《심성연구》, 17(1) :
pp1-14.

이죽내(2005) :《융 심리학과 동양사상》, 하나의학사, 서울.

정병조 역해(1998) :《육조단경》, 한국불교연구원, 서울.

정성본 역주(2003) :《돈황본 육조단경》, 한국선문화연구원, 서울.

조계종 略史, 대한불교조계종 홈페이지 : http://www.buddhism.or.kr.

파드마 삼바바(에반스 웬츠 편집, 2000) :《티베트 解脫의 書》, 정신세계사, 서울.

Jung CG(김성관 역, 1995) :《융 심리학과 동양종교》, 일조각, 서울.

Jung CG(2001) : "꿈의 심리학에 관한 일반적 관점",《정신요법의 기본문제》, C.G. 융 기본저작집 1, 한국융연구원 역, 솔, 서울, pp15-205.

Jung CG(2001) : "실제 정신치료의 기본원칙",《정신요법의 기본문제》, C.G. 융 기본저작집 1, 한국융연구원 역, 솔, 서울, pp13-36.

Jung CG(2002) : "모성원형의 심리학적 측면",《원형과 무의식》, C.G. 융 기본저작집 2, 한국융연구원 역, 솔, 서울, pp195-236.

Jung CG(2002) : "연금술의 종교심리학적 문제 서론",《꿈에 나타난 개성화 과정의 상징》, C.G. 융 기본저작집 5, 한국융연구원 역, 솔, 서울, pp9-54.

Jung CG(2002) : "정신의 본질에 관한 고찰",《원형과 무의식》, C.G. 융 기본저작집 2, 한국융연구원 역, 솔, 서울, pp13-104.

Jung CG(2002) : "집단적 무의식의 원형에 관하여",《원형과 무의식》, C.G. 융 기본저작집 2, 한국융연구원 역, 솔, 서울, pp105-155.

Jung CG(2002) : "초월적 기능",《원형과 무의식》, C.G. 융 기본저작집 2, 한국융연구원 역, 솔, 서울, pp335-367.

Jung CG(2004) : "자아와 무의식의 관계",《인격과 전이》, C.G. 융 기본저작집 3, 한국융연구원 역, 솔, 서울, 11-164.

Jung CG(1921) : Defintions, *Psychological Types*, C. W. 6, London, Routledge & Kegan Paul, pp408-486.

Jung CG(1939) : Foreword to Suzuki's "Introduction to Zen Buddhism", *Psychology and Religion; West and East*, C. W. 11, London, Routledge & Kegan Paul, pp538-557.

Jung CG(1948) : On Psychic Energy, *The Structure and Dynamics of the Psyche*, C. W. 8, London, Routledge & Kegan Paul, pp3-66.

Jung CG(1952) : Synchronicity : An Acausal Connecting Principle, *The Structure and Dynamics of the Psyche*, C. W. 8, London, Routledge & Kegan Paul, pp417-519.

Jung CG(1954) : Psychological Commentary on The Tibetan Book of the Great Liberation, *Psychology and Religion : West and East*, C. W. 11, London, Routledge & Kegan Paul, pp475-508.

Jung CG(1954) : Transformation Symbolism in the Mass, *Psychology and Religion : West and East*, C. W. 11, London, Routledge & Kegan Paul, pp201-298.

Jung CG(1957) : Commentary on "The Secret of the Golden Flower", *Alchemical Studies*, C. W. 13, London, Routledge & Kegan Paul, pp1-56.

찾아보기

인명

내용

저자 소개

서동혁(Suh Donghyuck)은 서울대학교 의과대학을 졸업하고 동 대학원에서 의학박사 학위를 받았다. 서울대학교 병원 정신과에서 전공의 수련을 받았고, 미국 샌프란시스코 융연구소에서 2년의 수련과정 후 한국융연구원의 수련과정을 수료하였다. 국제분석심리학회 정회원이며 융학파 분석가다. 가천대학교 의학전문대학원 정신과 주임교수를 역임하였으며, 현재는 방배동 밝은서울정신건강의학과 원장, 한국융연구원 상임교수, 평의원이며, 교육 및 지도 분석가다.

이문성(Rhee Moonsung)은 고려대학교 의과대학을 졸업하였고, 동 대학원에서 의학석사 학위를 받았다. 순천향대학교 부속병원 신경정신과 수련과정을 수료하고, 정신건강의학과 전문의 자격을 획득하였다. 한국융연구원에서 분석가 수련과정을 수료하고, 국제분석심리학회(IAAP) 정회원(국제공인 융학파 정신분석가)이 되었으며, 한국 분석심리학회 회장을 역임하였다. 현재 백산 정신건강의학과 의원 원장이며, 한국융연구원 상임교수, 평의원 및 수련위원, 교육 및 지도 분석가다.
불교 관련 논문으로는 〈禪佛敎의 깨달음에 관한 E. Fromm의 見解에 대한 分析心理學的 批判〉, 〈자살에 대한 불교적 관점과 해결책-윤회론적 입장을 중심으로〉 등이 있다.

한국융연구원 연구총서 2

분석심리학과 불교
Analytical Psychology and Buddhism

2015년 1월 20일 1판 1쇄 인쇄
2015년 1월 30일 1판 1쇄 발행

지은이 • 서동혁 · 이문성
펴낸이 • 김진환
펴낸곳 • ㈜ 학지사

       121-838 서울특별시 마포구 양화로 15길 20 마인드월드빌딩
대표전화 • 02)330-5114   팩스 • 02)324-2345
등록번호 • 제313-2006-000265호

홈페이지 • http://www.hakjisa.co.kr
커뮤니티 • http://cafe.naver.com/hakjisa

ISBN 978-89-997-0544-1 93180

Copyright ⓒ 2015 by hakjisa Publisher, Inc.

정가 17,000원

인터넷 학술논문 원문 서비스 **뉴논문** www.newnonmun.com

이 도서의 국립중앙도서관 출판시도서목록(CIP)은 서지정보유통지
원시스템 홈페이지(http://seoji.nl.go.kr)와 국가자료공동목록시스템
(http://www.nl.go.kr/kolisnet)에서 이용하실 수 있습니다.
(CIP제어번호: CIP2014037231)